O MOVIMENTO DE ESTUDOS CRÍTICOS DO DIREITO:

OUTRO TEMPO, TAREFA MAIOR

O MOVIMENTO DE ESTUDOS CRÍTICOS DO DIREITO:

OUTRO TEMPO, TAREFA MAIOR

Roberto Mangabeira Unger

Tradução de Lucas Fucci Amato

Tradução da 2ª edição, publicada pela
Verso (London; New York, 2015):
The Critical Legal Studies Movement: another time, a greater task.

Primeira edição: Harvard University Press, 1986.

Copyright da tradução © 2017 by Editora Letramento
Copyright © 1986, Roberto Mangabeira Unger All rights reserved
Título Original: The Critical Legal Studies Movement: another time, a greater task

Diretor Editorial | **Gustavo Abreu**
Diretor Administrativo | **Júnior Gaudereto**
Diretor Financeiro | **Cláudio Macedo**
Logística | **Vinícius Santiago**
Tradução | **Lucas Fucci Amato**
Tradução do posfácio | **Thalia Simões Cerqueira**
Preparação e Revisão | **Nathan Matos**
Capa | **Luís Otávio Ferreira**
Projeto Gráfico e Diagramação | **Gustavo Zeferino**

Conselho Editorial | **Alessandra Mara de Freitas Silva; Alexandre Morais da Rosa; Bruno Miragem; Carlos María Cárcova; Cássio Augusto de Barros Brant; Cristian Kiefer da Silva; Cristiane Dupret; Edson Nakata Jr; Georges Abboud; Henderson Fürst; Henrique Garbellini Carnio; Henrique Júdice Magalhães; Leonardo Isaac Yarochewsky; Lucas Moraes Martins; Luiz Fernando do Vale de Almeida Guilherme; Nuno Miguel Branco de Sá Viana Rebelo; Renata de Lima Rodrigues; Rubens Casara; Salah H. Khaled Jr; Willis Santiago Guerra Filho.**

Todos os direitos reservados.
Não é permitida a reprodução desta obra sem aprovação do Grupo Editorial Letramento.

Referência para citação:
UNGER, R.M. O movimento de estudos críticos do direito: outro tempo, tarefa maior
Belo Horizonte(MG): Letramento,2017.

Dados Internacionais de Catalogação na Publicação (CIP)
Bibliotecária Juliana Farias Motta CRB7/5880

U572m Unger, Roberto Mangabeira
O movimento de estudos críticos do direito: outro tempo, tarefa maior /
Roberto Mangabeira Unger; Tradução de Lucas Fucci Amato.
– Belo Horizonte(MG): Letramento: Casa do Direito, 2017.

288 p.; 23 cm.

ISBN: 978-85-9530-039-2

Verso (London; New York, 2015): The Critical Legal Studies Movement:
another time, a greater task. Primeira edição: Harvard University Press, 1986.

1. Direito. 2. Crítica jurídica. 3. Igualdade perante a lei. I. Amato, Lucas Fucci.
II. Título: outro tempo, uma tarefa maior

CDD 340

Belo Horizonte - MG
Rua Magnólia, 1086
Bairro Caiçara
CEP 30770-020
Fone 31 3327-5771
contato@editoraletramento.com.br
grupoeditorialletramento.com.br
casadodireito.com

Casa do Direito é o selo jurídico do
Grupo Editorial Letramento

SUMÁRIO

INTRODUÇÃO: O IMPERATIVO DA REBELDIA NO PENSAMENTO JURÍDICO BRASILEIRO   11

**PARTE I:
OUTRO TEMPO,
TAREFA MAIOR (2014)**   25

01. O CONTEXTO, O MOVIMENTO E O LIVRO   27

     O CONTEXTO   27

     O MOVIMENTO E SUA SEQUÊNCIA   47

     O LIVRO   64

02. A VOCAÇÃO DO PENSAMENTO JURÍDICO AGORA   68

     AS DUAS VOCAÇÕES DO PENSAMENTO JURÍDICO   68

     A HISTÓRIA UNIVERSAL DO PENSAMENTO JURÍDICO   73

     O ESPÍRITO DO DIREITO CONTEMPORÂNEO   86

     O JURISTA COMO SACERDOTE E COMO PROFETA   92

**PARTE II:
O MOVIMENTO DE ESTUDOS
CRÍTICOS DO DIREITO (1986)** — 95

03. INTRODUÇÃO: A TRADIÇÃO DE MOVIMENTOS ESQUERDISTAS NO PENSAMENTO E NA PRÁTICA JURÍDICA — 97

04. A CRÍTICA DO PENSAMENTO JURÍDICO — 101

A CRÍTICA DO OBJETIVISMO — 101

A CRÍTICA DO FORMALISMO — 104

AS CRÍTICAS DO OBJETIVISMO E DO FORMALISMO RELACIONADAS: SEU SIGNIFICADO PARA AS TEORIAS JURÍDICAS ATUAIS — 107

05. DA CRÍTICA À CONSTRUÇÃO — 112

O RESULTADO CONSTRUTIVO DA CRÍTICA DO FORMALISMO: DOUTRINA DESVIACIONISTA — 112

O RESULTADO CONSTRUTIVO DA CRÍTICA DO OBJETIVISMO: REDEFININDO AS FORMAS INSTITUCIONAIS DA DEMOCRACIA E DO MERCADO — 120

DE UM IDEAL SOCIAL A UM PROGRAMA INSTITUCIONAL — 123

REVOLUÇÃO POLÍTICA E CULTURAL — 123

CRITICANDO E REINVENTANDO

A DEMOCRACIA	**125**
A ORGANIZAÇÃO DO GOVERNO	**129**
A ORGANIZAÇÃO DA ECONOMIA	**131**
O REGIME DE DIREITOS	**134**
IDEAIS TRANSFORMADORES E REALISMO POLÍTICO	**139**

06. DOIS MODELOS DE DOUTRINA — **141**

DE UM PROGRAMA INSTITUCIONAL A UM EXEMPLO DOUTRINÁRIO: PROTEÇÃO IGUAL E DIREITOS DE DESESTABILIZAÇÃO — **141**

OS USOS DA PROTEÇÃO IGUAL	**142**
A TEORIA OCULTA DA PROTEÇÃO IGUAL	**143**
A DOUTRINA AMERICANA DA PROTEÇÃO IGUAL	**147**
A PROTEÇÃO IGUAL RECONCEBIDA E RECONSTRUÍDA	**150**
AUTORIDADE E REALISMO NA DOUTRINA	**154**

DE UM PROGRAMA INSTITUCIONAL A UM EXEMPLO DOUTRINÁRIO: CONTRATO, MERCADO E SOLIDARIEDADE — **155**

A TEORIA CONTRATUAL DESINTEGRADA	**156**
PRINCÍPIO E CONTRAPRINCÍPIO: LIBERDADE PARA CONTRATAR E COMUNIDADE	**158**

A CONTRAVISÃO TESTADA: CASOS
DE DIFICULDADE EXEMPLAR   174

A CONTRAVISÃO GENERALIZADA:
AS FONTES DE OBRIGAÇÕES E A
NATUREZA DOS DIREITOS   179

A CONTRAVISÃO ESTENDIDA E RESTRITA   181

A CONTRAVISÃO JUSTIFICADA   184

OS DOIS MODELOS COMPARADOS   187

07. CONCEPÇÕES SUBJACENTES E IMPLICAÇÕES MAIS AMPLAS   190

PARA ALÉM DO DESENVOLVIMENTO
INTERNO: ENTENDIMENTO SOCIAL E
COMPROMISSO NORMATIVO   190

AS IMPLICAÇÕES MAIS AMPLAS   197

OS TERMOS DA CONTROVÉRSIA
IDEOLÓGICA   197

O MÉTODO DA FILOSOFIA POLÍTICA   199

LIBERDADE E ESTRUTURA NA
EXPERIÊNCIA MODERNISTA   202

A AGENDA DA TEORIA SOCIAL   205

08. OUTRA POLÍTICA   209

OS CENÁRIOS DA ATIVIDADE POLÍTICA   209

REIMAGINANDO A POLÍTICA
TRANSFORMADORA   213

CONCLUSÃO   **218**

AS LIÇÕES DA INCONGRUÊNCIA   218

UM ANEXO: A HISTÓRIA UNIVERSAL DO PENSAMENTO JURÍDICO   **221**

APRESENTAÇÃO DO PROBLEMA   221

O DIREITO ENQUANTO ORDEM MORAL IMANENTE   228

O DIREITO ENQUANTO VONTADE DO SOBERANO   253

INTRODUÇÃO: O IMPERATIVO DA REBELDIA NO PENSAMENTO JURÍDICO BRASILEIRO

Este livro réune três textos traduzidos do inglês: *The Critical Legal Studies Movement*, publicado em 1986 como manifesto de um movimento no pensamento jurídico; *Another Time, a Greater Task*, escrito em 2014 e publicado em 2015 junto com edição revista do livro de 1986; e *The Universal History of Legal Thought*, escrito em 2010 e jamais publicado, em qualquer língua, até agora. O leitor reconhecerá a relação estreita entre os três escritos. O texto de 2014 antecede neste livro o de 1986. Situa-o em seu seu momento e o reinterpreta à luz de visão e rumo a seguir no entendimento e na elaboração do direito. E o ensaio de 2010, publicado aqui como posfácio, coloca toda esta construção de idéias em contexto histórico e comparativo mais abrangente.

O propósito desta introdução é mostrar o que as ideias expostas nestes textos têm a ver com o rumo do direito e da cultura jurídica no Brasil. Desdobro esta reflexão em coletânea de palestras a ser publicada em seguida: A *Tarefa do Direito Brasileiro*.

Duas ideias devem guiar-nos, a nós brasileiros, ao nos posicionarmos nos embates do pensamento jurídico mundial.

A primeira ideia é que não devemos entrar na onda daquilo que se passou a tratar nos países de que nos acostumamos a importar ideias como o caminho do avanço na maneira de entender e de elaborar o direito. É desvio, não avanço, não só para nós, senão também para qualquer cultura jurídica em qualquer país. Devemos abrir outro caminho, que demarco nestes textos e nas falas reunidas em A *Tarefa do Direito Brasileiro*.

A segunda ideia é que a rebeldia no entendimento do direito, ao nos credenciar para evitar o destino da cópia mal avisada, também nos permitirá a nós, juristas brasileiros, socorrer o Brasil. A solução dos nossos problemas mais importantes depende de inovações institucionais na organização da economia e da política. Não é das abstrações que dominaram os últimos dois séculos de debate ideológico no mundo que podemos inferir as ideias institucionais mais fecundas. É das variações institucionais já prefiguradas, em pormenor, no direito constituído, em nosso e em outros países. Nossa rendição à falsa trajetória do progresso na cultura jurídica nos impede de reconhecê-las e de desenvolvê-las.

O maior obstáculo para o acolhimento destas duas teses é o colonialismo mental que impera entre nós. Levanto-me aqui contra sua expressão na abordagem do direito. Não o faço em nome de qualquer nativismo cultural ou fascínio por idiossincrasias nacionais. Faço-o por convicção de que o rumo em que nossa alta cultura jurídica embarcou, sob o encanto do colonialismo mental, seria em qualquer país atraso e obscurantismo. O esforço para qualificar o pensamento jurídico brasileiro a pensar o Brasil credencia-nos a construir algo de novo e importante no pensamento universal a respeito do direito. O colonialismo mental condena-nos à insignificância.

Há muito tempo, o tema central da teoria do direito vem sendo a crítica ao formalismo doutrinário. Prevalece a ideia de haver sucessão clara àquele formalismo: maneira supostamente mais esclarecida de pensar e de elaborar o direito. Tanto a crítica ao formalismo como a identificação da maneira de pensar indicada para substituí-lo são objeto de reflexão e proselitismo em todo o mundo. Com respeito a ambos os temas, as faculdades liderantes de direito dos Estados Unidos e da Alemanha são os centros de maior influência no mundo. E com respeito a ambos, a mensagem que transmitem, com pouca variação ou contradição, vem sendo essencialmente a mesma, apesar das diferenças evidentes entre as tradições a que pertencem.

Apresenta-se o formalismo doutrinário como superstição grosseira que misteriosamente acometia os juristas de gerações passadas: seria visão do direito como sistema fechado de regras e conceitos que, com a ajuda de raciocínio dedutivo, indicam a solução correta para cada problema a ser resolvido. O propósito desta concepção do método repudiado é assinalar ruptura representada pelas correntes de pensamento jurídico agora dominantes. Como o formalismo doutrinário sobrevive teimosamente na cultura jurídica dos manuais e das práticas, a crítica ao formalismo doutrinário continua a ter obra a executar.

Trata-se de noção falsa do que foi o pensamento jurídico anterior ao novo esclarecimento. Sua essência estava em concepção tipológica, que os juristas conservadores compartilhavam com teorias sociais de esquerda, a começar pelo marxismo. De acordo com esta concepção, há elenco fechado de regimes de organização econômica e social. Cada um destes regimes constitui sistema indivisível, com sua arquitetura institucional própria, expressa em conjunto de conceitos e regras que vão das normas mais gerais às mais específicas, em camadas sucessivas de concretização, cuja construção doutrinária não se confunde com raciocínio dedutivo. Mais preciso seria chamá-lo raciocínio tipológico. Em vez de deduzir, concretiza, ao elaborar, em lances cumulativos, o pretendido conteúdo jurídico de cada tipo de organização social e econômico. O método e suas premissas foram abraçados por muito tempo, pelas correntes mais influentes do pensamento social, econômico e jurídico. Continua a exercer influência ainda hoje entre os que não mais se animam a defender explicitamente suas teses.

A orientação tipológica, que alcançou seu ponto alto, no século 19, era apenas variante daquilo que em todas as grandes tradições jurídicas, inclusive na romana ou civilista e na da *common law* anglo-saxã, tem sido o eixo do pensamento jurídico durante quase toda a história da civilização: a visão do direito, sobretudo do direito privado, como expressão de ordem moral imanente à vida em sociedade. Desta ordem cuidariam os juristas por meio da elaboração do direito – obra que executam coletivamente em tempo histórico, não individualmente em tempo biográfico.

As premissas de tal dogmática jurídica são tão alheias à cultura contemporânea que temos dificuldade em entendê-la ainda quando, sem entendê-la, continuemos a praticá-la. Reconciliar esta visão do direito com a ideia do direito como expressão da vontade do Estado, manifesta no ato de fazer leis, de legislar, tem sido desde sempre o enigma sobre o qual se debruçam os pensadores do direito.

A nova ortodoxia apresenta, como alternativa, ao formalismo doutrinário, a concepção do direito como conjunto de princípios e de políticas públicas. O objetivo da elaboração doutrinária do direito, de acordo com esta prática, é "aperfeiçoar" o direito no ato de interpretá-lo e aplicá-lo, estreitando cada vez mais a relação entre as ideias gerais (princípios e políticas públicas) e as regras específicas, aplicadas em circunstâncias concretas. A interpretação do direito deve ser sempre teleológica, de acordo com os objetivos atribuídos a cada fragmento do direito. Discurso racionalista e sistemático a respeito dos princípios e das políticas públicas descreve o conteúdo dos objetivos que orientam esta interpretação finalística das regras.

De onde vêm estas ideias gerais que desempenhariam o papel orientador? Supostamente estão imanentes no direito positivo. Imanentes, porém incompletas ou truncadas. Cabe ao jurista, em cada momento, trabalhar para completá-las um pouco mais.

O MOVIMENTO DE ESTUDOS CRÍTICOS DO DIREITO:

Alquimia insondável. Se há sistema de princípios e de políticas públicas oculto no direito positivo, pronto para ser exposto e aplicado, qual o sentido do conteúdo aparente da história do direito: luta incessante, sem roteiro, entre interesses e visões contrapostos? Mas se toda esta descoberta no direito positivo de um sistema – em construção – de princípios e de políticas representa fingimento retrospectivo dos juristas, como justificar a usurpação de poder e o apequenamento da democracia que o fingimento pressupõe e acarreta?

A solução é pressupor que o sistema está inerente ao direito como obra em curso. Em cada momento, a responsabilidade do jurista seria a de dar o próximo passo, ainda que curto, na grande empreitada coletiva, como se fora operário trabalhando na edificação de catedral, sempre inacabada e soerguida no decurso de séculos. Neste entendimento da análise jurídica, cada jurista pensa como juiz. Definir o direito na situação jurisdicional em que se faz valer o direito seria a tarefa exemplar.

Logo se vê que esta maneira de pensar o direito está longe de derrubar o formalismo doutrinário anterior. É apenas sua continuação sob premissas menos heroicas: afrouxamento mais do que substituição. A concepção rigorosa de regime institucional indivisível dá lugar à ideia de convergência purificadora. O desfecho ideal desta convergência é alguma espécie dos acertos institucionais e ideológicos que definiram a economia social ou regulada de mercado na segunda metade do século 20. E agora, como antes, o jurista é o protagonista da purificação cumulativa, encarregado de quadrar um círculo: reconciliar o direito como expressão de ordem normativa imanente na vida social com o direito como resultado contingente de lutas políticas que têm por desfecho a legislação.

O pano de fundo desta operação tem sido, portanto, a manifestação no direito do compromisso social democrata, prefigurado antes da Segunda Guerra Mundial e articulado depois dela. Abandona-se qualquer tentativa de reconstruir institucionalmente a economia de mercado ou a democracia política. Em troca, o Estado ganha mais poder para regular, redistribuir e manejar a economia por meio de políticas contracíclicas. Racionaliza-se e humaniza-se uma ordem que ninguém mais sabe como reimaginar ou reconstruir. Sobrepõe-se ao direito privado não transformado o novo (mas nem tão novo) direito público deste Estado regulador e redistribuidor.

***

Foi nesta onda que a alta cultura jurídica brasileira embarcou, sobretudo os juristas acadêmicos, tal como acontecera em muitas outras partes do mundo. A sobrevivência teimosa de hábitos intelectuais associados ao desacreditado formalismo doutrinário reforçou os motivos para aderir às influências prestigiosas de países de onde estamos habituados a importar nossas ideias. A nova orientação, porém, foi equívoco naqueles países. Para nós, foi calamidade.

Foi equívoco em qualquer lugar porque esta maneira de pensar o direito sofre de três defeitos, cada um deles motivo suficiente para rejeitá-la: mistificar a realidade do direito; servir a uma usurpação de poder popular incompatível com as promessas da democracia e inibir a reimaginação e a reconstrução das instituições. Destes três defeitos, o terceiro é o fundamental. O primeiro e o segundo são os acessórios: ajudam a explicar a gravidade do último.

A idealização sistemática do direito na linguagem dos princípios e das políticas públicas mistifica o direito. O direito nunca é sistema, muito menos sistema que se possa caracterizar sem engodo em discurso de abstrações normativas. Em cada parte do direito, o que de fato encontramos são certas soluções dominantes, cercadas de periferia de anomalias e exceções, de ideias discrepantes. Por exemplo, o direito das coisas tanto na tradição civilista como na da *common law* organiza-se em torno do direito unificado de propriedade, invenção do século 19, que encontrou precursor no direito romano. Ao redor deste instituto ainda tido como central multiplicam-se formas fragmentárias ou condicionais de propriedade que sob outra forma de organização econômica e social (como o feudalismo europeu) nada tinham de periféricas; eram elas que forneciam os instrumentos jurídicos fundamentais do regime estabelecido.

A mistificação do direito seria, argumentam alguns, benéfica: ao fingir que o direito já é mais um sistema de conceitos políticos e morais do que ele de fato é, esta maneira de pensar e construir o direito daria ao jurista pretexto para melhorá-lo. E os maiores beneficiários do aperfeiçoamento seriam os perdedores da política: os pobres, os desorganizados, as minorias cuja voz fala sempre menos alto. Esta apologia, porém, além de duvidosa como descrição dos objetivos a que serve na prática a mistificação do direito, chama atenção para o segundo defeito deste sucedâneo ao formalismo doutrinário: a usurpação de poder pelos juristas que praticam as mentiras supostamente benevolentes que a nova ortodoxia recomenda. A interpretação do direito dá pretexto para sua revisão inconfessa.

O MOVIMENTO DE ESTUDOS CRÍTICOS DO DIREITO:

O vício fundamental desta maneira de pensar o direito não é a mistificação do direito ou a usurpação de poder que ela facilita. É o abandono da vocação maior do pensamento jurídico: a de servir à dialética entre a reconstrução das instituições e das práticas e a reinterpretação de nossos interesses e ideais. É nos pormenores dos arranjos institucionais e do discurso ideológico e programático que esta dialética ocorre ou deixa de ocorrer. E é no direito, mais do que em qualquer outro espaço da vida prática e mental, que ela pode ocorrer em detalhe, junto com a política – a política em todos os sentidos, grande e pequena.

Uma das condições para o abandono desta tarefa maior do pensamento jurídico foi a primazia dada ao uso do direito no ambiente jurisdicional: o mundo dos juízes, dos tribunais e dos advogados e, portanto, também o das faculdades de direito. O acadêmico se imaginou como juiz ou como assessor filosófico dos juízes. Ao jurista, no papel de idealizador sistemático do direito, a ortodoxia dita pós-formalista parecia atribuir trabalho nobre e influente: modo de exercer o poder sem entrar ou ficar na política reles e comprometedora.

O custo desta operação, porém, tem sido alto. Não há hoje país em que convenha pagá-lo. Todos os problemas mais importantes das sociedades contemporâneas exigem, para resolvê-los, inovações institucionais. Tais inovações são incompatíveis com as limitações impostas pelos compromissos institucionais e ideológicos de meados do século passado. Ultrapassam em muito as fronteiras do projeto mais caro às elites governantes dos países do Atlântico norte de hoje – a combinação da proteção social usufruída pelos europeus com a flexibilidade econômica alcançada pelos americanos dentro dos limites de variante pouco ajustada do arcabouço institucional herdado. E não podem ser inferidas das categorias sistêmicas – como "capitalismo" e "economia de mercado" – em que tradicionalmente se compraz o debate ideológico.

Alguns destes problemas chegam quase ao horizonte do debate político existente nas democracias de hoje – como a necessidade de qualificar os serviços públicos pelo engajamento da sociedade civil organizada em sua provisão e a importância de reorganizar a relação entre as finanças e o sistema produtivo para que o capital financeiro se torne bom servo em vez de continuar a ser mau senhor. Já outros problemas, inescapáveis e prementes, permanecem distantes do debate corrente. Entre eles estão o confinamento das práticas mais avançadas da produção a vanguardas produtivas, associadas à economia do conhecimento, com efeitos decisivos para a estagnação econômica e a desigualdade social;

a insuficiência de transferências de dinheiro organizadas pelo Estado para assegurar coesão social em sociedades divididas e heterogêneas; e a necessidade que as democracias fracas de hoje têm de crises (guerra ou descalabro econômico) para viabilizar mudanças.

A única maneira de construir alternativas para a solução destes problemas é construí-las de dentro para fora e de baixo para cima, com o material das variações e das contradições do direito existente, não como ponto de chegada, mas como ponto de partida. O material é limitado: resulta de história de lutas, não de um roteiro pré-definido à espera dos teóricos capazes de explicitá-lo. Não é, porém, tão limitado quanto a mistificação idealizadora do direito faz aparentar.

***

Existe maneira melhor de pensar e de construir o direito. Não se confunde com o regresso ao formalismo doutrinário que o pensamento dominante continuou sob o pretexto de repudiá-lo e substituí-lo. Em vez de entrar na onda da sequela enganosa ao formalismo doutrinário, deveríamos nós que pensamos o direito no Brasil tomar a frente da construção desta alternativa. Não é alternativa nacional, é alternativa para qualquer país. Tem, porém, interesse especial para os brasileiros, dada a importância da reconstrução institucional para estratégia de desenvolvimento capaz de soerguer o Brasil e de empoderar os brasileiros.

Este outro caminho na teoria e prática do direito começa em distinção entre duas tarefas do pensamento jurídico – uma menor, outra maior. A tarefa menor é pensar o direito na situação jurisdicional ou quase-jurisdicional: a interpretação dos direitos individuais ou coletivos diante de litígio atual ou potencial, quando está em jogo o uso da autoridade e do poder o Estado para fazer valer determinada interpretação das normas. A tarefa maior é construir o direito no ambiente do debate cívico a respeito da transformação do país, por meio da dialética indispensável entre reconstrução das instituições e das práticas e revisão do entendimento dos interesses e ideais que as justificam. Na visão predominante, que a falsa ruptura com formalismo doutrinário perpetua, a tarefa menor é a que conta, a maior é assunto para política e filosofia – que não a cumprem.

Para a menor, há agente definido: os profissionais do direito. Para a maior, falta agente claro. Voltarei, no final desta Introdução, ao significado desta falta e ao que fazer para saná-la.

No ambiente jurisdicional, o direito reclama interpretação teleológica: de acordo como os objetivos atribuídos a cada parte dele. Interpretar de acordo com o propósito, mobilizar o raciocínio analógico, levar as palavras das leis e dos precedentes a sério, porém entendê-las de acordo com o contexto de embates, acordos e desacordos em que se produziram, sem querer vê-las (e reescrevê-las) como passos de grande plano moral e político que os agentes políticos nunca imaginaram ou quiseram, é a maneira melhor de superar o formalismo doutrinário sem incidir nos erros do pretenso sucedâneo a ele.

O equívoco propício a mistificação e a usurpação está em associar a interpretação prática e teleológica à idealização sistemática do direito constituído. Com esta associação, abre-se campo para divergência entre duas genealogias do direito. A primeira é a genealogia prospectiva e real do direito como produto de lutas, barganhas e confusão. A segunda é a genealogia retrospectiva e fantasiosa do direito como expressão imperfeita de sistema normativo que evolui e se aperfeiçoa sob o disfarce dos conflitos que ocupam nosso tempo e nossas consciências.

Fora do ambiente jurisdicional, a tarefa é outra e maior: definir alternativas de transformação capazes de resolver os problemas centrais da sociedade numa época em que não mais sabemos como construir alternativas, seja no pensamento, seja na prática. Entre os componentes desta tarefa estão os seguintes. Reconhecer a complexidade de cada parte do direito como dialética entre soluções dominantes e discrepantes. Mostrar como das variações existentes, não apenas no direito nacional, mas na experiência do mundo todo, é possível inferir, no pensamento e na prática, conjunto de variações mais amplo. Desenvolver tais alternativas em resposta aos problemas mais importantes da sociedade, sobretudo aqueles que não frequentam o debate programático estabelecido. Identificar oportunidades para o exercício desta vocação superior da reflexão a respeito do direito: no esforço de reinventar a doutrina ou a dogmática jurídicas, no debate político e partidário, no manejo do poder em qualquer esfera e nível, na reconstrução das ciências sociais e das humanidades e até no exercício profissional da advocacia. Há continuidade entre o desenho das transações pelos advogados e a reimaginação fragmentária, porém cumulativa das instituições pelo jurista do futuro.

O alvo de qualquer ação social ou política ambiciosa é a estrutura da sociedade, tal como organizada pelas instituições e pelas ideias que as justificam. O alvo de qualquer pensamento mais sério a respeito da sociedade e da história é a explicação das mudanças estruturais: as razões pelas quais ocorrem ou deixam de ocorrer. E o alvo da imaginação programática quando ela se levanta acima da rotina da política e se rebela contra a identificação das instituições existentes com a natureza das coisas é o conteúdo das alternativas estruturais que prometem dar consequência a nossos interesses e ideais.

Sempre o ponto central é a reimaginação e a reconstrução da estrutura, se por estrutura entendermos a ordem institucional e as concepções que servem para representá-la, legitimá-la e manejá-la. Os materiais para descrevê-la e para mudá-la não estão nas ilusórias abstrações sistêmicas que assombraram os últimos séculos de disputas ideológicas. Estão nos pormenores do direito, vistos sob o prisma do pensamento e da política. De pensamento que não se deixou ficar refém das ortodoxias predominantes nas ciências sociais de hoje. De política que não se rendeu ao esforço de apenas humanizar o que não mais conseguimos repensar e refazer.

Não devemos e não precisamos entrar na onda daquilo que ainda hoje se apregoa nos centros mais influentes da cultura jurídica mundial como sequela esclarecida ao formalismo doutrinário de antigamente. Há alternativa que interessa ao mundo e muito especialmente, dada nossa circunstância, ao Brasil. Proponho que o pensamento jurídico brasileiro se coloque à frente de sua construção. Para fazê-lo, tem de se livrar do colonialismo mental.

* * *

Para o Brasil, o rumo alternativo do pensamento jurídico que defendo aqui tem significado especial. Do encontro entre a realidade brasileira e a reorientação de nossa maneira de pensar o direito pode surgir corrente de ideias que interesse ao mundo. A insistência em construir prática de análise jurídica que ajude a decifrar enigmas brasileiros e a construir outro futuro para o Brasil não nos remete a idiossincrasias ou provincianismos. Pelo contrário, permite-nos desenvolver conceitos, métodos, práticas e propostas que ajudarão a criar em todo o mundo polo alternativo ao pensamento jurídico dominante, sediado hoje nas academias jurídicas dos Estados Unidos e da Alemanha. Enquanto continuarmos a ser, no direito como em tantos outros campos, colonizados mentais, nada teremos a dizer ao resto do mundo em matéria de direito. Passaremos a ter algo a dizer quando em direito, como em tudo o mais, aprendermos a pensar o universal a partir do local.

Duas circunstâncias – uma radicada em características duradouras de nossa experiência nacional, a outra específica do momento que vivemos – dão base a este chamamento.

A circunstância da hora é o esgotamento de estratégia de desenvolvimento baseada na democratização do consumo e na produção e exportação de *commodities*. A circunstância profunda e duradoura é o aprisionamento da vitalidade brasileira dentro de estrutura que nega à grande maioria de nossos concidadãos meios para se engradecerem.

Diferença entre democratizar a economia do lado da demanda e democratizá-la do lado da oferta é que aquela mudança se pode operar só com dinheiro enquanto que este movimento exige inovação institucional. Não se trata de apenas regular o mercado ou de atenuar as desigualdades nele geradas. Trata-se de inovar nas instituições que definem a economia de mercado.

O imperativo da inovação institucional impõe-se em todos os campos da vida brasileira, a começar pela economia. Na política industrial e de desenvolvimento, nossa preocupação superior deve ser organizar instituições que difundam as práticas mais avançadas da produção para toda a economia, em vez de permitir que se cinjam a franjas avançadas em cada setor da produção, como geralmente acontece no mundo. Vanguardismo inclusivo, não mais confinado a ilhas dentro da economia, e assentado na democratização radical de acesso às oportunidades e aos recursos da produção é o único antídoto seguro à estagnação e desigualdade.

Para promovê-lo, precisamos além de outra educação – analítica, capacitadora, cooperativa e dialética –, de outra arquitetura institucional, e, portanto, jurídica, na economia de mercado. Esta arquitetura há de comportar, a serviço da construção do vanguardismo includente, coordenação estratégica descentralizada, pluralista e experimental entre os governos e as empresas, sobretudo empresas emergentes pequenas e médias, bem como práticas que combinem cooperação e concorrência – concorrência cooperativa – entre tais empresas. E há de evoluir para regime que multiplique as formas de acesso descentralizado aos recursos e às oportunidades da produção e que repudie na prática o dogma falso, porém reinante, de que a economia de mercado tem forma única, natural e necessária. Uma das muitas implicações jurídicas é a transformação do direito privado, que passou quase incólume pelo século passado. Esta transformação permitirá que modelos alternativos de propriedade e de contrato convivam experimentalmente dentro da mesma ordem econômica.

Nas relações entre o capital e o trabalho, precisamos criar novo estatuto de trabalho para resguardar, organizar e representar a maioria da força de trabalho no país, que arrisca cair na precarização dentro da economia formal ou continuar nas sombras da economia informal. Na organização do vínculo entre as finanças e a produção, temos de adotar práticas, regras e instituições que canalizem o capital financeiro para a produção e a inovação em vez de permitir que ele sirva a rentismo sem vazão produtiva.

A democratização do mercado e a construção do vanguardismo inclusivo – obras gêmeas – têm por contrapartidas, primeiro, a reorganização das relações entre o Estado, os entes federados e a sociedade, sobretudo na prestação dos serviços públicos; segundo, a construção do Estado; e, terceiro, o aprofundamento da democracia. Em cada uma destas áreas, só podemos avançar se ampliarmos o rol das alternativas institucionais disponíveis.

A qualificação dos serviços públicos, sobretudo de educação e saúde, constrói gente. Ela passa agora pela reorganização do federalismo brasileiro e pelo engajamento da sociedade civil organizada na prestação destes serviços. Exige desde já o federalismo cooperativo – vertical, entre os três níveis da federação, e horizontal, entre os entes federados. Só por meio dele conseguiremos, por exemplo, reconciliar padrões nacionais de investimento e qualidade na educação com a gestão local das escolas pelos estados e pelos municípios. Do federalismo cooperativo podem, por sua vez, surgir arranjos institucionais que radicalizem o potencial experimentalista do regime federativo. Tais arranjos permitiriam que partes da federação divirjam das soluções geralmente adotadas no país e desenvolvam outros modelos do futuro nacional.

Para qualificar os serviços públicos, não basta que o Estado assegure a todos os cidadãos mínimo universal de serviços, ao mesmo tempo que lidere a construção dos serviços mais caros e custos. Na vasta zona intermediária entre o chão e o teto, o Estado deve ajudar a preparar e financiar a sociedade civil para que ela participe, junto com o Estado e sem objetivo de lucro, por meio de instrumentos como nossas atuais Organizações Sociais, na provisão competitiva e experimental dos serviços. Aquilo que no período entre as duas grandes guerras do século 20 os juristas europeus rotularam o direito social – nem direito público nem direito privado – teria de organizar esta participação. Não o faria na forma do corporativismo daquela época, senão na maneira exigida por experimentalismo radical e por democracia forte.

O MOVIMENTO DE ESTUDOS CRÍTICOS DO DIREITO:

Não existe ainda no Brasil – ou em qualquer outro país – o Estado capaz de executar a obra que acabo de esboçar. Para levá-la a cabo, como complemento indispensável do aprofundamento da democracia brasileira, não basta cumprir as agendas dos séculos 19 e 20 em matéria de construção do Estado: a do profissionalismo burocrático e a da eficiência administrativa, apoiada em mecanismos de cobrança internos e externos ao Estado. É preciso cuidar também de agenda que será específica ao século 21, a do experimentalismo na forma de atuação do Estado. Esta agenda, além de outro federalismo e de outra maneira de organizar a sociedade civil e de relacioná-la ao Estado, requer outro modo de conceber o império da lei. Em vez de exigir que a regra jurídica valha universalmente ou não valha de todo, precisa abrir oportunidade para experimentar, sob resguardos contra abusos e favoritismos. Esta é, na própria forma do direito público, a agenda do experimentalismo expressa como maneira de construir o direito.

Se há área de inovação institucional que tenha primazia sobre todas as outras, é o aprofundamento da democracia. A organização da política representa mais do que um campo adicional de reorganização das instituições: condiciona a transformação de todos os outros campos. Projeto centrado na construção de forma de vida que dê a cada indivíduo oportunidade melhor de viver vida maior, de engrandecer-se antes de morrer, não pode satisfazer-se com democracia que deixa os cidadãos adormecidos, a não ser em raros momentos revolucionários e constituintes, e que reduz o direito a intervenções episódicas e localizadas na estrutura da vida coletiva. O empoderamento do indivíduo e o empoderamento da coletividade não são projetos opostos, por mais que haja interferência entre eles. São projetos complementares e reciprocamente dependentes: o empoderamento individual só pode ser experiência amplamente compartilhada num ambiente em que a estrutura da vida social esteja de fato suscetível a transformação, sem precisar de crise como condição de mudança.

Ao direito constitucional em particular e ao direito administrativo em geral cabe desenvolver ideias e passos que nos permitam ultrapassar os limites de nosso liberalismo protodemocrático. Democracia de alta energia é democracia que dispense crise como condição de mudança, que derrube o governo dos vivos pelos mortos e que diminua na vida política e social a distância entre o rotineiro e o revolucionário. A expressão de tal movimento na construção do direito é ampliar decisivamente o potencial para questionar e reconstruir práticas e instituições. É também admitir a convivência contraditória entre formas diferentes de organização econômica e social.

Entre as inovações institucionais específicas que o avanço nesta direção requer, algumas se destinam a elevar o nível de engajamento na vida cívica – a temperatura da política; outras a resolver prontamente os impasses entre os poderes do Estado – o passo da política; outras a reconciliar a possibilidade de ação forte por parte do poder central com caminhos alternativos buscados pelos entes federados; outras a criar no Estado um poder desenhado para vir em socorro de grupos sujeitos a formas de subjugação ou exclusão das quais não conseguem escapar por meio dos instrumentos de ação coletiva que lhes são acessíveis e outras ainda a atenuar progressivamente a diferença entre democracia representativa e democracia direta ou participativa.

O aprofundamento da democracia, assim como a democratização do mercado, apontam para transformações que são radicais quando vistas muitos passos para frente. Cada passo, porém, pode ser menor ou maior e permitir desdobramentos diferentes. Não é sistema, é caminho que se descobre e se define caminhando. Esta é a resposta – a única resposta – que podemos dar a problema que resulta da desmistificação da política e da desnaturalização da sociedade: o de reconhecer, em confronto com as correntes dominantes do pensamento econômico e político contemporâneo, a necessidade de alternativas estruturais, porém sem sucumbir ao dogmatismo estrutural que acometia os liberais e os socialistas do século 19.

Não encontraremos alternativas como as que acabo de invocar nas concepções sistêmicas que nos encantaram e confundiram por tanto tempo. Precisamos saber com que que material podemos contar como ponto de partida para construí-las. Este material está exposto no direito – não apenas nosso direito, mas o direito de todos os países, agora e historicamente. Para reconhecer o direito tal como ele é, temos de levantar o véu da sistematização mistificadora praticada pelas teorias jurídicas mais prestigiosas da época.

É verdade que a tarefa que proponho não conta com agente claro ou oportunidade fácil, ainda quando tenha destinatário definido. O destinatário é o Brasil. A oportunidade é o sentimento generalizado no país de nos havermos perdido por falta de maneira de nos organizar que dê vazão e instrumentos à vitalidade brasileira. Mas quem é o agente? Ao referir o papel dos juristas, aproprio-me, por falta de outro, de conceito arcaico – o de jurista em contraposição ao de advogado, com conotações que vão desde o direito romano até a elite jurídica, parte expressiva da oligarquia que ajudou a governar o Brasil por quase toda sua vida independente.

Nesta falta de agente pronto, nada há de novo. O mundo está organizado para reproduzir-se até que o organizemos de outro jeito. As tarefas importantes aparecem antes de surgirem agentes aptos a executá-las. A referência a juristas é, portanto, o uso de arcaísmo a serviço de futuro a construir. Aponta para alguém que lide com o direito sem lidar com ele como representante de interesse privado ou corporativo e que tenha por interlocutores ideais os cidadãos e as organizações políticas e sociais em que se agrupam. Este papel, por enquanto, não existe, a não ser na forma de uma academia voltada em grande medida para a formação de advogados dos interesses privados ou corporativos e de quadros para as carreiras de Estado.

Para desempenhar a tarefa que descrevo é preciso usar os papéis profissionais existentes e embaralhá-los, esticá-los e por fim ultrapassá-los. Não os usaremos para usurpar e exercer poder aceitando o convite feito pela doutrinação idealizadora do direito no vocabulário dos princípios e das políticas públicas. Trataremos de usá-los para criar o agente provisório da tarefa irrecusável: o especialista em direito que reconhece a pobreza do discurso programático da política rotineira e que vê nas variações existentes e acessíveis do direito constituído material para construir bases institucionais de vida maior para o indivíduo e para a nação.

Marca das instituições que nos convém desenvolver é que elas não nos exijam, para poder participar delas, abandonar o impulso para continuar a questioná-las e a reconstruí-las. Para que nós possamos ser grandes, as instituições, expressas no direito, precisam ser tratadas como o que sempre são: mistura contingente de oportunidades e de obstáculos para nosso engrandecimento. Seu atributo mais importante é que facilitem sua própria transformação, à luz da experiência.

Duas aspirações nos devem motivar a construir nova maneira de pensar e de desenvolver o direito no Brasil. A primeira aspiração é a de encontrar rumo para o pensamento jurídico brasileiro melhor do que o rumo que a alta cultura do direito vem seguindo nos países dos quais habitualmene importamos teorias do direito. A segunda aspiração é a de contribuir à definição de caminho para o Brasil que assegure a nossos concidadãos meios para ficar de pé.

Estas duas aspirações convergem para a mesma prática. E esta prática exige uma maneira de pensar. A tarefa do pensamento jurídico no Brasil é entender o direito como forma institucional da vida de um povo, cheia de contradições que fornecem material para fabricar alternativas. A tarefa do direito brasileiro é ajudar a engrandecer os brasileiros.

setembro de 2017

PARTE I:

OUTRO TEMPO,

TAREFA MAIOR (2014)

1

O CONTEXTO, O MOVIMENTO E O LIVRO

O CONTEXTO

O Movimento de Estudos Críticos do Direito é um manifesto para um movimento de ideias no pensamento jurídico. Esta introdução à nova edição do livro original tem dois objetivos. O primeiro propósito é situar o movimento e o livro em seu contexto histórico e reconsiderá-los à luz de desenvolvimentos subsequentes. O segundo objetivo é voltar-se ao futuro e definir a vocação do pensamento jurídico agora.

O movimento dos estudos críticos do direito representou, por intenção e de fato, intervenção enérgica na história das ideias a respeito do direito nos Estados Unidos e no mundo. O significado e a importância de tal intervenção dependem do que acontecer depois dela. Trato do movimento e do livro como passos na construção de agenda inacabada no entendimento do direito.

Tese central nesta introdução e no livro é que continua desaproveitado o potencial do direito e do pensamento jurídico para subsidiar a autotransformação da sociedade sob a democracia. Ao nos rendermos a constrangimentos que limitam a visão do que o direito é e pode vir a ser, perdemos nossa capacidade para fazer uso daquele potencial.

Na abordagem tanto do passado recente como da vocação atual do pensamento jurídico, deparamo-nos com dificuldade que as ciências sociais e as humanidades enfrentam em grau muito menor: o cunho nacional do direito. O movimento dos estudos críticos do direito surgiu nos Estados Unidos. Americanos foram os principais responsáveis para deslanchá-lo. Tratou de circunstâncias americanas em linguagem acessível e atraente aos americanos.Não obstante, os temas em jogo nos contextos passados e futuros que o livro e esta introdução consideram não são peculiares aos Estados Unidos, eles emergem mundo afora. Uma circunstância análoga àquela em que o movimento de estudos críticos do direito emergiu ocorreu na Europa e em países de *civil law*. Precursores e sequências do movimento e seus adversários e aliados têm contrapartes lá, frequentemente sob outros rótulos. O fracasso em permanecer fiel à vocação maior do pensamento jurídico é um fracasso mundial, com consequências globais.

O MOVIMENTO DE ESTUDOS CRÍTICOS DO DIREITO:

Desde o início, vi o movimento de estudos críticos do direito como contribuição para uma transformação mundial na direção do pensamento jurídico. É nesse mesmo espírito que aqui reconsidero os eventos e ideias com os quais lida este livro. Meu interesse é menos no que é distintivamente americano do que no que possui significado para o pensamento jurídico mundo afora.

Que o leitor faça as correções quanto à especificidade da situação americana e do vocabulário americano. Que ele dê ao argumento seu alcance mais inclusivo. Nesse esforço, devo ajudá-lo considerando o movimento e este manifesto de maneira desenhada a enfatizar o que há de mundialmente significativo em vez de meramente provinciano na situação e no futuro do pensamento jurídico.

O movimento de estudos críticos do direito nunca pretendeu gerar um gênero permanente de escrito jurídico, ou tomar seu lugar dentro de um elenco estabelecido de escolas de teoria do direito. Foi um engajamento disruptivo em uma circunstância particular. Considere agora o contexto em que ele apareceu, primeiro do ponto de vista de sua relação com a prática de análise jurídica então dominante e, em segundo lugar, da perspectiva de sua conexão com a situação política que ele enfrentou nos Estados Unidos e no mundo. Deixe-me chamar essas duas perspectivas de contextos interno e externo, se por interno pudermos considerar o que tem a ver com o direito e o pensamento jurídico, e por externo o que diz respeito à condição da sociedade. Podemos por sua vez distinguir aspectos metodológicos e substantivos do ponto de vista interno: aqueles que têm a ver com modos de pensar sobre o direito e aqueles que concernem ao conteúdo do direito.

A prática de análise jurídica que o movimento encontrou no comando pensamento jurídico representava o direito como repositório de princípios impessoais do justo e de políticas responsivas ao interesse público. Interpretava cada fragmento do direito atribuindo-lhe propósitos. Descrevia esses propósitos na linguagem idealizadora de políticas e princípios. Chame a esta abordagem do direito, como o fizeram alguns de seus teóricos, de método da elaboração racional.[1]

---

[1] É o termo usado pelos líderes da escola do processo jurídico, professores de Harvard, cujos materiais didáticos tiveram desde os anos 1950 ampla circulação, influenciando teorias como a análise econômica do direito e a escola dos direitos e princípios, mas sobretudo forjando um estilo prático dominante de análise jurídica. Ver HART JR., Henry M.; SACKS, Albert M. *The legal process*: basic problems in the making and application of

Segundo esse método, o direito deveria ser interpretado sob a melhor luz possível – quer dizer, a luz menos infectada pelos interesses poderosos que provavelmente haviam exercido influência predominante na disputa política sobre o conteúdo do direito, especialmente por meio da legislação. Colocando a melhor luz sobre o direito, os intérpretes jurídicos profissionais, dentro ou fora da jurisdição, poderiam, segundo essa visão, melhorar o direito. Poderiam tornar-se agentes por cujos esforços "o direito purifica a si mesmo", mesmo em uma era em que a legislação veio a ofuscar o direito feito por juristas, ocupantes ou não de cargo judicial.[2]

As maiores escolas de teoria do direito diferiram em como propuseram fundamentar os princípios impessoais e políticas públicas que se supôs controlarem a interpretação do direito. Para uma escola, essas políticas e princípios deveriam ser expressos em uma teoria política dos direitos; para outra, em uma visão normativa da alocação eficiente de recursos; e ainda para outra, em uma concepção de métodos apropriados para cada agente no sistema jurídico – legisladores, agências administrativas e "ordenadores privados", assim como cortes.

---

law. Editado por William N. Eskridge, Jr. e Philip. P. Frickey. Westbury: Foundation Press, 1994. [Nota do Tradutor – N.]

[2] Por jurista, quero dizer um profissional do direito com maiores pretensões e ambições: ele reivindica implantar um método que autoritativamente interpreta o direito ou o desenvolve a serviço de ideais assim como de interesses. Ele defende suas iniciativas em discurso de razão pública diante de seus colegas juristas e concidadãos. Ele pode ser um acadêmico, um juiz, um crítico do direito estabelecido, ou o que na tradição do direito romano era chamado de jurisconsulto. Suas atividades podem incluir representar clientes privados ou governamentais dentro ou fora do ambiente judicial. Entretanto, essas atividades sempre avançam para além daquela função, levando-o a participar na disputa sobre o futuro do direito e, logo, da sociedade: engajamento na luta sobre o futuro do direito é o traço distintivo primordial de um jurista dentre outros profissionais do direito. Ele pode ocupar um cargo público, como o de juiz. Mas é a visão sobre esse cargo, em vez de o cargo por si mesmo, o que faz dele um jurista assim como uma autoridade. Para o bem ou para o mal, juristas cuidam do direito em todo sistema jurídico. Fazem-no sendo mais ou menos responsáveis perante comandantes políticos e sejam ou não suas pretensões bem fundadas e suas ambições realistas. Nesta introdução, uso os termos jurista e profissional do direito de modo intercambiável, embora juristas formem apenas um subconjunto dos profissionais do direito.

O MOVIMENTO DE ESTUDOS CRÍTICOS DO DIREITO:

Independentemente dessas diferenças e disputas teóricas, a elaboração racional do direito – finalística, generalizadora e idealizadora – fez as mesmas suposições cruciais. Em grande medida, as concepções dirigentes de políticas e princípios que permitem ao intérprete fazer sentido do direito e o dirigem no seu trabalho prático foram tomadas como se estivessem já latentes no direito existente, esperando para serem reveladas pelo analista jurídico.

Afirmar que a história de políticas e princípios estava totalmente lá seria fazer uma alegação incrível. Como a luta política sobre o conteúdo do direito, especialmente como organizada e legitimada pela democracia, poderia produzir, se não um sistema, ao menos uma série de concepções normativas fragmentárias, endereçadas a cada domínio do direito e da prática social e capazes de expressão retrospectiva na linguagem de políticas magnânimas e princípios neutros? Aqueles que lutaram na política sobre o conteúdo do direito em nome de interesses e visões colidentes teriam agido como servos involuntários de uma lógica imanente de evolução social. Houvessem feito isso, a pretensão da democracia de submeter os termos da vida social à autodeterminação coletiva restaria desacreditada.

Foi, então, necessário alegar que o elemento ideal no direito era apenas incompletamente expresso no direito estabelecido. O juiz ou o jurista não judicial teria que completar esse elemento ideal por meio do exercício próprio de sua responsabilidade em avançar, caso a caso, a elaboração racional do direito.

Supor, porém, que a narrativa de políticas e princípios já contidos no direito era no melhor dos casos rudimentar ou contraditória, e que sua maior parte deveria ser invenção em vez de descoberta, seria solapar mesmo uma distinção relativa entre fazer e aplicar o direito. Seria conceder ao intérprete medida de poder revisionário que nenhum soberano, muito menos o povo e seus representantes sob a democracia, estaria disposto a aceitar. Era indispensável assumir que a história de políticas e princípios estava largamente, mas não completamente, latente no direito estabelecido. Ela conflitava com apenas uma porção limitada dos entendimentos recebidos sobre o direito; o exercício do poder revisionário permaneceria moderado. Nada parecia garantir esse equilíbrio feliz, embora tudo nas suposições da prática dominante de análise jurídica o exigisse.

O que fez parecer menos provável que o conteúdo e o caráter do direito suportassem essas expectativas extravagantes foi a aceitação inquestionada dos arranjos institucionais básicos para a organização da economia de mercado, da política democrática e da sociedade civil fora do mercado e do estado. Os arranjos da vida social, expressos nos detalhes do direito em vigor, puderam ser vistos como a sede de um esquema superior de organização social, explicitado pelas ideias e argumentos dos juristas. Os proponentes e teóricos do método da elaboração racional apresentaram-na como o resultado de rebelião contra o doutrinarismo do século XIX; ela foi, ao invés, a continuação disfarçada dele.

A primeira tarefa do método da elaboração racional foi lidar com a reorganização do direito substantivo em meados do século XX. Um novo corpo de direito público, governando a atividade pública e regulatória do governo, veio a ser sobreposto a um corpo largamente não transformado de direito privado. Essas mudanças que tomaram lugar no direito privado puderam facilmente ser representadas como o resultado de uma evolução contínua.

Como resultado, o pensamento jurídico pôde esconder de si mesmo o significado pleno de uma de suas mais importantes conquistas analíticas: a descoberta da indeterminação jurídica da ideia de economia de mercado. A cada volta na tradução de ideias abstratas sobre o mercado em arranjos institucionais específicos, tornou-se aparente que havia escolhas a serem feitas. Era impossível – o trabalho cumulativo tanto de juristas práticos quanto de pensadores jurídicos assim o havia demonstrado – fazer essas escolhas por inferência da concepção abstrata de economia de mercado. Elas inevitavelmente envolviam escolher entre visões e interesses concorrentes.

A relativa estabilidade do direito privado funcionou para retirar dessa descoberta sua significação. Ela perpetuou, em direta contradição com a tese da indeterminação jurídica do mercado, a ideia de que certas variedades de propriedade privada e de contrato eram a base jurídica natural e necessária de uma economia de mercado, com limitado escopo para variação. O mesmo modo de pensar pôde ser facilmente aplicado à democracia assim como à sociedade civil: elas também foram assumidas como tendo uma forma institucional natural e necessária.

Os proponentes e historiadores do estilo de análise jurídica contra o qual o movimento de estudos críticos do direito se revoltou gostavam de descrevê-la como um rompimento revolucionário com o "formalismo doutrinário" do século XIX. Na verdade, o estilo de análise jurídica finalístico, orientado por políticas e baseado em princípios, o método da elaboração racional (que, em livro posterior,[3] chamei de análise jurídica racionalizadora) representou uma continuação próxima da prática analítica e argumentativa que ele afirmou haver repudiado. Ele afrouxou ou enfraqueceu em vez de substituir cada uma de suas suposições e compromissos cruciais, recuando para o que pareceu ser uma base mais defensável.

A tarefa central autoimposta da ciência jurídica do século XIX foi desdobrar o que ela tomou como sendo o conteúdo jurídico inato de um tipo de organização social, política e econômica: notavelmente, o regime jurídico de uma "sociedade livre". Foi uma concepção que juristas conservadores dividiram com teorias sociais necessitárias do mesmo período, mesmo aquelas, como o marxismo, que viram o regime prevalente como destinado a ser suplantado. De acordo com essa ideia tipológica, a ordem institucional e ideológica estabelecida, expressa no direito, é um sistema indivisível, com substância jurídica inerente, não apenas um amálgama frouxo e contingente de compromissos, imposições e acidentes. Tem uma lógica tanto institucional quanto ideológica. Para o jurista, essa lógica era mais claramente revelada nas categorias básicas do direito privado, especialmente o direito do contrato e da propriedade. O direito público deveria ser avaliado principalmente pelo critério de sua habilidade para suportar, ou de seu poder para subverter, esses direitos privados.

Quando a ciência jurídica foi levada, mesmo contra suas inclinações, a reconhecer a indeterminação jurídica do mercado, ela solapou seu próprio método tipológico. A contradição foi resolvida na prática ao não conduzir a ideia de tal indeterminação à sua conclusão: a exploração de caminhos alternativos para organizar a produção e a troca. Ao invés, a indeterminação serviu como convite para encontrar o equilíbrio entre interesses concorrentes no desenvolvimento da doutrina jurídica.

A teoria e a prática do estilo de argumento jurídico finalístico, orientado por políticas e baseado em princípios que se tornou predominante na segunda metade do século XX, evitou qualquer adoção explícita da noção tipológica. Seus defensores preferiram deturpar a prática analítico-jurídica anterior como uma tentativa supersticiosa de inferir a resposta correta para cada questão jurídica de um sistema de regras completo, pelo uso de um método de inferência quase dedutivo.

---

3   *O direito e o futuro da democracia*, publicado originalmente em inglês sob o título *What should legal analysis become?* (1996). [N.]

A estratégia característica da nova abordagem foi distanciar-se dos pressupostos heroicos da visão tipológica sem desafiá-los. A prática da elaboração racional tornou possível continuar a tratar o direito como um sistema. Subjacentes ao sistema de regras jurídicas, *standards*, políticas e princípios estava o regime institucional e ideológico da própria sociedade, representado como uma aproximação falha a um plano da vida social inteligível e defensável. A continuidade desse plano e sua expressão nos detalhes do direito, assim como nas políticas e princípios dirigentes, encorajaram o jurista a persistir em seu esforço para mostrar que o direito é algo mais que efêmero conflito e compromisso entre interesses e visões colidentes. Se o resultado desse exercício não foi a abordagem tipológica da ciência jurídica do século XIX, foi a maior aproximação àquela abordagem que veio a parecer crível.

A afinidade entre a ciência jurídica do século XIX e as novas práticas de elaboração racional do direito torna-se ainda mais clara quando consideramos a relação entre os contrastes que foram decisivos para cada um desses dois momentos na história do pensamento jurídico. Para a ciência jurídica do século XIX, o contraste organizador distinguia o direito bom e forte relativo à distribuição de vantagens do direito ruim, fraco e politizado. O direito bom e forte era o direito impessoal de coordenação, supostamente corporificado no sistema de direitos privados, especialmente de contrato e propriedade. Respeitado em sua pureza, ele permaneceria inocente quanto a consequências distributivas. A tarefa comandante do direito público era manter um ambiente em que a integridade e a neutralidade do regime de direitos privados tivessem a melhor probabilidade de serem sustentadas.

Na linguagem do direito constitucional americano, esse contraste é escarnecido como lochnerismo:[4] invocação supersticiosa e entrincheiramento constitucional de uma ordem natural privada como barreira a iniciativas regulatórias e redistributivas de um governo ativista. Sua concepção central sobreviveu, porém, em forma de vestígios em numerosas doutrinas admitidas sem reclamação ao estoque das noções contemporâneas em boa posição. Dentre esses vestígios, para permanecer no cenário americano, está a doutrina da ação estatal, que professa restringir princípios consti-

---

4   Referência ao caso *Lochner v. New York* 198 US 45 (1905), em que a Suprema Corte americana decidiu que a legislação que limitava a jornada de trabalho era incompatível com a liberdade de contrato, que seria protegida pela cláusula constitucional do devido processo legal (décima quarta emenda). O contratante poderia, portanto, estipular jornada diária acima de dez horas. [N.]

tucionais a situações em que o governo tenha sido cúmplice. Ela assim desenha uma distinção entre situações sociais assumidas como existentes pré-politicamente e situações que tenham sido modeladas pela política. Essa distinção foi a essência do contraste que o pensamento jurídico putativamente mais avançado do último período reivindicou haver repudiado. Nenhuma situação na sociedade está de alguma forma simplesmente ali, à parte da política e do poder governamental.

Nesse último período, a distinção em controle tornou-se o contraste entre o direito como corporificação de princípios impessoais do justo ou de políticas responsivas ao interesse coletivo e o direito como acordos *ad hoc*, ou linhas de trégua, entre interesses e ideologias colidentes. Do direito como acordos, nenhum plano inteligível e defensável da vida social, não importa quão fragmentário, poderia ser esperado. A concepção do direito como resultado de uma série interminável de episódios de conflito e compromisso entre interesses e ideologias mobilizados para assegurar influência sobre a legislação foi amplamente considerada como um entendimento aceitável do direito no cenário da política legislativa. Mas foi comumente rejeitada como base para a interpretação profissional do direito, exceto em circunstâncias especiais, ou até extremas. A elaboração racional do direito depois dos fatos, tanto dentro quanto fora da jurisdição, começou por representar o direito na linguagem desinteressada de políticas e princípios.

O elemento chave nessa distinção, e o que mais intimamente a conectou com o contraste entre direito como coordenação neutra e direito como redistribuição politizada, foi a devoção a uma ideia de razão na história: uma forma de razão que, sob a tutela dos juristas, poderia exibir o direito como um esquema coerente e perfectível da vida coletiva. Foi mais uma de longa série de reinvenções da prática da doutrina jurídica, agressivamente contrastada por seus teóricos e praticantes com uma visão do direito simplesmente como a vontade do soberano. Sob a democracia, o povo é esse soberano.

A ideia de que não há tal plano racional "purificando a si mesmo" por meio da prática cumulativa da doutrina jurídica foi denunciada como niilismo jurídico. Foi assim denunciada embora não houvesse nada niilista nem radical na abordagem convencional, conservadora, do direito, expressa no vocabulário do pluralismo de grupos de interesse, como conflito e compromisso *ad hoc*. No entanto, o resultado jurídico de tais compromissos e conflitos não poderia ser plausivelmente representado como um plano racional em evolução, próprio para ser explicado e refinado pelos juristas. A negação pela prática da elaboração racional do conflito irreprimível no direito mostra a continuidade entre essa abordagem da análise jurídica e o formalismo doutrinário que ela deturpou e reivindicou haver substituído.

Do novo método resultaram os mesmos males que haviam cercado seus antecessores. O primeiro dos males foi a mistificação: a representação do direito como aproximação a um sistema prescritivo, ou um conjunto de sistemas, em cada domínio da doutrina jurídica e da prática social. A consequência prática foi minimizar radicalmente a variedade e contradição nos materiais jurídicos. Foi marginalizar soluções e arranjos divergentes dos modelos predominantes em cada área do direito. Entre tais modelos estão o direito unitário de propriedade e o contrato executório bilateral. Cada uma das anomalias suprimidas e minimizadas pode ser desenvolvida em um caminho alternativo de organização de todo o campo.

O segundo dos males foi a usurpação de poder desmesurado pelos juristas, em detrimento da democracia. Eles encontraram autoridade para sua usurpação na pretensão de discernir o roteiro racional velado de políticas e princípios na matéria do direito aparentemente inanimada e acidental. Entretanto, não puderam reivindicar plausivelmente que encontraram o roteiro todo pronto e acabado. Como poderia o direito, produzido pelo conflito entre interesses e entre ideologias, vir a parecer, retrospectivamente, pelas mãos de seus intérpretes profissionais, como se uma única mente e uma única vontade o houvessem concebido? E se essas diferenças aparentes de interesse e ideologia empalidecessem em comparação com o que as posições colidentes têm em comum – um consenso denso e robusto o bastante para gerar as políticas e princípios que dirigem a interpretação do direito, ainda que não reconhecido pelos próprios agentes políticos –, como poderíamos levar a sério as pretensões da democracia? O roteiro velado de políticas e princípios precisaria então estar apenas incompletamente latente no direito: latente o bastante para eximir os juristas de parecerem fabricá-lo inteiramente eles mesmos. A parte faltante é a parte que eles completariam, no exercício de seu papel apropriado de colocar a melhor face no direito: a face menos comprometida com interesses enviesados de classe ou facção e mais responsiva ao bem comum ou ao justo impessoal.

O terceiro dos males foi o mais importante. Os outros dois importam principalmente por sua contribuição para este. Trata-se do encantamento inibidor lançado pelo método da elaboração racional, como fora lançado por práticas anteriores de análise jurídica, sobre o mais promissor mecanismo de mudança social pelo direito: a dialética entre remodelar nossas instituições e práticas e reinterpretar nossos interesses e ideais. A vivificação dessa dialética é o oposto de um niilismo prático, é o principal dispositivo pelo qual podemos esperar dominar a estrutura estabelecida da sociedade em vez de autorizá-la a nos dominar.

Tanto o doutrinarismo anterior quanto o último cometeram esse mal fazendo a mesma aposta. Sua mensagem implícita era: juristas são sacerdotes, não profetas. Façamos o melhor com o que temos, e o façamos imaginando que o direito estabelecido é mais puro, com as nossas luzes, do que ele de fato é. Diminuamos a cota de conflito interno e não resolvido nas regras e doutrinas estabelecidas, de modo a aumentar, sob nossa vigilância, a influência da razão pública sobre o conteúdo do direito.

Foi essa abordagem do direito, com seus múltiplos males e sua pretensão injustificada de haver rompido com o formalismo doutrinário anterior, que o movimento de estudos críticos do direito encontrou em proeminência no pensamento jurídico quando ele apareceu nos Estados Unidos, nos anos 1970. Já o método da elaboração racional, ou análise jurídica racionalizadora, começou a ser promovido mundo afora como o sucessor avançado e indispensável ao que foi denunciado como formalismo doutrinário e como a alternativa responsável às formas extremas de ceticismo jurídico disseminadas no curso do século XX. As duas sedes mais influentes desse método – os Estados Unidos e a Alemanha – tornaram-se as bases das quais ele foi exportado e promovido para o resto do mundo. O velho método doutrinário reteve sua influência no resto mais do que nos Estados Unidos ou em vários países europeus ocidentais. Como resultado, a elaboração racional foi frequentemente lá recebida como liberação de uma prática herdada e largamente fossilizada de doutrina jurídica.

Entretanto, foi uma falsa liberdade que os defensores da elaboração racional ofereceram. Os vícios dessa prática de análise jurídica, especialmente seu antagonismo à imaginação institucional no direito, estavam já em deterioração no seu solo natal no Atlântico Norte. Provaram-se calamitosos quando levados a países em que mesmo os mais básicos avanços em direção à democracia e ao crescimento socialmente inclusivo requeriam inovação institucional. Não era à luz de abstrações ideológicas desacreditadas dos dois séculos passados, como as ideias de capitalismo e socialismo, que essas sociedades poderiam conduzir seus passos. Poderiam fazê-lo, em vez disso, listando variações institucionais estabelecidas de pequena escala, expressas nos detalhes do direito, no esforço para desenvolver alternativas institucionais de maior escala. Poderiam fazê-lo recusando a se comprometer elas próprias a planilhas institucionais dogmáticas e preferindo arranjos que fossem corrigíveis à luz da experiência e tornassem possível definir uma trajetória ao percorrê-la. Poderiam fazê-lo, consequentemente, também rejeitando tomar juízes como os principais destinatários da análise jurídica, e recusando tomar a questão "como os juízes devem decidir casos?" como o problema definidor na teoria do direito.

Para alcançar esses objetivos, seria necessário encontrar outro futuro para o pensamento jurídico. Os 'estudos críticos do direito' atacaram, no centro da cultura jurídica mundial, o programa de teoria do direito que estava então sendo oferecido, e que continua a ser proposto, como a onda do futuro.

A relação do movimento com as tendências então prevalentes na teoria do direito torna-se clara apenas quando olhamos, para além do pensamento jurídico, as realidades políticas e a circunstância intelectual do mundo em que ele emergiu: seu contexto externo. Se o objetivo próximo do movimento, na sua melhor identidade e em seus melhores momentos, era propor um futuro alternativo para o pensamento jurídico, seu objetivo posterior, naquele mesmo caráter e naqueles mesmos tempos, era fazer o pensamento jurídico mais útil à demarcação de um futuro alternativo para a sociedade.

A experiência história fornece uma série infinita de ameaças aos arranjos e pressupostos estabelecidos de uma sociedade, assim como aos interesses neles enraizados. Essas rupturas são mais frequentemente sucedidas por acomodações que minimizam a perturbação aos interesses e preconcepções estabelecidos. A esse distúrbio minimalista podemos dar o nome de a trajetória da menor resistência. O objetivo da prática transformadora e do pensamento transformador é criar uma alternativa à trajetória da menor resistência. À luz de tal alternativa, torna-se possível reinterpretar interesses e mesmo identidades.

Não houve grande renovação institucional e ideológica na América do Norte e na Europa Ocidental desde o compromisso socialdemocrata de meados do século XX. Esse compromisso começou a ser desenhado no período entre as duas grandes guerras do século XX e adquiriu sua forma canônica após a segunda. Por seus termos, qualquer esforço para remodelar fundamentalmente a organização da produção e o poder – o mercado e o estado – foi abandonado.

O MOVIMENTO DE ESTUDOS CRÍTICOS DO DIREITO:

O estado fortaleceu seu poder para regular, redistribuir por tributação e transferências compensatórias e manejar a economia contraciclicamente, assim ajudando a assegurar a lucratividade das firmas privadas bem como a proteção das classes sem dinheiro contra os extremos da insegurança econômica. Todavia, o horizonte da disputa ativa sobre a organização da sociedade encolheu. Nos anos em que o movimento de estudos críticos do direito esteve mais ativo, os limites do debate político-econômico que prevalece desde então já eram aparentes. A questão central que esse debate buscou responder era como a flexibilidade econômica de estilo americano e a proteção social de estilo europeu poderiam melhor ser reconciliadas. As modestas e localizadas inovações institucionais do passado recente, como os arranjos "flexicurity" da socialdemocracia europeia reformada, que atenuam defesas contra dispensa enquanto reforçam dotações e benefícios, serviram a esse objetivo.

Os s estudos críticos do direito encontraram no comando da prática de análise jurídica o método da elaboração racional: a interpretação finalística do direito no vocabulário de políticas e princípios. Os defensores desse método buscavam entender e elaborar o direito como aproximação a um plano autoritativo da vida social – ou ao menos uma série de tais planos, endereçados a diferentes áreas da prática social. Eles aceitaram o compromisso institucional e ideológico estabelecido como o modelo para o exercício da interpretação melhorativa. Era uma prática que lançava sobre a contraditória realidade do compromisso, expresso nas regras e doutrinas do direito, o halo de ideais prestigiosos.

Se se olhasse para além da América do Norte e da Europa Ocidental, para o desassossegado mundo fora daí, não se via alternativa atraente a esse conjunto de instituições e ideias. As grandes aventuras ideológicas da direita e da esquerda no século XX haviam sido em todo lugar abandonadas, apenas para serem substituídas por uma combinação, em variadas proporções, de ortodoxia neoliberal, capitalismo de estado e redistribuição compensatória por tributação e transferências – a forma residual da socialdemocracia.

Logo, uma ditadura da falta de alternativas dominou em quase todo lugar. Seu mando consistiu na perpetuação de uma série muito restrita de opções institucionais para ordenar diferentes partes da sociedade: as relações entre firmas, trabalhadores e governos e a organização da produção e da troca; os arranjos da política democrática; a sociedade civil fora do mercado e do estado; a família e a criança. Em cada um desses domínios, parecia haver apenas poucas formas de organização factíveis. A inovação residual frequentemente importava uma tentativa de combinar essas variantes institucionais familiares em proporções cambiantes.

Um dos grandes méritos do movimento de estudos críticos do direito foi haver criado um espaço intelectual em que o direito e o pensamento jurídico poderiam ser mais bem utilizados para resistir à ditadura da falta de alternativas. Sua limitada, mas importante contribuição a essa resistência foi o desenvolvimento de ideias sobre alternativas a partir das contradições e variações no direito estabelecido. A maior falha do movimento foi não haver abraçado e executado essa tarefa mais completamente.

O significado desse trabalho torna-se claro à luz de duas considerações. A primeira consideração é a impossibilidade de resolver ou mesmo de entender e abordar os problemas básicos das sociedades contemporâneas dentro dos limites do compromisso socialdemocrata de meados do século XX, ou das subsequentes tentativas (a "terceira via", o "modelo nórdico") de atenuar sua rigidez histórica e seu contraste entre inseridos e excluídos. Entre esses problemas estava a segmentação hierárquica das economias nacionais entre formas avançadas e retrógradas de produção na esteira do declínio da produção em massa; a reorganização do trabalho sob o disfarce de redes descentralizadas de relações contratuais e o consequente perigo de insegurança econômica universal; o fracasso em tornar as finanças servas da economia real em vez de permitir que elas servissem a si mesmas e gerassem, como resultado, crises periódicas; a necessidade de engajar a sociedade civil, em associação com o estado, na provisão experimental e competitiva de serviços públicos no amplo espaço intermediário entre um piso universal de serviços providos pelo estado e um teto de serviços complexos e custosos que apenas o estado poderia desenvolver; e a dependência continuada das democracias de baixa energia estabelecidas – com seus baixos níveis de engajamento popular na vida política, sua disposição para perpetuar impasses em vez de resolvê-los e sua inabilidade para encorajar, em localidades e setores particulares, a criação de contramodelos do futuro nacional – de crises como um requisito para a mudança. Todos esses problemas demandavam respostas ricas no que o compromisso socialdemocrata e as doutrinas políticas e econômicas prevalentes eram pobres: inovação institucional nos arranjos da economia de mercado, da política democrática e da sociedade civil independente.

Uma segunda consideração concernente à importância da tarefa é sua dificuldade conceitual e metodológica. Descrever essa dificuldade é voltar-se a outro aspecto do cenário mais amplo no qual o movimento de estudos críticos do direito apareceu: a situação do pensamento sobre sociedade e história. Por todo o campo do estudo social e histórico, as tendências prevalentes recuaram das ambições estruturais da teoria social europeia clássica: seu esforço para subsumir a organização atual da vida social dentro de um leque maior de regimes abertos, no futuro, às sociedades avançadas de então. Ao invés de radicalizar essa ideia, resgatando-a do pesadelo dos pressupostos necessários que circunscreviam seu alcance nas teorias sociais anteriores, aquelas tendências renunciaram a qualquer visão estrutural. Conspiraram, direta ou indiretamente, para uma normalização e naturalização da vida social.

Em cada grande área da vida social, essa desconexão entre discernimento sobre a realidade social e imaginação da possibilidade social tomou uma forma distinta. Nas ciências sociais duras, especialmente a economia, isso foi alcançado tratando os arranjos atuais como vencedores em um concurso funcionalista que havia selecionado o que funcionava melhor. Tal visão pôde facilmente ser desenvolvida no que se tornou conhecido como a tese da convergência: a ideia de que as sociedades contemporâneas estão convergindo para o mesmo conjunto de melhores práticas e instituições, manifestas nos detalhes do direito. Nas disciplinas normativas da filosofia política e da teoria jurídica, a desconexão foi manifesta no uso de abstrações filosóficas para justificar a atenuação retrospectiva de desigualdades por meio de tributação e transferências compensatórias assim como pela idealização do direito no vocabulário das políticas e princípios impessoais. Nas humanidades, a expressão característica daquela desconexão foi uma exploração ilimitada de variedades da experiência e da consciência individual, prefiguradas na história do modernismo literário e artístico, separada de qualquer engajamento transformador com a estrutura da sociedade.

O que quer que o movimento de estudos críticos do direito tenha atingido, ele realizou ao prover um exemplo de práticas intelectuais em guerra com essas tendências supostamente antagônicas, mas de fato aliadas. Haver contemporizado com elas mais do que deveria ou precisava foi a fonte de muitas de suas falhas.

A história do direito e do pensamento jurídico até hoje exibiu um ritmo característico: uma sucessão recorrente de três momentos. Em cada um desses momentos, o pensamento jurídico, em seus esforços mais ambiciosos, desempenhou diferentes tarefas. Esse ritmo pode facilmente ser confundido como um atributo permanente e inexorável da história jurídica e social. Na verdade, podemos esperar escapar dele e, fazendo-o, promover nossos mais básicos interesses materiais e morais.

O primeiro momento nesse processo recorrente é o tempo da refundação. Aqui as bases institucionais e ideológicas são reimaginadas e refeitas. Reformas radicais mudam partes da estrutura de arranjos institucionais e pressupostos ideológicos que até então modelavam as atividades de rotina práticas e discursivas de uma sociedade. As reformas o fazem, entre outras formas, redefinindo o acesso aos recursos, ao capital econômico, ao poder político e à autoridade cultural, com o que as forças sociais existentes criam o futuro no presente. Essas reformas são caracteristicamente tomadas em situações de guerra e ruína: a crise funciona como habilitadora da mudança.

Nos Estados Unidos, esses momentos de refundação foram aqueles do estabelecimento da república, do período da guerra civil e da reconstrução e do *New Deal*. O último grande episódio de refundação na história dos países do Atlântico Norte foi o compromisso socialdemocrata de meados do século XX. O *New Deal* de Roosevelt foi sua forma americana.

O pensamento jurídico toma parte no trabalho da refundação. As reformas radicais devem ser expressas no direito, porque é no direito que os arranjos institucionais de uma sociedade são estabelecidos e é no direito que eles são representados em relação aos ideais e interesses que lhes dão sentido. Os juristas tomam parte, frequentemente como segmento distinto de uma elite governante, no trabalho de revisar as bases herdadas. Raramente profetas, eles, não obstante, ultrapassam os limites de seu papel costumeiro de sacerdotes.

Um segundo momento é a hora da normalização. A crise que provocara a refundação passou. O redesenho das novas bases institucionais deve ser traduzido em arranjos institucionais definidos assim como em concepções prescritivas de diferentes áreas da vida social. A doutrina jurídica representa os arranjos à luz das concepções. Tanto o método tipológico do século XIX quanto a prática do século XX de elaboração racional no vocabulário de políticas e princípios impessoais fizeram esse trabalho normalizador.

As bases normalizadas são comumente representadas como um sistema. São supostas como indivisíveis: todas suas partes permanecem ou caem em conjunto. Uma lógica abrangente de concepções normativas ou de imperativos práticos e leis de transformação é invocada para dar conta da unidade dessas bases. A verdade, todavia, é que essas bases institucionais ou ideológicas não são sistemas. São construções periclitantes. Uma vez tomadas como dadas na forma como as pessoas entendem seus interesses e identidades, tornam-se recalcitrantes à mudança. Mas não estamos autorizados a interpretar essa recalcitrância como signo de sua integridade sistêmica. Elas são divisíveis: quando mudam, mudam por parte. Essa mudança fragmentária pode tornar-se radical em seus efeitos se persistir em certa direção.

A forma característica da normalização no pensamento jurídico tem sido transformar as novas bases em um conjunto abrangente de regras jurídicas, doutrinas e categorias informadas por considerações prescritivas de áreas inteiras do direito e da prática social e servidas por métodos distintos de análise e argumento jurídico. As bases institucionais e ideológicas normalizadas são levadas a parecer como o sistema que não são: um sistema de sorte peculiar, que expressa o casamento de arranjos institucionais com crenças normativas sobre o que as pessoas têm direito a esperar uma das outras em diferentes departamentos da vida social.

Nesse período, os juristas são mais propensos a ficarem à parte dos detentores do poder. Eles lutam para representar e executar a autoridade do sistema do qual são curadores designados ou autoindicados contra os caprichos daqueles que se encontram nos assentos do poder político. No momento da normalização, a doutrina jurídica tem seu apogeu: o momento anterior, da refundação, é próximo demais para permanecer legítimo e conduzir, mas não tão próximo que consuma as pretensões dos doutrinadores no fogo de uma disputa sobre fundamentos.

Nos Estados Unidos de fins do século XX, a fase da normalização estendeu-se da sequência imediata da Segunda Guerra Mundial até os anos 1970. O consenso no pensamento jurídico então começou a ser perturbado. O país encontrou a si mesmo crescentemente incapaz de resolver seus problemas sob os arranjos do *New Deal* tardio, com seu recuo da experimentação institucional e seu foco mais estreito em consumo de massa e segurança econômica. Um deslocamento similar ocorreu no direito e na política dos países europeus ocidentais. A normalização da socialdemocracia e o desenvolvimento de um novo corpo de direito público contra o pano de fundo de um corpo de direito privado largamente não mudado foram um só e mesmo empreendimento.

Eis que chega o terceiro momento nessa sucessão repetida: o período do obscurecimento. As bases institucionais e ideológicas agora esvaecem no passado. São contestadas, como a socialdemocracia e o *New Deal* foram contestados pelas tendências neoliberais do final do século XX. Sobretudo, tornam-se menos pertinentes: deixam de falar com claridade aos problemas candentes do momento.

Entre os atributos da cultura jurídica em um período de obscurecimento, três se sobressaem. Uma primeira característica é uma maior prontidão para desafiar o consenso reinante tanto sobre o conteúdo do direito quanto sobre o método de análise jurídica. Há uma experiência de desorientação resultando em maior boa vontade para tentar outros caminhos, ainda que retomando caminhos rejeitados no passado. Todavia, a falta de eventos políticos que pudessem inspirar outra refundação desencoraja qualquer desafio mais consequente. O resultado é mais provavelmente um declínio da fé do que o desenvolvimento de uma nova fé.

Um segundo traço da consciência dos juristas na era do obscurecimento é a difusão de uma atitude irônica, instrumental e tática com relação às práticas prevalentes de análise jurídica. Os pressupostos dessas práticas tornam-se mais e mais difíceis de acreditar: por exemplo, que a narrativa de políticas e princípios (quer exposta na linguagem de uma teoria do justo, de uma concepção prescritiva da economia de mercado ou de uma visão das tarefas e métodos distintos de cada papel institucional dentro da ordem jurídica) esteja já largamente latente no direito existente.

O jurista irônico e estratégico mesmo assim adere à prática em cujas premissas ele deixou de acreditar: ele torna-se o sacerdote, prostrando-se em um constrangimento tedioso diante dos altares frios invocados ao final deste livro. Ele adere à prática tanto por autointeresse, para encontrar uma posição, quanto desinteressadamente, para fazer a diferença. Ele procura uma posição que lhe possa dar autoridade – a autoridade de sua profissão e disciplina – acima do patamar comum da política. A diferença que ele espera fazer é a que o habilite a usar a prática em que ele deixou de acreditar completamente para promover fins com os quais ele permanece comprometido. Seus verdadeiros motivos, objetivos e métodos estão por trás da cena: frequentemente tão obscuros para ele quanto para os outros. Privado de luz, ele facilmente torna-se vítima de seu próprio distanciamento irônico do discurso que ele instrumentalmente implementa. Por essa postura, ele nega a si mesmo o benefício da passagem da fé à desilusão, e então à nova fé. Ele encontra-se aprisionado na meia crença.

O MOVIMENTO DE ESTUDOS CRÍTICOS DO DIREITO:

Uma terceira marca da cultura jurídica no tempo do obscurecimento é a proeminência que ela concede à teoria. Escolas de teoria do direito rivalizam entre si na tentativa de fundamentar o vocabulário da prática doutrinária do dia em ideias transcendentes ao direito estabelecido, mas que clamam estarem corporificadas, ainda que imperfeitamente, nesse direito. Assim é que nos Estados Unidos hoje, com respeito ao método da elaboração racional, cada uma das maiores escolas de pensamento jurídico propõe uma visão distinta de como e onde o discurso de políticas e princípios, condutor da análise jurídica e representado como imanente ao direito estabelecido, deve ser ancorado.

A teoria, na hora do obscurecimento, começa a ocupar parte do lugar das bases institucionais e ideológicas evanescentes. À medida que as bases perdem tanto autoridade quanto clareza, a teoria tenta ocupar seu lugar, suplementando a diretriz que as bases desbotadas são cada vez menos capazes de prover. Esses compromissos teóricos, porém, são um substituto pobre para a energia transformadora do momento fundacional e um rival fraco para a atitude instrumental e irônica.

O obscurecimento é o que tem prevalecido, em geral, na cultura jurídica das sociedades do Atlântico Norte, desde os anos 1970 e 1980 até o presente. Sua ascensão coincide com os problemas e a evisceração da socialdemocracia histórica. Coincide também nas mesmas sociedades como a propagação de teorias da justiça que oferecem uma defesa filosófica para a redistribuição compensatória no momento em que a socialdemocracia estava já em recuo.

Os anos em que o movimento de estudos críticos do direito emergiu nos Estados Unidos foram um tempo em que a normalização começava a dar lugar ao obscurecimento. Os estudos críticos do direito e seus equivalentes na Europa foram tanto a expressão como a aceleração dessa passagem. O movimento de estudos críticos do direito capturou a oportunidade para desfazer o consenso que já então começava a afrouxar. Foi adiante para sugerir, implicitamente quando não explicitamente, um futuro diferente para a análise jurídica, não simplesmente a continuação da prática existente sob uma condição irônica e tática. Suas falhas foram falhas da prossecução hesitante de seu programa intelectual, muitas das quais ocasionadas pela aceitação semiconsciente das crenças e métodos contra os quais ele se revoltara.

No seu melhor desempenho, o movimento diferiu das escolas líderes da teoria do direito nos Estados Unidos – teorias do justo, direito e economia, processo jurídico – tanto por seus objetivos próximos quanto pelos últimos. Elas tomaram como seu objetivo próximo ancorar o método da elaboração racional e seu vocabulário de políticas e princípios em uma concepção que pudesse maquiar a erosão e ambiguidade das bases evanescentes. Para esse fim, aceitaram a importância decisiva das bases nas quais a profissão jurídica opera – sobretudo a jurisdição. O movimento, no seu melhor, quis reorientar a prática de análise jurídica e tratar o cidadão, em vez de o juiz ou seu equivalente profissional, como o interlocutor mais importante do pensamento jurídico.

O objetivo último daquelas escolas foi manter e melhorar as bases institucionais e ideológicas herdadas, as mesmas que estavam rapidamente perdendo tanto clareza quanto autoridade. O movimento, no seu melhor, vislumbrou a chance de usar a análise jurídica como um método para o desenvolvimento de alternativas, de baixo para cima e de dentro para fora: quer dizer, reconhecendo, aprofundando e estendendo as variações já presentes ou prefiguradas no direito e na doutrina, mas minimizadas e ofuscadas pela prática analítica prevalente e pelas teorias jurídicas dominantes. Que essa combinação de objetivos superficiais e profundos nunca tenha sido completamente entendida ou aceita por muitos que vieram a ver a si mesmos como participantes do movimento ajuda a dar conta do quanto ele ficou aquém de sua tarefa.

Essa figura dos momentos de refundação, normalização e obscurecimento sugere a íntima relação entre os problemas do pensamento jurídico e o entendimento da descontinuidade estrutural na história. Uma consideração desses três momentos apenas poderia ser uma visão de como estruturas institucionais e ideológicas – os contextos formadores da vida social – são feitos e refeitos. Esse é e permanece sendo o tema central da teoria social. O futuro da teoria social deve ser modelado pelas respostas que ela dá a essa questão. Similarmente, se há de haver uma prática poderosa de argumento programático a serviço da reforma radical, ela deve ter como seu grande tema o desenvolvimento de tais alternativas estruturais. Os problemas e perspectivas do pensamento jurídico estão vinculados com aqueles do argumento programático e da teoria social – um fato cujas implicações nunca foram plenamente reconhecidas.

Quando reconhecemos esse entrelaçamento inescapável, começamos a ver também o significado de uma questão que permaneceu quase totalmente não notada na teoria do direito. Não deveríamos querer simplesmente ocupar um lugar predestinado na recorrência de refundação, normalização e obscurecimento. Aqueles que, como nós, encontram a si mesmos em uma época de obscurecimento não deveriam ter que esperar a nova era de guerra e ruína para ter a experiência da nova oportunidade de refundação, especialmente se a melhor parte de suas vidas ocorre de cair nesse intervalo.

O MOVIMENTO DE ESTUDOS CRÍTICOS DO DIREITO:

Podemos vir a considerar nosso interesse pessoal em não ter que esperar por eventos que podem ocorrer apenas após nossa morte como convergente com nosso interesse coletivo na criação de instituições e práticas, incluindo práticas discursivas e métodos de investigação, que não mais dependam de crises como condição para a transformação. O ponto não é simplesmente viver no momento que a história nos atribuiu, é sair dessa monotonia dominando a estrutura, praticamente assim como intelectualmente. Não podemos, entretanto, dominá-la a menos que mudemos seu caráter, assim como seu conteúdo: quer dizer, à medida em que ela facilita seu próprio refazimento, dispensa-se a crise como condição da mudança.

Sobretudo, esse nosso interesse encontra reforço em outro fato. Mudança significativa é mudança estrutural: transformação, ainda que gradual e fragmentária, dos arranjos institucionais e pressupostos ideológicos da sociedade. Reconhecendo a primazia da mudança estrutural, continuamos a pensar como os reformadores mais consequentes e os teóricos sociais mais sagazes sempre pensaram. Diferentemente de muitos dos teóricos e ideólogos do passado, no entanto, não podemos nem devemos abraçar um plano estrutural dogmático que proponha por um sistema no lugar do outro. Esses planos foram, por exemplo, os sistemas de regras e direitos defendidos pelos liberais do século XIX, ou a substituição do capitalismo por um ou outro esquema de socialismo estatal ou autogestão dos trabalhadores. Devemos definir uma direção e selecionar, na situação em que nos encontramos, os passos pelos quais começar a andar naquela direção.

Como podemos nutrir ambições estruturais sem sucumbir ao dogmatismo estrutural? Parte da resposta reside no desenvolvimento de instituições e práticas que possuam, em grau superior, o atributo da corrigibilidade, que nos autorize a experimentalmente descobrir o caminho enquanto avançamos. As implicações para remodelar as economias de mercado, as políticas democráticas e a sociedade civil independente podem ser tanto numerosas quanto tangíveis. Como o direito e o pensamento jurídico lidam com a estrutura em detalhes, eles oferecem uma posição vantajosa da qual olhar para o equipamento que a execução dessa tarefa requer.

Mudança na qualidade, assim como na substância do regime institucional e ideológico da vida social, é a preocupação principal deste livro, frequentemente implícita e, às vezes, explícita. Entretanto, teve pouco espaço dentre as preocupações compartilhadas do movimento de estudos críticos do direito.

O MOVIMENTO E SUA SEQUÊNCIA

O movimento de estudos críticos do direito foi ativo nos Estados Unidos, em meados dos anos 1970, e continuou como força organizada apenas até o final dos anos 1980. Sua vida como movimento durou por pouco mais que uma década. Contrariamente ao equívoco comum, seus fundadores jamais tencionaram que ele se tornasse uma escola de pensamento ou gênero literário contínuo. Quiseram intervir em uma circunstância particular: os contextos interno e externo que acabei de descrever.

O pensamento jurídico americano se aproximava do final do que antes chamei de momento da normalização. A reforma do direito no *New Deal* havia sido bem-sucedida, com pouca perturbação para o corpo de direito privado herdado. Aqueles que lideravam o consenso então prevalente no pensamento jurídico acreditavam que o que quer que fosse útil no realismo jurídico ou ceticismo jurídico já havia sido absorvido: o descrédito do que eles imaginaram ser o dedutivismo e o conceitualismo da forma anterior de pensamento jurídico. Todos os juristas confiáveis ocupariam e defenderiam uma posição intermediária entre aqueles que, à moda do regime anterior, supostamente reduziram a um mínimo o espaço para discricionariedade na interpretação do direito e aqueles que viam a interpretação como política por outras vias. A única questão significativa deixada em aberto foi em que bases esse centrismo metodológico e político havia de ser descrito e desenvolvido.

O objetivo próximo compartilhado daqueles que organizaram o movimento era atacar esse consenso em um tempo em que eles o entendiam vulnerável. Estavam divididos na extensão de sua oposição à elaboração racional do direito no vocabulário de políticas e princípios, assim como às bases políticas e econômicas a que essa prática servia. Discordavam ainda mais sobre as alternativas metodológicas e políticas positivas que haveriam de substituir esse consenso. Fizeram uso de um artifício comum entre agitadores e subversivos: fingiram que o movimento já existia, o melhor possível para levá-lo a existir.

Na persecução do objetivo imediato que os unia, tiveram mais sucesso do que imaginaram possível. Não apenas o consenso dominante no pensamento jurídico americano foi rompido, ele jamais foi restabelecido na academia jurídica desde então. O pensamento jurídico acadêmico é hoje a única grande disciplina social nos Estados Unidos que não está sob o controle de uma ortodoxia metodológica. Ninguém poderia tê-lo esperado: naquele país, como em muitos, o direito é a disciplina mais próxima ao poder.

O MOVIMENTO DE ESTUDOS CRÍTICOS DO DIREITO:

As maiores faculdades de direito continuam a desempenhar papel significativo na educação da elite governante. Não é de admirar que o aparecimento do movimento naquelas escolas haja provocado uma resistência frequentemente amarga, acompanhada de todas as formas de escárnio e marginalização com que o sistema universitário anatemiza o desviante.

No entanto, em nenhum outro país a imaginação de alternativas no pensamento jurídico obteve, ainda que brevemente, sucesso similar, se medirmos o sucesso pela novidade da mensagem em vez de pelo número e proeminência dos mensageiros. Houve tendências esquerdistas e críticas no pensamento jurídico em todo país. Em muitos foram estabelecidas organizações e disseminadas ideias por meio de encontros e revistas. Em alguns países, a presença acadêmica dos supostos aderentes dos estudos críticos do direito foi maior e mais duradoura do que se deu nos Estados Unidos. Esmagadoramente, porém, eles eram vistos e se viam como uma franja na vida nacional, representando no direito as preocupações mais ou menos convencionais da esquerda. Foi uma esquerda mais comprometida com a teoria neomarxista e com a defesa dos interesses da classe trabalhadora do que a esquerda americana havia se tornado. Não obstante, foi frequentemente ainda mais deficiente que o movimento americano no que deveria ter sido a maior contribuição do pensamento jurídico à esquerda: imaginação institucional.

Quando falou em sua voz mais original, o movimento de estudos críticos do direito permaneceu uma heresia em um só país. Apenas quando abriu mão de sua originalidade, como resultado dos eventos que examino a seguir, ele começou a parecer supérfluo.

* * *

A despeito de seu sucesso em abrir um espaço para a imaginação de abordagens resistentes tanto ao método da elaboração racional quanto às bases institucionais e ideológicas estabelecidas, o movimento de estudos críticos do direito sofreu duas derrotas. A primeira resultou de sua relação com a sociedade política mais ampla; a segunda, de suas hesitações internas.

Logo que os estudos críticos do direito começaram a se apresentar como algo mais que uma coleção de pensadores individuais, isolados, e a sugerir dificuldade e divisão na disciplina mais próxima ao poder, atraíram para si mesmo o escrutínio hostil dos jornais americanos e a atenção amigável de todos aqueles que estavam procurando por abordagens alternativas para o direito e a sociedade. Uma consequência dessa atenção foi provocar as autoridades nas universidades americanas, como em Harvard, a domarem uma tendência que consideravam mais embaraçosa que perigosa. Outra consequência foi atrair aos estudos críticos do direito e suas reuniões e iniciativas progressistas americanos que não tinham qualquer conexão vital com o direito ou qualquer interesse em repensar os pressupostos de seu próprio discurso e estratégia. O movimento de estudos críticos do direito foi logo preenchido por representantes das variedades de política progressista então prevalentes, notadamente porta-vozes da política de identidade grupal e os representantes virtuais de minorias. Essa foi, nas décadas finais do século XX, a tendência geral da política progressista nos Estados Unidos.

Pelo que o movimento de estudos críticos do direito pôs-se de pé? Havia três principais linhas nesse movimento de ideias antes de ser esmagado pelo progressismo americano convencional do momento.

Uma primeira corrente de ideias era a radicalização da indeterminação jurídica. Chame-a abordagem da indeterminação ou desconstrução dos estudos críticos do direito. Seus antecedentes eram as teorias jurídicas antiformalistas, a desconstrução literária e abordagens estruturalistas à história de formas compartilhadas de consciência. Ela via a doutrina passada ou contemporânea como a afirmação de uma visão particular de sociedade, enquanto enfatizava o caráter contraditório do argumento doutrinário e sua suscetibilidade à manipulação doutrinária. Sua tese característica foi a indeterminação radical do direito.[5]

Dados qualquer peça do direito a ser interpretada e qualquer estoque aceito de procedimentos interpretativos assim como de políticas e princípios substantivos, era fácil desenvolver procedimentos hermenêuticos, assim como argumentos substantivos para produzir o resultado preferido pelo intérprete. Por exemplo, no direito contratual, argumentos de políticas e princípios que enfatizassem o valor da liberdade para contratar e da liberdade de contrato eram balanceados contra outros, que valorizassem a confiança, a coerção econômica ou a boa-fé. No direito empresarial, regras e doutrinas que sustentassem a discricionariedade gerencial para tomar contas eram sopesados contra a doutrina do juízo do negócio. E assim por diante, em uma área do direito depois da outra. Da ubiquidade desses exércitos opostos de argumento estereotipado no discurso jurídico, os proponentes da indeterminação radical pareciam erradamente inferir a conclusão de que qualquer interpretação habilmente argumentada era tão boa quanto qualquer outra.

---

5   Para um exemplo, ver KENNEDY, Duncan. Form and substance in private law adjudication. *Harvard Law Review*, Cambridge (MA), vol. 89, n. 8, p. 1685-1778, 1976.

Uma condição teórica resguardava a tese da indeterminação radical. O direito pode ser indeterminado apenas se considerado na superfície de suas controvérsias. No entanto, tornava-se determinado à medida que seus intérpretes credenciados compartilhassem um modo de pensar sobre a sociedade, assim como sobre o direito. Esse modo de pensamento era o mais poderoso, já que deixado largamente inexplícito. A forma oculta de consciência era o que fazia o indeterminado determinado. Porque essa condição era caracteristicamente desacompanhada de qualquer visão sobre como esses modos de pensamento eram feitos e poderiam ser refeitos, a tese era sem consequência prática. O que contava na prática era a reivindicação da indeterminação radical.

Mas essa reivindicação era mal orientada: não significava o que parecia querer dizer, e falhou em avançar o que pretendia promover. Ninguém de fato disputava que o significado poderia ser fixado pelo compartilhamento de uma forma de vida. A intenção era criticar os pressupostos institucionais e ideológicos que tornavam o significado apto a ser estabelecido e comunicado. Porém, as ideias e palavras que expressaram a tese da indeterminação radical não fizeram nada para equipar tal campanha.

A lição da indeterminação radical desencaminhou seus proponentes a um deserto intelectual e político e os abandonou sem recursos ou perspectivas. Pareceu ser a auréola teórica exorbitante do esforço dos liberais daquele tempo para circunscrever a política por apelo à política judicial. Tentou e enervou aqueles que a acharam irresistível com uma dose de pensamento aspiracional com que eles não teriam se atrevido a deliciar a si mesmos, se a tese não houvesse sido dissimulada sob o verniz das abstrações prestigiosas favorecidas pela doutrina desconstrutivista. Dificilmente importava quem ganhava ou perdia na política; uma vez feito pelos vencedores, o direito poderia vir a significar algo diferente pelos amigos dos perdedores, desde fossem sortudos o bastante para ocuparem um cargo judicial ou ao menos uma cadeira de ensino. Essa corrente entregou a seus adversários – os adeptos do método da elaboração racional – a vantagem impagável de lhes permitir colocarem-se como os defensores sensatos de um meio termo entre o conceitualismo mecânico, erradamente atribuído a seus precursores do século XIX, e a selvagem tese do qualquer coisa pode significar qualquer coisa, que seus proponentes pareciam esposar.

Uma segunda tendência nos estudos críticos do direito combinou no estudo do direito métodos funcionalistas com objetivos radicais. Chame-a de abordagem neomarxista. Seu ponto de partida foi a tese de que o direito e o pensamento jurídico refletem, confirmam e remodelam as divisões e hierarquias inerentes a um estágio ou tipo de organização social supostamente universal e indivisível, como "capitalismo". Assim como o capitalismo é um estágio da evolução da sociedade, há estágios do capitalismo. A cada um deles deve corresponder uma forma distinta de direito e pensamento jurídico – concepção atraente a muitos juristas conservadores, desde que purgada de qualquer associação com ambições transformadoras. Essa tendência encontrou sua inspiração comandante na teoria social europeia clássica, especialmente a teoria social de Karl Marx e, em menor medida, de Max Weber, e nas abordagens da história influenciadas por suas ideias.[6]

As deficiências dessa tendência são aquelas da tradição teórica que a informou. Em sua forma mais rigorosa, a tradição abraçou a ideia de um sistema social e econômico indivisível, com requisitos e expressões jurídicas fixos. A estratégia intelectual daqueles que conheceram das reclamações que a pesquisa histórica e a experiência política trouxeram contra esse necessitarismo extremo foi afrouxar seus pressupostos, enfatizando a autonomia relativa tanto da cultura quanto da política.

O que resultou, entretanto, de tal afrouxamento não foi uma visão explanatória alternativa, foi simplesmente a diluição do velho necessitarismo para abrir mais brechas para os acidentes da história. Nada nesse *continuum* do necessário ao acidental ajudou a gerar um entendimento alternativo da estrutura. Nada elucidou o regime detalhado de soluções dominantes e desviantes em qualquer corpo de direito, ou explorou as vias pelas quais as últimas poderiam tornar-se as primeiras. Logo, nada suportou o movimento da explanação e crítica para a proposta – do *ser* para o *dever-ser*, do atual para o possível adjacente – sem o que o pensamento jurídico deixa de ser a disciplina prática que sempre foi e perde sua potência transformadora.

Remanesceu uma terceira posição nos estudos críticos do direito. Foi a menos observada porque foi a mais nova. No entanto, provou-se a mais perene. Sua ideia central era que o pensamento jurídico pode tornar-se uma prática de imaginação institucional. Chame-a abordagem

---

[6] Para um exemplo, veja HORWITZ, Morton. *The transformation of American law, 1780-1860.* Cambridge, MA: Harvard University Press, 1977. Para um exemplo dos usos conservadores do funcionalismo neomarxista, veja CLARK, Robert C. The four stages of capitalism. *Harvard Law Review*, vol. 94, n. 3, p. 561-582, 1981.

institucionalista. Agora, bem depois de os estudos críticos do direito deixarem de ser uma intervenção coletiva organizada nas controvérsias da teoria jurídica, muitos dos que estavam associados de perto com as visões desconstrutivistas e neomarxistas começaram a escrever no espírito dessa tendência institucionalista. Fizeram-no sem renunciar a suas lealdades anteriores ou clarificar as pressuposições da sua nova prática.

A vantagem comparativa do pensamento jurídico segundo tal abordagem reside em sua habilidade de mobilizar variações de pequena escala no direito estabelecido, e soluções desviantes ou subordinadas na doutrina corrente, como instrumentos com os quais imaginar e desenvolver alternativas para a sociedade. Nesse exercício, ele infere sua direção dos ideais professados e interesses reconhecidos, assim como de uma visão da oportunidade humana irrealizada. Seus materiais são as variedades e contradições existentes do direito e do pensamento jurídico, contidas ou ocultadas pela ilusão sistematizadora e idealizadora do método da elaboração racional e seus predecessores. Seu objetivo próximo é ampliar no direito e na política a penumbra do possível que podemos realizar desde onde estamos agora. Seu mais premente problema é a falta de uma forma de agência pronta e acabada, assim como de um cenário institucional para seu trabalho.

O realismo jurídico americano não precisou, ou ao menos não pensou precisar, de um programa institucional. Ele teve algo do tipo no *New Deal* de Roosevelt. Surgindo em um momento em que a normalização se transformava em obscurecimento, em vez de no tempo da refundação, o movimento de estudos críticos do direito não teve tal substituto para uma visão própria.

Para ser consequente, qualquer avanço na direção institucionalista teria que cumprir três requisitos básicos, cada um dos quais exigente a seu modo. O primeiro requisito seria quebrar o encanto idealizador que a elaboração racional e seu antecedente do século XIX lançaram sobre o direito. Esse encanto não haveria de ser substituído pela tese de que o direito é um sistema, ainda que um sistema que não mereça auréola, expressivo do conteúdo necessário de um tipo de organização social e econômica, como o capitalismo supostamente seria, segundo as formas mais extremas da tese neomarxista. Nem haveria de ser substituído por uma visão do direito como uma caixa de ferramentas retóricas, protegido de ser manipulado segundo o prazer de seus intérpretes profissionais apenas pela involuntária participação deles em uma forma de consciência que os controlasse a partir das sombras, como a tese da indeterminação radical ensinou.

Em vez disso, o encanto teria que ceder espaço ao reconhecimento da coexistência distintiva de soluções dominantes e desviantes em cada ramo do direito. O padrão dessa coexistência é menos produto de um regime institucional e ideológico do que é seu conteúdo ou constituição. Tal regime não é nunca um sistema indivisível, moldado por constrangimentos inescapáveis, à maneira dos determinismos materialistas ou culturais que exerceram tão poderosa influência na história das ideias sobre a sociedade. É um conjunto de arranjos e pressupostos dominantes e excepcionais ou compensatórios manifestos no direito. Podemos chamar a isso de sistema apenas com duas qualificações: que sua unidade consiste em um conjunto de contradições ou contracorrentes e que sua estabilidade precária, ou instabilidade latente, repousa na contenção parcial e interrupção temporária da contenda prática e visionária.

Um corolário desse requisito é o desenvolvimento de uma visão alternativa da doutrina e de seus usos. Em qualquer dado lugar e tempo o direito tem uma forma, moldada pela interação entre soluções dominantes e desviantes. As soluções desviantes podem servir como começos para novas soluções dominantes. A controvérsia sobre a descrição da forma do direito é inseparável do debate sobre a direção de sua remodelação. A influência move-se nos dois sentidos.

Porque considerações sobre o direito são considerações interessadas, com uma posição explícita ou implícita na escolha das direções de mudança, e porque, exceto no sentido qualificado há pouco definido, o direito não é um sistema – muito menos um que merecesse ou suportasse idealização –, a doutrina é instável e contestada. Seu caráter instável e contestado a faz mais, não menos, útil para o trabalho da reimaginação institucional. Devemos rejeitar consequentemente a escolha entre fazer doutrina como tem sido feita, sob a égide das abordagens idealizadoras e sistematizadoras do passado, ou deixá-la de lado. Não é suficiente disponibilizar a prática recebida da doutrina para novos usos. A tarefa é reinventar a doutrina, sob novos pressupostos e com um novo método. Exemplifico a execução dessa tarefa neste livro e desenvolvo sua teoria e prática em outro trabalho, *O direito e o futuro da democracia*.

É um objetivo que não pode ser atingido sem mudar nossa concepção sobre a quem a doutrina se dirige e para que ela serve (o segundo requisito abaixo). Similarmente, é um objetivo que não pode ser atingido a menos que tornemos o entendimento da estrutura institucional e a imaginação de alternativas institucionais internos ao trabalho do pensamento jurídico (o terceiro requisito a seguir).

O MOVIMENTO DE ESTUDOS CRÍTICOS DO DIREITO:

O segundo requisito seria resistir ao compromisso autointeressado dos profissionais do direito com os modos de pensar que ampliam seu poder para influenciar a evolução do direito. O juiz, ou o jurista sussurrando ao ouvido de um juiz real ou hipotético, não poderia mais ser definido como o protagonista do pensamento jurídico, nem poderia a questão sobre como os juízes devem decidir casos permanecer como seu problema central. Muito mais importante é a construção da sociedade nos detalhes do direito.

O terceiro requisito seria antecipar os elementos de uma forma melhor de tratar a estrutura institucional e ideológica da sociedade e sua transformação. A relação entre os aspectos institucionais e ideológicos de um regime de vida social é a realidade íntima do direito: no direito as instituições e práticas da sociedade devem ser colocadas sob as concepções que lhes dão sentido. Tais concepções, assim como a colisão entre elas, não são teorias sobre um assunto que é distinto das concepções. Elas ajudam a criar o assunto, são parte dele. Esse fato provê a doutrina com seu ponto de partida perene. É também a razão pela qual precisamos reinventar e reorientar a doutrina em vez de descartá-la.

O pensamento jurídico não está em falta pelo déficit de imaginação estrutural há muito evidente ao longo da totalidade dos estudos sociais e históricos. Nem se pode esperar que faça tudo por si mesmo para resgatar e radicalizar o discernimento original da teoria social clássica sobre o caráter da vida social como sendo feita e imaginada. No entanto, ele pode desempenhar um papel em retificar o déficit de imaginação estrutural. Ele confronta o enigma da estrutura no nível em que esse enigma pode ser mais bem compreendido e ultrapassado: o nível dos arranjos e representações detalhados. Nesse nível, não podemos mais buscar refúgio nas abstrações ideológicas que perderam seu sentido e sua fertilidade. Devemos ensinar a nós mesmos a pensarmos de modo diferente.

Desde o princípio, defendi a posição institucionalista dentro dos estudos críticos do direito e escrevi este livro de tal ponto de vista.

O movimento de estudos críticos do direito ajudou a perturbar o consenso no estudo do direito e ofereceu uma maneira diferente de engajar a cultura jurídica no período de obscurecimento. Entretanto, falhou amplamente em sua tarefa mais importante: transformar o pensamento jurídico em fonte de discernimento sobre a estrutura institucional e ideológica estabelecida da sociedade e em fonte de ideias sobre regimes sociais alternativos. O significado desse fracasso é clarificado pelo caráter das duas tendências que adquiriram a maior influência nos trinta anos subsequentes. Nenhuma dessas tendências, nem as duas em conjunto, conseguiu restabelecer o consenso no método e na teoria jurídica. Não obstante, são características das crenças e atitudes agora difundidas. Chame-as de retrodoutrinarismo e benthamismo encolhido.

Mais uma vez, meu foco são os Estados Unidos. Mas ambas as correntes de pensamento têm contrapartes europeias próximas. Em suas formas americanas e europeias, foram por sua vez propagadas pela maior parte do mundo. Divergem dos pressupostos e consequências da prática da elaboração racional no direito e das escolas que a suportam na teoria do direito. Mesmo assim, movem-se no que é em grande medida a mesma direção daquele método, se não em sua abordagem do direito, e logo na sua atitude diante dos arranjos institucionais e pressupostos ideológicos estabelecidos.

Essas tendências não exaurem as grandes influências no pensamento jurídico americano e mundial. Há ao menos outra corrente de ideias que desfruta de repercussão ainda maior que essas aquelas duas. Longamente as precedeu. Certamente sobreviverá a elas. Considero-a antes de tratar delas. A terceira presença na situação do pensamento jurídico é a tentativa de usar o direito público – especialmente o direito constitucional, o direito de organizações supranacionais como a União Europeia e o direito internacional dos direitos humanos – tanto como a última contenção da luta política quanto como a expressão maior de nossos ideais políticos. Seu produto característico é o desenvolvimento da doutrina de direito público como instrumento de um minimalismo magnânimo e presunçoso: a defesa de direitos fundamentais como mínimos que todas as forças políticas devem respeitar.

O medo do qual esse minimalismo toma sua deixa é que a política sempre está à beira de degenerar em uma luta entre interesses vorazes, quando não de ser tomada por aventuras ideológicas resultantes em abuso e opressão. A circunstância política imediata à qual o minimalismo frequentemente responde foi o fracasso em prover, nas circunstâncias de hoje, uma sequência às bases socialdemocratas de meados do século XX que melhor preservasse a maior conquista histórica da socialdemocracia: um alto nível de investimento em pessoas e em suas dotações. A premissa teórica do minimalismo é que o trabalho mais importante do direito público tanto doméstico quanto internacional é sujeitar todo o direito e toda a política à disciplina dos direitos básicos.

O método minimalista preferido é um formalismo transcendental: a defesa e o desenvolvimento de um sistema de direitos com uma dupla base. O sistema é validado por documentos constitucionais, entendimentos e tradições. Todavia – e este é o elemento transcendental –, ele também define e sustenta as pressuposições de uma sociedade livre, ou de um estado democrático, ou de um pluralismo de formas de vida nacional no mundo qualificado e, portanto, aceitável. A proteção de direitos fundamentais é, nessa visão, o núcleo do direito público e a mais importante responsabilidade dos juristas. Eles exercem essa responsabilidade interpretando o direito e, quando necessário, o invalidando, em sua competência de juízes constitucionais ou supranacionais.

Esse minimalismo generoso e sobranceiro, servido pelo formalismo transcendental como seu método preferido (mas longe de exclusivo), sofre de dois defeitos principais. São inseparáveis.

O primeiro vício é uma falha em reconhecer que a distinção entre os elementos supostamente invariáveis da vida política e aqueles transformáveis pode ser apenas relativa. Nossa visão das salvaguardas, prerrogativas e dotações fundamentais deve mudar segundo nossa visão das alternativas políticas, econômicas e sociais. Um dos mais importantes temas em disputa no concurso entre essas alternativas é a extensão na qual certo modo de entender e modelar direitos básicos dá como certo uma ordenação da vida política e econômica que nos apequena e subjuga. Se a defesa de tal ordenação, e da concepção de direitos básicos que ela implica, é de que não há melhores alternativas, então o debate sobre direitos deve tornar-se debate sobre as alternativas. Todavia, o ponto do alto minimalismo é prevenir essa transformação.

O segundo vício é a falha em reconhecer para que servem as proteções: elas importam porque empoderam. O discurso dos direitos fundamentais é no máximo prelúdio para história nunca contada. O pai diz à criança: amo você incondicionalmente e farei meu melhor para protegê-la, agora vá e faça uma tempestade no mundo. O alto minimalismo conhece apenas a parte sobre a proteção, não a parte sobre a tempestade. Propõe reduzir nossas perdas na política e não tem qualquer visão sobre como aumentar nosso ganho.

Nos Estados Unidos, a casa comandante do minimalismo dadivoso e eminente tem sido o direito constitucional: o terreno no qual o método da elaboração racional do século XX e a noção tipológica do século XIX mostraram sua face mais agressiva. Ao longo das controvérsias com as quais esta reconsideração e este livro lidam, os juristas americanos continuaram a expor o direito constitucional no espírito do alto minimalismo, frequentemente usando os expedientes do formalismo transcendental.

Os americanos são devotados à sua constituição. Muitos a tomam como invenção política sacrossanta. Sua premissa é que o país descobriu ao tempo de sua fundação a fórmula definitiva de uma sociedade livre, a ser ajustada de tempos em tempos sob a pressão de crise. O resto da humanidade deve subscrever a essa fórmula ou continuar a definhar na pobreza e no despotismo. O apelo de muitos pensadores americanos, de Jefferson em diante, para repudiar a idolatria da constituição quase sempre caiu em ouvidos moucos.

Agraciados com uma constituição que podem mudar apenas raramente e com dificuldade, e que associa o princípio liberal de fragmentação do poder com o princípio conservador de desaceleração da política (incorporado no esquema madisoniano dos freios e contrapesos), os americanos são levados a tratar esse plano constitucional tanto como parte da identidade nacional quanto como expressão de tudo o que a democracia deveria ser. O que resultou desse plano, no entanto, é um liberalismo protodemocrático que subsequentes inovações constitucionais jamais perturbaram decisivamente. Os juristas americanos encontram-se perenemente tentados a ler na constituição qualquer que seja a visão de democracia que lhes pareça a melhor. Mudar a constituição diretamente apenas pode consistir, para eles, no expediente excepcional da revisão constitucional, o movimento preferido é fingir que a constituição significa algo diferente do que antes se considerava.

Entretanto, a interpretação construtiva da constituição serve melhor a certos objetivos do que a outros. Serve para a reinterpretação dos direitos dentro de uma moldura institucional não mudada mais facilmente do que promove qualquer remodelagem dos arranjos institucionais do governo e de suas relações com a sociedade americana: é mais fácil fingir que a proteção igual ou o devido processo na verdade significam algo diferente do que se achava do que simular que a constituição permite que qualquer dos poderes políticos convoque eleições antecipadas ou que ela provê um quarto poder de estado, desenhado, equipado e financiado para intervir em certas áreas da prática social em um esforço para resgatar grupos desprivilegiados de circunstâncias de exclusão ou subjugação que eles são incapazes de escapar por meio das formas de agência coletiva disponíveis a eles.

Para evitar as consequências desse viés, não é suficiente apelar à ideia de parceria entre juízes constitucionais inclinados a reinterpretação radical da constituição e movimentos sociais organizados que iriam tomar conta da oportunidade transformadora aberta pelos atos de estadismo judicial.

O MOVIMENTO DE ESTUDOS CRÍTICOS DO DIREITO:

Na falta de transformação das instituições políticas e econômicas do país, tal parceria é pouco promissora. Se o preço da idealização constitucional é aceitar o viés anti-institucional, o preço é muito alto.

Os hábitos mentais evocados pelo método da elaboração racional encontram suporte em uma abordagem mais antiga do desenvolvimento do direito constitucional: a tentativa de colocar a melhor face no regime institucional estabelecido, a disposição de tratá-lo como o molde definitivo para o avanço de nossos ideais e a satisfação de nossos interesses, e a premissa de que uma razão mais alta está à espera de ser encontrada no que a história já produziu, apenas com a condição de que se traga para essa tarefa o equipamento conceitual adequado. É como se o método da elaboração racional simplesmente generalizasse atitudes que estiveram há muito tempo em ascensão na lida com a constituição.

Outros países são menos inclinados a reverenciar suas constituições. Mesmo assim, frequentemente tiveram a experiência de uma versão menor da mesma aliança entre o método da elaboração racional e a teologia política de um constitucionalismo deficiente em imaginação institucional. A persistência de uma versão moderada das bases social-democratas de meados do século XX, sob as condições da ditadura da falta de alternativas, combinou-se com uma tradição constitucional estabelecida no início do século XX que trabalhava contra a mudança estrutural. As novas constituições fizeram pouco para aumentar a temperatura da política (o nível de engajamento popular organizado na vida política) ou para acelerar seu ritmo (a habilidade de acomodar experimentos decisivos na transformação política da sociedade, enquanto se encoraja em certos setores ou partes do país a criação de contramodelos do futuro nacional). Em vez disso, elas se especializaram na promessa de direitos econômicos e sociais para cuja realização não providenciaram uma maquinaria institucional adequada. Elas embotaram a crítica das democracias de baixa energia existentes. Encorajaram uma versão pouco mais sutil das atitudes idealizadoras, aceitadoras de estrutura, que o método da elaboração racional estendeu a todo o direito.

**

Em contraste com a teorização sobre direitos fundamentais no direito público, o retrodoutrinarismo e o benthamismo encolhido representaram algo de novo. Mas foram novidades postas a serviço de antiguidades.

O retrodoutrinarismo buscou recuperar e desenvolver a dogmática jurídica como era entendida antes de sofrer os ataques do ceticismo antidoutrinário que se tornaram difundidos no século XX, incluindo os ataques armados pelos estudos críticos do direito. Representou um corpo de regras e doutrinas em um ramo particular do direito como explicação da lógica inerente daquele domínio de regras jurídicas e prática social. Olhou para além dos caprichos da legislação e da jurisprudência, para o que imaginou ser a estrutura inerente da parte do direito e da vida social de que tratava. Teve uma afinidade indisfarçada com a noção tipológica que informava a ciência jurídica do século XIX. Sua casa foi o direito privado (um de seus nomes foi "o novo direito privado").[7] Mas poderia, às vezes, ser levado ao direito público por uma extensão de seus pressupostos, assim como de seu escopo, amalgamando-se com aquilo que defini como abordagem formalista transcendental dos direitos básicos.

Três circunstâncias ajudaram a considerar a existência e o conteúdo do retrodoutrinarismo. Uma primeira circunstância foi que, ao longo do século XX, o direito privado esteve relativamente constante, mesmo se um novo corpo de direito público veio a juntar-se a ele. A relativa estabilidade do direito privado encorajou muitos a vê-lo como foi tão frequentemente visto no passado: como a expressão de uma ordem profunda e racional das relações econômicas e sociais.

Uma segunda circunstância foi a combinação da erosão da fé no método da elaboração racional com a incompreensão do caráter da ciência jurídica do século XIX. No período do obscurecimento, os pressupostos do estilo de análise jurídica finalístico, orientado por políticas e baseado em princípios, com sua abordagem do direito como uma aproximação perfectível a um plano prescritivo da vida social, tornaram-se menos e menos críveis. As versões mais heroicas do método foram precisamente aquelas mais aptas a serem propostas na academia jurídica. As maiores escolas de pensamento jurídico ofereceram programas alternativos para sua fundamentação e desenvolvimento. Que a narrativa de políticas e princípios estivesse já largamente presente no direito, fosse mais profunda e importante que regras e doutrinas e precisasse ser completada pelo intérprete profissional foram as premissas centrais compartilhadas por essas escolas de teoria do direito. Poucos puderam continuar a acreditar nelas.

Ao mesmo tempo, o predecessor desse método e de muitas formas de ceticismo jurídico que proliferaram no curso do século XX foi habitualmente desnaturado como um fetichismo rude de abstrações jurídicas e

---

7 Para um exemplo, ver SMITH, Henry E. Property as the law of things. *Harvard Law Review*, Cambridge (MA), vol. 125, n. 7, p. 1691-1726, 2012.

uma igualmente primitiva disposição de ver o direito como um sistema completo de regras. Desse sistema esperava-se que o intérprete inferisse, por um método de inferência quase dedutivo, a única solução correta para cada problema de escolha jurídica. Isso deturpou o verdadeiro caráter do pensamento jurídico do século XIX: seu comprometimento em desvelar o conteúdo jurídico inerente a cada tipo de organização econômica, política e social e em expor essa estrutura como um sistema de conceitos, regras e doutrinas. O retrodoutrinarismo pôde abraçar essa noção tipológica mais prontamente porque fracassou em associá-la à ciência jurídica do século XIX, que observou, à maneira que se tornou tradicional, com desdém.

O retrodoutrinarismo, porém, suportou a concepção tipológica apenas de forma qualificada e diminuída. Não advogou explicitamente a tese de uma lista fechada de tipos de organização social, cada qual com seu conteúdo jurídico inato. Mas trabalhou – em escala menor e mais fragmentária – na mesma direção. O que tal acordo desacorçoado com a ciência jurídica do século XIX significou pode facilmente ser visto pelo tratamento da propriedade. Esse exemplo tem especial importância, já que o direito de propriedade foi ao longo das últimas várias centenas de anos o direito exemplar: nossa visão dos direitos em geral foi informada segundo o molde da propriedade.

Os proponentes do retrodoutrinarismo criticam a ideia da propriedade como um feixe de relações. Enfatizam que a propriedade, como "direito das coisas", tem uma arquitetura particular, determinada por sua função dentro da estrutura de uma economia de mercado. Opõe a consideração da propriedade como feixe de relações – de poderes distintos que podem ser desmontados e investidos em diferentes tipos de titulares – sob o fundamento de que ela erroneamente vê as relações jurídicas governadas pelo direito da propriedade como um barro informe que pode ser remodelado conforme se queira.

Nessa crítica, enganam-se sobre o significado da ideia de propriedade como um feixe de relações. Por um lado, essa ideia evoca um fato histórico: que o direito de propriedade unificado é uma anomalia histórica. Seja na tradição do *common law*, seja na do *civil law*, foi uma criação do século XIX. No curso da história jurídica, os poderes que ele juntou e atribuiu ao mesmo titular – o proprietário – estavam desagregados e investidos em diferentes camadas de titulares, sustentando pretensões distintas e superpostas sobre os mesmos recursos. Por outro lado, e mais o importante, a visão da propriedade como um feixe de relações expressou a façanha analítica suprema da teoria jurídica no período de meados do século XIX até meados do século XX: a descoberta de que a economia de mercado não tem uma única forma natural e necessária e de que ela pode ser organizada em diferentes modos, com consequências para os arranjos de produção e troca assim como para a distribuição de vantagens e oportunidades. O ponto da ideia de propriedade como feixe de relações não é que a propriedade seja informe, mas que ela pode ter formas alternativas segundo a versão de economia de mercado que ela ajuda a definir.

As correntes liderantes tanto do pensamento jurídico quanto da economia pós-marginalista provaram-se incapazes de levar adiante essa perspicácia. Pelo contrário, trabalharam para suprimir seu significado programático. O direito da propriedade pôde então ser representado como um direito das coisas dentro de uma economia de mercado. Os arranjos centrais dessa economia não poderiam ser, segundo tal visão, diferentes do que são. Na verdade, o direito da propriedade sempre foi não um direito das coisas, mas um direito sobre as relações entre pessoas com respeito a coisas, dentro de um regime econômico particular, incluindo uma ordem de mercado característica.

Essas incompreensões cumulativas e correlatas, exemplificadas pela rejeição da ideia de propriedade como feixe de relações, elucidam o sentido em que esse doutrinarismo tardio reprisou a ideia tipológica do pensamento jurídico do século XIX. Ele o fez, contudo, com um nível menor de ambição e clareza. Seu trabalho definidor foi a racionalização jurídica da forma existente de economia de mercado. Em vez de procurar uma bússola para princípios e políticas supostamente latentes no direito existente, procurou ancoragem, para além da superfície do direito, na suposta organização inerente do regime estabelecido de vida social e econômica.

Uma terceira condição favorecedora da disseminação do retrodoutrinarismo foi a virada evocada na minha consideração anterior do contexto intelectual mais amplo em que o movimento de estudos críticos do direito apareceu. Nas ciências sociais positivas, prevaleceram tendências racionalizadoras: explicações dos arranjos atuais que os representaram como os vencedores por mérito de um concurso evolutivo. Nas disciplinas normativas da filosofia política e da teoria jurídica, esforços humanizadores estiveram no comando: o recurso a justificações pseudofilosóficas de práticas amenizadoras – redistribuição compensatória por tributação e transferências assim como idealização do direito no vocabulário de políticas e princípios. Nas humanidades, o aventureirismo da subjetividade, desconectado da reimaginação e do refazimento da sociedade, correu selvagemente. Essas correntes racionalizadoras, humanizadoras e escapistas do pensamento romperam o vínculo entre discernimento do existente e exploração do possível adjacente.

Nesse clima de opinião, deficiente na imaginação de constrangimentos estruturais, mudança estrutural e alternativas estruturais, era fácil acreditar que os arranjos existentes não poderiam ser produto acidental de uma série de conflitos e compromissos práticos e visionários. As instituições no comando teriam, segundo tal visão, a qualidade de um sistema. Sustentava-se que seu caráter sistêmico resultava da descoberta cumulativa de melhores práticas sob a pressão da competição econômica, política e ideológica mundial.

Tais crenças teriam encontrado pouca simpatia em um período de intenso conflito. Começaram, porém, a parecer plausíveis sob as condições da ditadura da falta de alternativas: uma era em que os desafios radicais familiares aos arranjos estabelecidos haviam sido desacreditados e nenhum poder emergente propunha um futuro diferente para a humanidade. O retrodoutrinarismo representou, nessa circunstância, retorno à normalidade no pensamento jurídico, quando normalidade significava desistir de transformações fundamentais, mesmo que obtidas experimentalmente e por partes – ao menos até a próxima grande crise nacional ou mundial. Foi uma forma de recuar das ambições mais extravagantes do método da elaboração racional e de seu elenco de apoio de teorias jurídicas. Mas foi também uma forma de continuar a fazer o trabalho doutrinário que os juristas sempre fizeram quando deixados sem perturbação por eventos inexoráveis ou poderes superiores.

Se o retorno desacorçoado a uma concepção anterior de doutrina foi uma corrente de ideias saliente no período de trinta anos desde o auge dos estudos críticos do direito, outra foi o benthamismo encolhido. Ele via o direito instrumentalmente, como uma caixa de ferramentas para ajuste marginal de incentivos e constrangimentos ao comportamento humano.[8] Tais ajustes deveriam ser levados a efeito na persecução de objetivos definidos por especialistas iluminados e em última instância – mas só aí – validados pela autoridade democrática. Encontrou apoio em um estudo pretensamente científico da mente, do cérebro e do comportamento.

---

8   Ver THALER, Richard H.; SUNSTEIN, Cass R. *Nudge*: improving decisions about health, wealth and happiness. New Haven: Yale University Press, 2008. [trad. bras. *Nudge*: o empurrão para a escolha certa: aprimore suas decisões sobre saúde, riqueza e felicidade. Tradução de Marcello Lino. Rio de Janeiro: Elsevier, 2009. N.]

Seguindo Bentham, essa corrente viu o direito como fonte de expedientes pelos quais empurrar a conduta humana na direção de finalidades socialmente benéficas. Incentivos e desincentivos deveriam ser desenhados de acordo com isso. Assemelhou-se a Bentham em sua impaciência com quaisquer procedimentos e limitações característicos do raciocínio jurídico convencional assim como com o caráter acidental e histórico da maioria do direito. Sua atitude era amplamente "consequencialista", nos termos da filosofia escolar de hoje: julgar arranjos pelos seus efeitos. Mais significantemente, sua psicologia moral recordou a de Bentham, com sua ênfase no poder de recompensas e punições para modificar comportamentos ancorados em cálculos primitivos de prazer e sofrimento.

Em todos os outros aspectos, todavia, o benthamismo encolhido não foi nada do que fora o original. Bentham tinha um plano radical para a reconstrução institucional. O benthamismo encolhido tomou os arranjos institucionais estabelecidos largamente como dados. Propôs modificá-los, quando muito, apenas na medida em que algum ajuste pudesse ser requerido por seu esforço em guiar o comportamento na direção recomendada por seus cálculos de custos e benefícios. Esse cálculo não contemplava qualquer grande mudança na experiência humana, ao contrário do que Bentham vislumbrou e buscou. Os ajustes em políticas públicas que essa corrente recomendou não implicavam alteração substancial no regime institucional. Bentham permaneceu como o reformador sem piedade a julgar a ordem social à luz de uma visão maior da oportunidade humana não realizada. Ele empunhou um método intransigente de crítica. Os pequenos Benthams apresentaram-se como especialistas a empregar métodos bem estabelecidos na psicologia e na economia de seu tempo a fim de obter objetivos que eram episodicamente, mas nunca sistemicamente, controversos.

O retrodoutrinarismo e o benthamismo encolhido pareceram ser concepções opostas. Foram na verdade rivais em influência no começo do século XXI. O que os uniu, porém, foi mais forte e profundo do que o que os separou: uma atitude passiva diante dos arranjos e pressupostos do regime estabelecido; uma convicção de que esses pressupostos e arranjos refletiam algo profundo e respeitável sobre a ordem existente (uma arquitetura racional subjacente ao desenho institucional; esperança de casar razão e história); o impulso hegeliano de direita; confiança em um quadro de especialistas – juristas e especialistas em políticas públicas – que melhorariam o desenho institucional à luz da arquitetura racional, sob as vistas distantes de uma democracia inibida, impressionada por suas credenciais.

Essa unidade profunda e oculta ajuda a explicar como o mesmo jurista acadêmico poderia às vezes ser alternadamente um retrodoutrinarista e um benthamista encolhido em partes diferentes de seu trabalho e em horas diferentes do seu dia. O contraste entre a visão antagonista do benthamista radical, do direito observado de fora, como objeto de crítica e transformação, e o engajamento comprometido do jurista dogmático com o direito atual, observado de dentro como o portador de um plano da vida social perfectível e em evolução, foi abafado por esses equívocos e confusões cumulativos.

A influência desfrutada por essas tendências supostamente opostas, mas de fato aliadas, revelou os limites do que o movimento de estudos críticos do direito atingiu quando perturbou o consenso no pensamento jurídico. Os limites são presságio do trabalho a ser feito no próximo período histórico.

O LIVRO

Este pequeno livro começou como uma longa fala pós-jantar, apresentada na Sexta Conferência Anual de *Critical Legal Studies* em março de 1982. Expandi a conferência em um ensaio, publicado no ano seguinte no volume 93 da *Harvard Law Review*. O ensaio pouco modificado foi por sua vez publicado como livro pela Harvard University Press em 1986.

Era um tempo em que o pensamento jurídico nos Estados Unidos e na maior parte do Atlântico Norte estava passando do período de normalização das bases de meados do século XX – socialdemocracia na Europa Ocidental, o *New Deal* nos Estados Unidos – para uma era de obscurecimento. O método da elaboração racional havia atingido status canônico como o sucessor do incompreendido formalismo doutrinário do século XIX e estava em vias de ser disseminado por todo o mundo como seu sucessor. A passagem à época do obscurecimento foi acompanhada pela difusão de atitudes irônicas e táticas com relação às pressuposições de uma prática de análise jurídica em que seus praticantes tinham mais e mais dificuldade em acreditar, mas continuaram, não obstante, a achar útil.

Era também um tempo em que o movimento de estudos críticos do direito, tendo atraído atenção nacional dentro do país, recebeu um afluxo de simpatizantes que o viram como não mais que um veículo para a promoção no direito americano das políticas e ideias progressistas então convencionais. Com essa reviravolta de eventos, o movimento de estudos críticos do direito arriscou perder qualquer chance de uma identidade metodológica e programática distintiva. Como eco na academia jurídica das piedades políticas progressistas e modas intelectuais passageiras, pouco valeria. O resultado foi reforçar, no público político e intelectual mais amplo, a convicção de que, em se tratando de estudos críticos do direito, estavam lidando com um evento tão fácil de nominar quanto de dispensar: uma sequela dos tremores do realismo jurídico americano e uma afirmação das tão conhecidas crenças de esquerda.

Por causa de minhas circunstâncias, abordei os estudos críticos do direito com interesse no futuro do pensamento jurídico ao redor do mundo, não apenas ou principalmente nos Estados Unidos. Por causa de minha posição programática na política, considerei uma calamidade a redução dos estudos críticos do direito às formas de progressismo americano então predominantes, com sua ênfase característica em identidades e interesses de grupo, seu fracasso em contribuir para a construção de um sucessor para o *New Deal*, responsivo às necessidades e aspirações da ampla maioria da classe trabalhadora do seu próprio país, sua falta de propostas institucionais para a reconstrução do estado e da economia e sua antipatia à ambição teórica e à imaginação estrutural. Pela natureza do meu trabalho, vi o pensamento jurídico como mais um terreno no qual desenvolver uma agenda de ideias que poderia ser rotulada de filosófica apenas no sentido de que se recusou a dar a última palavra às distinções disciplinares em torno das quais a cultura universitária estava organizada, com seu casamento típico de cada disciplina com um método. Para mim, uma alternativa prática à socialdemocracia institucionalmente conservadora e à política de identidades precisava da ajuda de uma alternativa teórica à teoria social marxista e à filosofia política liberal.

Cinco polêmicas moldaram este livro.

A primeira foi a polêmica contra tendências neomarxistas e desconstrutivistas dentro dos estudos críticos do direito. O funcionalismo neomarxista, especialmente dentro da história do direito, repetiu os erros da teoria social necessária. Se atenuou esses erros, o fez apenas enfraquecendo as reivindicações e os pressupostos daquela tradição teórica, em vez de os substituir. O desconstrutivismo, centrado na radicalização da indeterminação no raciocínio jurídico, reduziu o direito a algo que ele nunca foi: uma série de oportunidades para manipulação retórica, limitadas apenas pela referência a uma ideologia ou forma de consciência entrincheirada, compartilhada e não reconhecida. Provou ser um fim de linha intelectual e político, não suprindo qualquer instrumento para a realização de suas intenções transformadoras.

A segunda foi a polêmica contra a socialdemocracia institucionalmente conservadora, que se tornara a posição padrão na política progressista, e seu rival menor e contraponto, a política do reconhecimento e da identidade. Não há meio de resolver ou mesmo considerar os problemas centrais das sociedades contemporâneas sem inovar nos arranjos institucionais da economia de mercado, da política democrática e da sociedade civil independente. Renunciar a tal inovação era parte do que definia essas versões diminuídas da causa da esquerda.

A terceira foi a polêmica contra a objeção à teorização construtiva e abrangente sobre direito e sobre sociedade. Pode parecer que tal objeção não poderia exercer influência. Mas exerceu. O esforço para atingir um entendimento abrangente foi confundido com as formas que esse esforço tomara na teoria social clássica europeia ou na prática da filosofia como uma superciência, pairando sobre as disciplinas e pretendendo explicar a moldura de nossa existência. O resultado foi fatalmente debilitar nossa perspectiva de escapar do campo gravitacional das ideias atuais. Confinou-nos a uma série de ataques de guerrilha episódicos contra as diferentes partes daquelas ideias e contra os luminares que as expuseram.

A quarta foi a polêmica contra o método da elaboração racional e sua promoção ao redor do mundo como o sucessor ilustrado e progressista da dogmática jurídica do século XIX. Na verdade, o sucessor era bem mais próximo de seus precursores do que seus defensores afirmavam ser. Ele traiu a vocação maior do pensamento jurídico – seu papel na imaginação detalhada de futuros alternativos para a sociedade –, ferindo a democracia. Lançou sobre a vocação menor do pensamento jurídico – seu trabalho no cenário judicial – um halo de mistérios fabricados, apresentando o direito como uma aproximação incompleta e falha a um plano da vida social inteligível e defensável, em vez de como a miscelânea de doutrinas dominantes e subordinadas que ele realmente é. Sua mistificação serviu ao empoderamento dos notáveis do direito e ao desempoderamento de seus concidadãos. O pensamento jurídico pode ter futuro diferente, melhor.

A quinta foi a polêmica contra a reificação e a consequente condenação da doutrina jurídica, identificada por seus críticos com as formas que ela tomou sob as grandes variantes da idealização sistematizante do direito no passado recente: o método da elaboração racional do século XX e a visão tipológica do século XIX. Uma preocupação do livro é ajudar a resgatar e reinventar a prática antiga e universal da doutrina e alistá-la a serviço tanto da vocação maior quanto da vocação menor do pensamento jurídico.

O pensamento jurídico pode lidar em detalhe com as interações entre instituições e práticas e nossos entendimentos sobre nossos interesses e ideais. Tais interações são o sangue vital e a substância do direito. Para aproveitar esse potencial, contudo, precisamos rejeitar tanto a insistência em representar o direito estabelecido como um sistema idealizado quanto o foco exclusivo na decisão judicial como a prioridade da teoria do direito.

2

A VOCAÇÃO DO PENSAMENTO JURÍDICO AGORA

AS DUAS VOCAÇÕES DO PENSAMENTO JURÍDICO

O direito é a forma institucional da vida de um povo vista em relação aos interesses e ideais que dão sentido a tal regime. Nossos interesses e ideais sempre permanecem pregados na cruz das instituições e práticas que os representam de fato. O direito é o ponto dessa crucificação.

O direito, porém, tem sido também negócio próprio de especialistas. Para esses profissionais, e para as escolas em que são educados, a preocupação com o que eles podem fazer com o direito torna-se suprema e dirige o entendimento do direito. É fácil para eles acreditarem que o direito é o que cortes e advogados fazem. A questão "como devem os juízes decidir casos" torna-se o tema central da teoria jurídica.

Toda vez que, sob os limites da democracia, juristas e as forças políticas com as quais são aliados procuram circunscrever a política por recurso à política judicial, e obter das cortes o que o povo se recusou a apoiar, essa redução da visão encontra mais encorajamento. A posição dos notáveis do direito sobre a prioridade de sua perspectiva torna-se confundida com a pretensão de cumprir uma missão maior nos negócios da república.

Compreender a relação de instituições e práticas com um entendimento estabelecido de interesses e ideais e fazê-lo na maior escala possível, sem o embaraço das limitações da especialização profissional, será sempre uma atividade de vastas consequências para a sociedade. Grandes mudanças normalmente começam em pequenos passos. Cada ramo do direito contém uma série de soluções desviantes, exceções, anomalias e contradições. Cada um desses desvios pode servir como ponto de partida para um modo alternativo de organizar uma área do direito e da prática social: a exceção pode tornar-se a regra; a anomalia, uma abordagem diferente à ordenação de parte da vida social. O que começa como reforma de arranjos para satisfazer nossos interesses e ideais, como os vemos, é provável que acabe como um entendimento mudado do que queremos e professamos: nossos ideais e interesses parecem-nos evidentes apenas enquanto permanecem unidos às instituições que os representam de fato. Tão logo dissolvemos esse casamento, encontramos razão para questionar o que parecera autoevidente.

Práticas sucessivas de doutrina jurídica ao longo dos últimos vários séculos, incluindo o método tipológico no século XIX e a elaboração racional no século XX, subestimaram e mesmo dissimularam a natureza contraditória do direito. Cada uma delas encantou-nos na visão do direito como uma aproximação imperfeita a um sistema idealizado – um plano da vida social inteligível e defensável –, embora cada uma tenha caracterizado tal sistema de modo diferente. Nesse exercício, cada uma delas foi influenciada pelo interesse que os juristas têm em encontrarem trabalho importante para fazerem sem mudar as bases em que o poder é manejado no estado.

Quebrando o feitiço posto por esses sistemas idealizadores, o pensamento jurídico pode reconhecer o direito segundo a realidade contraditória que ele é e alistar a contradição a serviço do entendimento e da prática transformadores. Tornar-se prática de imaginação institucional, engajando, por meio dos detalhes do direito, o regime da sociedade como ele é e explorando no que podemos e devemos transformá-lo em seguida é a vocação maior do pensamento jurídico.

Essa tarefa ganha significado especial sob as condições da ditadura da falta de alternativas agora prevalente no mundo. Um requisito para a derrubada dessa ditadura é alargarmos a restrita lista agora oferecida de configurações alternativas para a organização de diferentes áreas da vida social. Não podemos fazê-lo simplesmente desdobrando abstrações ideológicas herdadas do passado. Só podemos fazê-lo trabalhando com os materiais conceituais e institucionais que nos foram dados pela história: o direito é onde encontramos esses materiais em seu detalhamento mais rico e preciso.

Assim como tem uma vocação maior, o pensamento jurídico também tem uma vocação menor: seu uso na reivindicação de direitos e estabelecimento de disputas, dentro e fora do cenário judicial. A recusa em sacrificar a vocação maior à menor não nos autoriza a negar a importância da última. Se a questão de como juízes (e outros solucionadores de disputas e intérpretes quase ou extrajudiciais) devem decidir casos não pode ser o tema central da teoria jurídica, é, não obstante, uma questão que qualquer teoria do direito precisa responder.

Nossa visão da vocação menor, todavia, não pode contradizer nosso entendimento sobre a vocação maior. Deve repousar sobre os mesmos pressupostos e servir aos mesmos fins, se nossa compreensão do direito for coerente.

Na coleta dos elementos de tal visão, não precisamos começar do início. Um impulso incompreendido e esquecido na história do pensamento jurídico de fins do século XIX e princípios do século XX oferece o melhor ponto de partida. Uma abordagem da vocação menor pode começar de onde este impulso nos deixou.

Houve um momento na história das ideias jurídicas em que o projeto da ciência jurídica do século XIX havia já estado sob ataque sob rótulos como formalismo, conceitualismo, doutrinarismo e pandectismo, mas o método da elaboração racional na linguagem de políticas e princípios ainda não havia tomado seu lugar. Esses proponentes de outro futuro para a análise jurídica insistiram que o direito deveria ser interpretado finalisticamente: a interpretação precisaria ser justificada pela atribuição explícita ou implícita de propósitos em um contexto histórico particular, segundo os pressupostos e interesses prevalentes naquela circunstância. Em cada um desses cenários reais, haveria uma ampla área de acordo sobre o significado – não porque palavras tenham significado fixo ou porque as coisas a que se referem tenham essências estáveis, mas porque os propósitos controladores da interpretação precisam ser tornados manifestos apenas quando são disputados.

Essa abordagem não poderia autorizar, entretanto, um viés em direção à sistematização idealizadora do direito: viés expresso, em diferentes caminhos, tanto pelo método tipológico do século XIX quanto pelo discurso de políticas e princípios do século XX. O que substituía tal idealização era o reconhecimento do direito como produto histórico de conflito contido entre interesses e entre visões. Em tal conflito, algumas posições prevalecem pelo momento. Nunca prevalecem para sempre, e raramente prevalecem completamente. Mesmo quando triunfam, coexistem com soluções contrárias, que restam no direito existente como vestígios, contracorrentes e profecias de um futuro alternativo.

Assim, essa visão de como melhor realizar a vocação menor do pensamento jurídico foi frequentemente, mas nem sempre, expressa pelo que posteriormente chamo de teoria jurídica do combate: a visão do direito em qualquer tempo e lugar como resíduo de conflito intermitentemente interrompido e relativamente contido sobre os termos da vida social. Foi uma abordagem que se recusou a entender o direito como aproximação a um plano inteligível e defensável da vida social.

Entre os juristas associados com esse interlúdio entre o descrédito da ciência jurídica do século XIX e a ascendência do método da elaboração razoável estão Jhering, Gény e Holmes.

Eles propuseram uma visão realista e deflacionária do raciocínio jurídico no ambiente profissional, especialmente judicial. Ela tornou-se, entretanto, uma proposta assim como uma descrição, na medida em que rejeitou a representação do direito como um sistema idealizado: seja descrito como o conteúdo intrínseco de um tipo de organização social, seja como a expressão de um conjunto de políticas públicas e princípios impessoais do justo. O elemento inextirpável de discricionariedade na interpretação jurídica significava que podemos desenhar um contraste apenas relativo, não absoluto, entre criação e interpretação do direito, ou entre os conflitos de visões e interesses trazidos pela última e aquelas que dirigem a primeira. Dizer que o contraste é relativo não era desconsiderá-lo como irreal ou desimportante. A interpretação profissional do direito não seria, segundo tal visão, simplesmente a continuação da política por outras vias; seria sua continuação disciplinada pelos constrangimentos e compromissos que lhe mudam a natureza.

Uma vez que tal visão deflacionária da interpretação jurídica profissional fosse aceita, a interpretação do direito à luz de propósitos atribuídos e com a ajuda do raciocínio analógico poderia ser reconciliada com a deferência a significados evidentes e precedentes estabelecidos na grande maioria das situações. Apenas quando os interesses em jogo parecessem ser tanto contraditórios quanto de peso comparável é que os propósitos condutores da interpretação precisariam ser explicitados o melhor possível para serem sujeitos à crítica dentro e fora da comunidade de intérpretes profissionais.

Nas cortes inferiores, em que o juiz ou árbitro lida com a realidade humana dos litigantes em primeira mão, a decisão recomendada pela prática padrão da interpretação jurídica poderia justificadamente ser superada por ajuste equitativo. Se a consequência recomendada por tal prática divergir muito severamente das expectativas recíprocas em torno de papéis no ambiente social em que a disputa se apresenta, o julgador poderia definir o resultado à parte em favor da alternativa mais equitativa, sem fingir mudar o direito em vigor.

O MOVIMENTO DE ESTUDOS CRÍTICOS DO DIREITO:

Nas cortes superiores, especialmente nas cortes constitucionais, a prática padrão poderia dar lugar ocasionalmente a atos excepcionais de estadismo judicial. Confrontados com uma crise nacional, provocada ou perpetuada pelo impasse entre os poderes políticos, os juízes poderiam intervir por uma reinterpretação radical da constituição ou das leis. Poderiam de fato apelar ao futuro, aos poderes políticos travados ou ao povo. Provavelmente teriam sucesso em seus esforços em cortar o nó górdio apenas se tivessem como parceiros reconhecidos, de baixo, movimento poderosos e organizados na sociedade. O trabalho desses parceiros poderia aproveitar a oportunidade aberta pelo estadismo judicial e começar a transformar uma aventura judicial perigosa em uma profecia constitucional autorrealizável.

Nada nessa abordagem dos problemas de interpretação e jurisdição requer aceitação das altas pretensões da doutrina jurídica dos séculos XIX e XX, nada que não possa ser reconciliado com as reivindicações da democracia, nada que negue a natureza contingente e contraditória de qualquer corpo de direito, e logo nada que negue, na persecução dessa missão menor, os pressupostos da tarefa maior do pensamento jurídico. A modéstia da primeira completa a ambição da última. Ambas servem, cada uma a seu modo, à causa democrática.

O significado dessa abordagem sem volteios dos problemas da interpretação jurídica profissional torna-se ainda mais claro por contraste à visão com a qual pode ser confundida. Segundo essa outra visão, o raciocínio jurídico é a arte inefável do juízo prático. Ela nega a redução a qualquer sistema de ideias abstratas porque corporifica um modo de pensamento que não pode ser acomodado entre os procedimentos padrão de dedução, indução e abdução, ou reduzido a qualquer sistema de ideias gerais. Pode ser dominado apenas por longa prática dentro de uma comunidade profissional, sustentada pela proximidade com os negócios do ambiente social em que é praticada e pelo conhecimento íntimo das ideias, interesses e sentimentos daqueles cuja vida ele toca.

Tal era a visão que os pretensos sucessores dos juristas romanos do período republicano tinham de sua prática, em oposição à influência da filosofia grega e às demandas do despotismo imperial. Ela formou parte da autodescrição dos juristas do *common law* no decorrer de longos períodos na história do direito anglo-americano. É invocada ainda hoje, sob o disfarce de rótulos pseudofilosóficos como prudência e *phronesis*, por aqueles que definiriam um conjunto de métodos vagos e caseiros como um mistério sacerdotal. Mas ela não adiciona senão ilusão, a serviço de autoridade capciosa, ao que descrevi como a visão deflacionária e realista da vocação menor do pensamento jurídico.

Quando abrimos a caixa preta desse ofício supostamente seleto e evasivo, encontramos os elementos dessa visão: o recurso universal ao raciocínio analógico, o entendimento de que a moralidade convencional consiste largamente em nossas pretensões recíprocas, baseadas em papéis, de uns contra outros, e o reconhecimento de que a habilidade para lidar com sucesso com questões práticas requer familiaridade com os interesses e ideais que comandam a influência em um mundo social particular e com os meios para promovê-los que estão disponíveis e são aceitos. Nada remanesce. Não há tal arte inefável, tal habilidade que desafia qualquer teorização. É apenas outro modo de colocar a vocação menor do pensamento jurídico no lugar da vocação maior, para o benefício dos juristas e em detrimento da sociedade.

A HISTÓRIA UNIVERSAL DO PENSAMENTO JURÍDICO

A melhor forma de compreender a vocação maior do pensamento jurídico é colocá-la no contexto da história mundial. Apenas quando a vemos à distância podemos apreender completamente seu conteúdo e suas consequências.

Houve três elementos na história universal do pensamento jurídico. São recorrentes e persistentes ao longo de um amplo leque de tradições jurídicas (incluindo tanto o *civil law* quanto o *common law*) e períodos históricos. Dois desses elementos estão na superfície do debate; entre eles, ocuparam quase totalmente a agenda da teoria do direito. O terceiro teve um papel silencioso. O futuro do pensamento jurídico e o cumprimento de seu chamado maior dependem do rearranjo da relação entre esses três elementos, um rearranjo radical o bastante para dissolver suas identidades distintas e conflitantes.

Um protagonista da história universal do pensamento jurídico é a ideia do direito como produto da busca doutrinária por uma ordem moral imanente da vida social. Uma segunda posição é a ideia do direito como vontade do estado ou do soberano. Cada uma dessas ideias é incompleta e precisou da outra para suportar uma visão abrangente do direito. Não obstante, as duas ideias também se contradizem – uma contradição que a democracia mais fez agravar do que superou. Muito da história da teoria jurídica, mesmo hoje, consiste em administrar essa contradição.

O MOVIMENTO DE ESTUDOS CRÍTICOS DO DIREITO:

Sobretudo, cada uma dessas duas visões é também incompleta em outro sentido. Cada uma considera como dado como a sociedade é de fato organizada e representada nas mentes daqueles que a habitam: os arranjos e pressupostos estabelecidos e em particular a parte formadora desses arranjos e pressupostos que podemos chamar de a estrutura da sociedade. Apenas em combinação com a estrutura uma ou outra abordagem – o direito como indagação doutrinária sobre a ordem normativa imanente ou como a vontade do estado ou do soberano – funcionam na prática.

O direito como estrutura da sociedade é a terceira ideia do direito presente na história universal do pensamento jurídico. O papel dessa ideia, no entanto, sempre permaneceu largamente tácito. A estrutura permanece nas sombras: não explicada, não justificada e mesmo não vista.

* * *

Na maior parte dos períodos da história do direito, os juristas se depararam com o direito à primeira vista como um conjunto de concepções, categorias e regras que, juntas, definiam um plano de vida comum. Recusaram-se a ver o direito como vontade arbitrária do estado, mesmo se fosse um governo democrático, muito mais a vê-lo como o resultado acidental de um conflito entre interesse e entre visões. Em vez disso, insistiram em vê-lo como movimento cumulativo em direção a um projeto de coexistência social que pode ser publicamente entendido e justificado.

Quando as categorias e ideias doutrinárias não resultaram em escolasticismo sem espírito, atraíram o significado e a autoridade de servirem a tal empreendimento. A sede tradicional da indagação doutrinária foi o direito privado: as doutrinas do direito dos contratos, da propriedade e da responsabilidade civil apontaram na direção de tal arquitetura normativa latente nas relações e transações recorrentes de uma sociedade. O método tipológico do século XIX e o método da elaboração racional do século XX representaram apenas suas formas mais recentes.

O que é a doutrina? Os pressupostos do trabalho doutrinário ou dogmático no direito são tão alheios aos modos de pensamento atuais que sua natureza nos ilude. Como a teologia por contraste à sociologia ou história comparada da religião, como a gramática por contraste à linguística, ele é constitutivo de sua matéria de estudo; não é um metadiscurso, isto é, uma visão de um tema do qual pode ser distinguido. De outro lado, seu tema é uma realidade simbólica, bidimensional: categorias, concepções e regras da superfície manifestam um subtexto mais profundo – o plano inteligível e defensável da vida social do qual representam expressões fragmentárias. Rejeitando a postura de um observador imparcial, toma a posição de um inserido no seu objeto, comprometido com uma comunidade de discurso e com uma tradição. Ele reivindica que seus resultados devam ter consequências práticas para o uso do poder governamental.

Suas pressuposições históricas são a existência de um estado buscando fazer e impor o direito e de uma alta cultura, que relacione, como Platão fez, a ordem na sociedade à ordem no mundo e na alma. Porque começa sob a dupla sombra de um estado que clama ser uma fonte – senão a única fonte – do direito e de uma cultura que representa uma visão de nosso lugar no cosmos, sua relação com aquele estado e aquela cultura foi desde o início causa de ansiedade e confusão.

A motivação para reinventar perenemente a doutrina surge dos atributos definidores da vida social. Para ordenar nossas instituições e práticas, precisamos representá-las por meio de concepções: não podemos ordená-las a menos que lhes demos sentido. O conflito sobre os termos da vida social não pode ser temporariamente interrompido e relativamente contido a menos que essas concepções justifiquem os arranjos, relacionando-os a uma visão de nossa vida em conjunto: de como que tal vida pode e deve ser em diferentes partes da sociedade.

Todavia, a prática da doutrina jamais deixou de ser tanto problemática quanto incompleta. Problemática por causa de sua relação contestada com a outra principal ideia sobre o direito na história universal do pensamento jurídico: o direito feito pelo estado e por quem quer que reivindique o poder soberano e o exerça de fato. Como pode o direito ser uma ordem normativa imanente, de uma só vez revelada e refinada pelo labor da doutrina, mas também ser o que quer que o poder soberano no estado haja decidido que ele deve ser? Essa questão foi o enigma central da teoria jurídica desde quando tanto o estado quanto a doutrina existiram. A democracia torna esse desafio mais agudo, porque transforma a ofensa à vontade do soberano democrático em escândalo, a menos que a ofensa possa ser justificada por limitações constitucionais que o soberano democrático impôs a si mesmo.

Assim, esse continua a ser o enigma central hoje. Apenas pergunte de onde vêm as políticas e princípios invocados pelo método da elaboração racional. Precisam já estar implícitos em grande medida no direito. De outro modo, os juristas os teriam inventado, em derrogação da autoridade das instituições democráticas de criação do direito. Se a narrativa de políticas e princípios que deveria guiar a interpretação finalística do direito é descrita como já existente no material jurídico, esperando

O MOVIMENTO DE ESTUDOS CRÍTICOS DO DIREITO:

para ser escavada por intérpretes profissionais, o problema vem do outro lado. Como o direito, forjado em discussões e disputas entre interesses e entre visões, poderia vir a parecer retrospectivamente, no momento da interpretação profissional, como se exibisse um plano que pode ser descrito na linguagem de políticas e princípios? Abstrações ideológicas ou um "consenso sobreposto" minimalista jamais seriam suficientes para compor tal plano; as crenças condutoras precisam ser detalhadas o suficiente para responder pelo conteúdo do direito e guiar seu desenvolvimento em cada área da prática social. Se tal consenso denso existisse, como poderia ser reconciliado com a pretensão da democracia de decidir como a sociedade deveria ser organizada? Para essas questões não há respostas satisfatórias, apenas uma série de camuflagens e evasões na teoria jurídica e na prática.

Não apenas a busca doutrinária pela ordem moral imanente na sociedade contradiz a outra grande ideia sobre o direito – como vontade do estado ou do soberano; ela também permanece radicalmente incompleta, ainda que incapaz de reconhecer o fato e as implicações dessa incompletude. Não podemos entender ou implementar qualquer sistema de doutrina exceto por referência ao mundo social e cultural a que ele pertence. Suas categorias são sem significado e sem vida se fracassam em tomar vida e significado desse contexto, e especialmente dos arranjos e pressupostos formadores de uma sociedade. Aqueles que organizam suas atividades econômicas, políticas e culturais rotineiras, incluindo as atividades pelas quais ela constrói o futuro no presente. Tais pressupostos e arranjos compreendem a estrutura da vida social: o terceiro elemento na história universal do pensamento jurídico e o parceiro silencioso dos outros dois elementos.

A segunda presença nessa história universal é a visão do direito como vontade do estado ou do soberano. Sob a democracia constitucional, o poder de fazer o direito é moldado e sancionado pela constituição democrática. O último teste dessa realidade, porém, permanece no fato da obediência habitual.

Segundo tal visão, o direito é o que quer que aqueles que exercem o poder no estado digam que ele é. Não é, contudo, à maneira da teoria do direito de John Austin, uma simples série de comandos. É (segundo uma versão dessa abordagem, a teoria do direito analítica) um sistema jurídico, o que o soberano quer ele precisa querer como mudança nesse sistema, sujeito a sua natureza, instrumentos e constrangimentos peculiares. Ou o direito é (segundo outra versão, que aqui chamo de teoria jurídica do combate) não um sistema, mas a figuração de uma correlação de forças: o resultado, no tempo histórico, de uma luta entre interesses e entre visões. A cada ponto, algumas forças prevalecem sobre outras. Sua vitória, entretanto, é raramente completa.

Essa visão do direito teve proponentes desde quando houve um estado. Recentemente, porém, foi formulada em duas formas diferentes: a teoria do direito analítica e a teoria jurídica do combate – a segunda mais profunda e importante que a primeira.

Para a teoria do direito analítica (liderada, no século XX, por Hans Kelsen e Herbert Hart), o direito é um sistema hierárquico de regras que conferem forma geral à vontade do poder soberano. Sua teoria da representação do direito providencia um vocabulário no qual descrever o direito sem emaranhar a descrição seja em questões sociológicas de eficácia, seja em preocupações normativas de justiça. Sua teoria do raciocínio jurídico reconhece que o raciocínio guiado por regras deve coexistir com uma porção de discricionariedade bruta na interpretação do direito, a vontade do Estado não pode ser traduzida em decisões particulares sem criar espaço para que o conflito entre interesses e entre visões reapareça de forma menor no momento da decisão.

A aspiração metodológica da teoria do direito analítica é, como aquela da economia pós-marginalista, permanecer invulnerável à controvérsia causal e normativa. O preço de tal invulnerabilidade é a vacuidade. O objetivo político da teoria do direito analítica é reforçar o estado de direito: uma moldura do justo que permaneça acima das colisões de interesses e visões. A aspiração política conflita com a metodológica: o jurista não pode aplicar e elaborar o direito sem representá-lo, e não pode representá-lo sem entendê-lo como um modo particular de fixar aquela colisão e direcionar seu resultado em uma ou outra direção.

Mais significativa é a teoria jurídica do combate. O direito é, segundo tal visão, a ordem resultante da interrupção temporária e da contenção relativa da luta perene sobre os termos da vida social. A luta deve ser contida e interrompida não apenas pelo bem da segurança e da paz, mas também de modo que uma forma coerente de vida social, capaz de nutrir indivíduos fortemente marcados, possa emergir e se desenvolver por detrás do escudo do poder estatal.

A teoria jurídica do combate foi representada tanto por juristas práticos (Holmes, Jhering) quanto por filósofos políticos (Thomas Hobbes, Carl Schmitt).

O MOVIMENTO DE ESTUDOS CRÍTICOS DO DIREITO:

O compromisso normativo maior dessa concepção de direito é com a ideia metafísica de vitalidade: a sustentação das diversas formas de vida que a divisão do mundo entre estados soberanos e frequentemente antagônicos permite. Sua atitude política é de hostilidade aos poderes intermediários entre o estado e o indivíduo. Ela vê tais poderes como ameaças à forma de vida característica que o estado pode proteger e encorajar. Ela não considera nem a razão nem a justiça como capazes de arbitrar o conflito cego de ideologias, estados, comunidades e classes.

Mas seu ceticismo sobre o valor e seu respeito ao poder não a impediram de servir como inspiração para o menos perigoso e mais realista relato sobre a vocação menor do pensamento jurídico – seu uso em juízo – a aparecer na história da teoria do direito ao longo dos vários últimos séculos. Essa explicação afirmou o caráter finalístico do raciocínio jurídico, mas rejeitou a sistematização idealizadora comum às abordagens dominantes dos séculos XIX e XX. Embora seu realismo deflacionário e sua falta de qualquer teoria desenvolvida sobre a construção da estrutura na sociedade a houvessem impedido de ter uma visão da vocação maior do pensamento jurídico, ela deixou aberto o espaço para tal visão.

Tanto como teoria do direito analítica quanto como teoria do combate, a ideia do direito como vontade do estado tem fraquezas simétricas àquelas de seu oponente principal na história da teoria jurídica: a explicação da ordem normativa imanente pela doutrina. Ela coexistiu com a ideia oposta do direito desde quando existiram estados centrais e altas culturas. Os filósofos, senão teóricos do direito, da teoria jurídica do combate podem ter dispensado o projeto da doutrina tanto como subterfúgio quanto como impedimento. A realidade histórica do direito não os obrigou: as duas abordagens foram feitas para existir lado a lado mesmo que nenhuma concepção tenha sido capaz de reconciliá-las. Como resultado, sua coexistência na prática sempre foi *ad hoc*, mesmo que a preocupação principal da teoria do direito tenha sido demonstrar o contrário.

A coexistência contraditória das duas ideias sobre o direito não é mais evidente em outro lugar do que na natureza da codificação nos sistemas jurídicos de *civil law*. O jurista do *common law* pode imaginá-los como regimes baseados em códigos. Na verdade, os códigos básicos do *civil law*, ao menos no seu lar originário do direito privado, foram pouco mais do que somas e atualizações das ordens doutrinárias que os precederam, ajustadas marginalmente para refletir algumas novas correlações de forças políticas e alguma preocupação abstrata do estado. Os juristas os escreveram em sua dupla função de agentes das autoridades políticas e curadores da tradição doutrinária. Normalmente tomaram o cuidado de subordinar a primeira dessas funções à segunda, fingindo servir seus chefes políticos mesmo quando continuaram a fazer o trabalho da dogmática jurídica.

Sobretudo, a noção do direito como vontade do estado, imposta de cima para baixo à sociedade, continuou a ser tão incompleta e tão dependente de uma estrutura preexistente da sociedade que ela fracassou em justificar, explicar ou mesmo reconhecer, quanto a ideia de uma ordem normativa imanente, revelada e refinada pela doutrina. Para que essa ideia do direito tivesse sucesso em sua proposta, todos os arranjos da sociedade teriam que ser aprovados, senão desenhados, pelo poder soberano. Nada disso acontece: em nenhuma sociedade o direito legislado pelo estado foi mais do que uma série de intervenções episódicas em uma ordem que está simplesmente aí: quase nunca perturbada, dificilmente vista. É como se as pretensões de criar o direito, de estados autoritários ou democráticos, equivalessem a pouco mais que uma atualização do *gubernaculum* de um príncipe europeu medieval, intervindo de tempos em tempos em um corpo de direito comum reproduzido e desenvolvido pela *jurisdictio* doutrinária dos juristas.

Uma ficção descarada diria que as autoridades criadoras do direito aquiescem na parte da ordem estabelecida que deixam de mudar, segundo a máxima *qui tacet consentire videtur*.[9] Todavia, esse argumento perde plausibilidade tão logo reconheçamos os obstáculos do mundo real à imposição da vontade de um estado, seja autoritário, seja democrático. Se a destruição dos poderes intermediários, favorecida pela prototeoria social associada à teoria jurídica do combate, facilita a imposição da vontade política de cima de algumas maneiras, pode inibi-la de outras: uma sociedade desorganizada pode ser tão recalcitrante diante da vontade transformadora do governo quanto uma sociedade organizada para resistir a tal vontade. Como variante da política autoritária, apenas o despotismo revolucionário poderia esperar ir além. Faria isso, porém, ao custo de ver seus esforços consumidos no conflito violento e reféns do autointeresse dos déspotas assim como da oposição de suas vítimas. Como variante da política democrática, uma democracia radical ou de alta energia, capaz de dominar a estrutura da sociedade, está ainda por ser criada.

Uma ficção mais elaborada e crível, desenhada para ajustar-se à teoria democrática e ao constitucionalismo, distingue entre problemas ordinários do estado e mudanças momentosas de arranjos e pressupostos fundamentais. O povo delega os primeiros à classe política cujas

---

9   Quem cala consente (manifestação de vontade tomada de modo tácito). [N.]

rivalidades arbitra. A soberania popular acorda e age mais diretamente apenas quando os fundamentos – da sociedade e do estado – estão em questão. Ela consente em delegar quando está meio adormecida. Afirma seu poder residual, mas decisivo, quando se levanta, sob a provocação de perigo, oportunidade e crise. O silêncio que acompanha essa semi-vigília pode mais crivelmente ser tomado como consenso com o que o soberano inexpressivo deixa imperturbado.

Contudo, se é improvável que o povo influencie os problemas ordinários do estado, é mais improvável ainda que guie o governo no meio da tempestade ou dirija qualquer mudança na estrutura da sociedade. Pode despertar sem comandar. Seria preciso outro tipo de democracia – que ainda não existe – para fazer a estrutura suscetível à sua vontade e diminuir a distância entre movimentos ordinários que fazemos dentro de uma moldura que tomamos como dada e movimentos extraordinários pelos quais, sob a pressão de calamidades ou sob a indução do fervor, mudamos partes daquela moldura.

O terceiro elemento na história universal do pensamento jurídico é a estrutura real da sociedade: seus arranjos e suposições formadores, pressupostos pelos outros dois elementos, ainda que por eles deixados não explicados, não justificados e não reconhecidos.

A menos e até que o pensamento jurídico tenha um modo de lidar com esse terceiro elemento, ele não poderá atender a seu chamado maior. Mas o que significaria lidar com esse elemento? A tarefa é prática mais do que teórica: estabelecer as instituições e práticas que possam de fato colocar a estrutura sob nosso controle.

Considere primeiro a parte menor, teórica, desse esforço: o desenvolvimento de um modo de pensar. Não sabemos como pensar sobre mudança estrutural e alternativas estruturais. O vislumbre central da teoria social europeia clássica – que as estruturas da sociedade são nossas criações alienadas e que podemos entendê-las porque as fizemos – foi desde o princípio comprometido por ilusões de falsa necessidade. Essas ilusões deixaram sua marca na realização suprema da teoria social clássica: a teoria da história e do capitalismo de Karl Marx.

Para a ilusão da lista fechada, há um conjunto definido de tipos alternativos de organização econômica, política e social na história, cada um dos quais, como bem reivindicou a ciência jurídica do século XIX, com um conteúdo institucional predeterminado. Interesses de classe e outros têm um conteúdo objetivo, gerado pelo lugar de cada classe na divisão social de trabalho, segundo a lógica do respectivo tipo.

Para a ilusão da indivisibilidade, cada um desses tipos é um sistema indivisível. Suas partes permanecem ou caem juntas. A política dever ser ou a substituição revolucionária de um sistema por outro, ou a gerência reformista de um sistema e de suas contradições.

Para a ilusão das leis históricas, há leis de ordem superior dirigindo a sucessão dos tais sistemas indivisíveis na história, bem como leis de ordem inferior governando a operação de cada um deles. O pensamento programático representa mero voluntarismo. A história e suas leis definem o projeto.

A ciência social repudiou as ilusões de falsa necessidade apenas na medida em que esqueceu o vislumbre central da teoria social. Seus procedimentos característicos são cúmplices em dar à estrutura estabelecida uma aparência de naturalidade, necessidade ou superioridade, às vezes ao ponto de apresentar seus arranjos como resultado de um estreito funil de convergência, ao longo do tempo histórico, do que funciona melhor. Ela cortou o vínculo crucial entre discernimento do existente e imaginação do possível adjacente: a penumbra dos *"alis"* a que podemos chegar partindo do *aqui*.

Em tal circunstância, a primeira responsabilidade da mente é resgatar o vislumbre original da teoria clássica acerca do caráter feito e imaginado das estruturas da sociedade, desembaraçá-lo do pesadelo das ilusões de falsa necessidade, e assim libertá-lo e radicalizá-lo.

O pensamento jurídico não pode se contentar em aguardar o resultado dessa campanha. Não pode ser a fonte única e suficiente de uma visão alternativa fiel à concepção central da teoria social clássica. Mas tal visão não pode ser construída sem sua ajuda. Ele deve ser seu coautor assim como seu beneficiário.

A razão para essa participação do pensamento jurídico no desenvolvimento das alternativas necessárias torna-se clara tão logo consideremos as características do regime institucional e ideológico formador de uma sociedade que qualquer alternativa precisa ser capaz de reconhecer e elucidar.

Os arranjos e pressupostos básicos de uma ordem social – a estrutura da sociedade – exercem influência primordial nas rotinas práticas e discursivas daquele mundo social. São também resistentes à mudança: variavelmente, como a seguir frisarei. Não obstante, não são de forma alguma um sistema. Não são indivisíveis. Não podem ser explicados nem como produto de leis da mudança histórica nem como expressão de um plano inteligível e defensável da vida social. Pelo contrário, têm a qualidade do provisório. Esse atributo torna-se evidente apenas quando os consideramos no detalhe institucional.

A recalcitrância de tais estruturas à mudança não é uniforme. Elas, e as práticas pelas quais são reproduzidas, podem ser arranjadas para inibir ou para facilitar sua revisão. Podem ser entrincheiradas e naturalizadas ou trazer na face sua abertura à revisão. Um conjunto de arranjos institucionais pode ser desenhado seja para aprofundar seja para enfraquecer tal entrincheiramento. Tais arranjos podem tornar o impulso para a mudança mais ou menos dependente de traumas, dos quais a guerra e a ruína econômica têm sido os exemplos principais.

Nossos maiores interesses materiais e morais estão envolvidos nessa escolha de direção. Mais uma vez, os detalhes das instituições e práticas importam: não democracia, mas que tipo de democracia; não mercado, mas mercado de que modo. Essas particularidades são expressas no direito. Elas, e aquilo em que podem vir a ser transformadas, representam o tema próprio do pensamento jurídico na persecução de sua vocação maior.

Ajudando a desenvolver uma visão da estrutura e da mudança estrutural, o pensamento jurídico ajudaria a criar o equipamento com o qual levar adiante sua tarefa maior. Ele tomaria parte do trabalho de criar ideias que podem informar a imaginação de alternativas estruturais. Ele desacreditaria de uma vez por todas as premissas falsas das duas visões dominantes do direito na história universal do pensamento jurídico. Entretanto, não faria nada para dissolver a contradição entre aquelas visões ou para reparar a incompletude de cada uma delas. A solução a essas contradições e o remédio para essas incompletudes reside na prática, não na teoria, mesmo que a prática demande, e tenha que receber, uma teoria.

A autoconstrução da sociedade dá a resposta única e suficiente para os enigmas da teoria jurídica. Mais precisamente, a resposta é parte da autoconstrução da sociedade que tem a ver com o pluralismo jurídico no contexto da democracia radical.

O pluralismo jurídico é a criação do direito de muitas formas e por muitas fontes: de baixo para cima, pela sociedade civil organizada, assim como de cima para baixo, pelo governo democrático. Na falta de um aprofundamento da democracia, o pluralismo jurídico implica a devolução do poder às várias hierarquias de vantagens e cidadelas de subjugação que marcam, em maior ou menor grau, todas as sociedades existentes até hoje.

Uma democracia aprofundada, de alta energia, é aquela que passe por um triplo teste. Ela domina a estrutura da sociedade, sujeitando-a a efetivo desafio e revisão. Diminui a dependência de crises para a mudança. Enfraquece o poder dos mortos sobre os vivos.

Uma série de inovações institucionais iriam na direção, por seu efeito combinado e cumulativo, de passar nesse triplo teste. Algumas dessas inovações aumentariam a temperatura da política, elevando o nível de engajamento popular organizado na vida política. Algumas acelerariam o ritmo da política pela rápida resolução de impasses entre poderes ou órgãos de governo. Algumas explorariam a habilidade de um federalismo revigorado, ou da devolução radical combinada com a afirmação de uma autoridade central forte, para criar contramodelos do futuro nacional. Algumas estabeleceriam no estado um poder para vir ao auxílio de grupos que se encontram presos a circunstâncias de subjugação e exclusão das quais são incapazes de escapar, e para fazê-lo por meio de iniciativas que são a um só tempo localizadas e estruturais. E algumas enriqueceriam a democracia representativa com elementos da democracia direta ou participativa, sem debilitar as salvaguardas do indivíduo contra a opressão pública ou privada. A democracia de alta energia resultante dessas inovações criaria as condições sob as quais o pluralismo jurídico poderia expressar uma ampla disseminação de poder, em vez de uma rendição aos pequenos e grandes potentados de uma sociedade desigual. Seria o antídoto ao fardo imposto por uma estrutura que ninguém escolhe nem entende.

Não é, porém, antídoto suficiente. Requer contrapartes em outros domínios da vida social. Entre essas contrapartes estão a democratização da economia de mercado e a educação do povo.

A mensagem da política democrática permanecerá impotente se deixar de se relevar em meio aos hábitos e constrangimentos da vida material. A esperança de avançar na zona de interseção praticável entre os requisitos institucionais para o desenvolvimento dos poderes da produção e as condições institucionais para a libertação do peso de divisões e hierarquias sociais entrincheiradas depende do nosso sucesso em remodelar as instituições do mercado assim como os arranjos da democracia.

Os sinais de tal democratização são tão múltiplos quanto conectados. Não é suficiente regular o mercado ou atenuar suas desigualdades, como deseja a socialdemocracia institucionalmente conservadora, por meio de redistribuição compensatória e retrospectiva por tributação e transferências; é necessário mudar o conteúdo institucional de um regime de mercado. Uma economia de mercado democratizada e favorável à inovação deveria ser organizada de forma a deixar nossas mãos livres para nossos esforços de cooperação. Deveria evitar subordinar nossas oportunidades para cooperar a qualquer esquema de hierarquia e divisão na sociedade. Não deveria estar presa a uma única versão de si mesma, regimes alternativos de propriedade privada e social podem coexistir dentro da mesma economia de mercado. Ela deveria combinar encorajamento a uma febre de atividade criativa e empreendedora, prospectivamente, com um método draconiano de seleção dos produtos dessa febre, retrospectivamente. Deveria tornar as pessoas seguras em um paraíso de imunidades e capacitações, o melhor para abrir tudo o mais na vida social à experimentação e à inovação.

Em cada ordem econômica haverá uma vanguarda. Se é o setor mais produtivo da economia, não é apenas porque tem mais tecnologia apoiada pela ciência, é também por ser o setor em que a divisão técnica do trabalho mais de perto ecoa o trabalho da imaginação – o aspecto da mente que não é modular nem formulaico, que tem poder de recombinar qualquer coisa com tudo o mais, que avança em discernimento desafiando seus próprios métodos e pressuposições e que subsume qualquer coisa existente a uma penumbra de possibilidades vizinhas. Aqui reside o vínculo profundo entre nosso avanço econômico e nossas aspirações democráticas: a economia mais avançada é aquela na qual a afinidade entre produção e imaginação é mais completamente desenvolvida e a vanguarda é mais estreitamente ligada a todos os outros setores da produção, de modo que cada um é transformado, por sua vez, à imagem que a vanguarda corporifica. A produção, que nos estágios mais primitivos do crescimento econômico era limitada pelo tamanho do excedente sobre o consumo corrente coercitivamente extraído, e nas economias mais ricas vem a se apoiar na tradução da ciência em tecnologia, agora se torna ciência em funcionamento na transformação de fragmentos do mundo material. A tecnologia aparece em seu verdadeiro caráter, não como conjunto de dispositivos, mas como canal que conecta nossos experimentos com a cooperação a nossos experimentos com a natureza.

À medida que avançamos em direção a tal economia de mercado democratizada, hospitaleira à inovação e disrupção permanente, muda a relação entre trabalhador e máquina. O trabalhador não mais trabalha como se fosse máquina. Ao invés, trabalha como o oposto da máquina. A máquina faz o que quer que tenhamos aprendido a repetir, poupando nosso tempo para o ainda não repetível.

Não é provável que tal mudança ocorra enquanto o trabalho assalariado economicamente dependente permaneça como a forma predominante de trabalho livre, o interesse que os compradores de trabalho têm no ganho de curto prazo e no controle normalmente triunfarão sobre o potencial mais amplo para a cooperação no trabalho. Para que esse potencial seja mais completamente aproveitado, o trabalho assalariado teria que gradualmente ceder espaço às formas mais altas e complementares de trabalho livre: autoemprego e cooperação. Essa transição demandaria por sua vez experimentação com as maneiras de alocar o capital mais propícias à reconciliação de maior descentralização da iniciativa e oportunidade econômica com os requisitos de economias de escala: portanto, o estabelecimento mais amplo de direitos de propriedade temporários, condicionais e fragmentários, ao lado do direito de propriedade unificado que o século XIX nos legou.

Contudo, essa experimentação com a forma institucional da economia de mercado continuaria insuficiente se não reforçada pelas mudanças em como a sociedade constrói pessoas com maiores capacitações, incluindo o poder de resistir às próprias circunstâncias. Para isso, os jovens devem ser educados em escolas que os vejam como a voz do futuro, reconhecendo em cada criança um profeta tartamudo e permitindo-lhe acessar a experiência estrangeira. Essas escolas podem melhor fazê-lo por uma educação que seja analítica no método, seletiva e aprofundada no uso da informação como oportunidade para a aquisição das capacitações analíticas, cooperativa em vez de individualista e autoritária no seu cenário social e dialética na abordagem do conhecimento recebido, introduzindo cada tema por pontos de vista contrastantes. Mesmo que o governo garanta um mínimo universal na provisão de serviços públicos que constroem pessoas, ele deve engajar a sociedade civil como sua parceira na provisão experimental e competitiva desses serviços.

O efeito agregado de todas essas iniciativas, com respeito ao aprofundamento da democracia, à democratização da economia e ao desenvolvimento das pessoas, é dar conteúdo prático à ideia de autoconstrução da sociedade. Essa autoconstrução é a verdadeira finalidade da história universal do pensamento jurídico e a solução de seus enigmas. Não é um fim a que tende a história espontânea e naturalmente – apenas um fim a que podemos fazê-la tender por meio de nossas invenções políticas e espirituais.

Portanto, a autoconstrução da sociedade não é consequência nem início de uma convergência em direção a uma forma de vida social única, universal e definitiva. Suas inovações características permitiriam às sociedades, adiante, divergirem como forma de afirmarem a prioridade das diferenças que criamos sobre aquelas que herdamos, a prioridade da profecia sobre a memória. Um atributo compartilhado por essas formas divergentes, porém, asseguraria que nenhuma delas fosse entrincheirada contra reinvenção e que todas respeitariam nosso poder individual e coletivo para resistir: o resíduo pragmático do discurso, de outro modo mistificador, dos direitos humanos.

O que resulta em um mundo de democracias não é uma visão única da humanidade, estabelecida em uma fórmula institucional mundial. É uma plataforma para um novo conflito entre visões do humano – do que afinal somos, podemos e devemos vir a ser. Entre essas visões, no entanto, há algumas que têm relação mais íntima com o mais distintivo desenvolvimento do pensamento jurídico contemporâneo, discutido na parte seguinte deste argumento. São as visões que enfatizam nossa identidade como seres que transcendem todos os mundos sociais e conceituais que construímos e habitamos.

O que essa visão do fim da história universal do pensamento jurídico toma da ideia de direito como vontade do estado é o reconhecimento de que a sociedade não tem uma forma natural e que ela pode criar sua própria ordem. O que rejeita é a tese de que essa forma pode ter apenas uma fonte: a vontade do estado.

O que ela toma da ideia do direito como ordem imanente encontrada e desenvolvida pela doutrina jurídica é a noção de que mesmo quando há estado, o direito sempre surge em algum grau, e deve fazê-lo em ainda maior medida, da sociedade, não apenas do governo. O que ela rejeita é a concepção de que há uma lógica moral inerente na vida social, à espera de ser descoberta e refinada pelo jurista.

O ESPÍRITO DO DIREITO CONTEMPORÂNEO

Cada período na história do direito tem seu espírito. Esse espírito reside nas ideias que revelam seu impulso mais característico, expresso no casamento de instituições e práticas, sobre como as relações entre pessoas podem e devem ser em cada área da vida social. O impulso mais distintivo não é o médio ou preponderante. Enquanto o ideal de autoconstrução da sociedade fracassa em ser mais plenamente realizado, devemos permanecer sob o jugo de regimes que ninguém escolheu, ou que os mortos escolheram para nós, os vivos, ou segundo o modo como as coisas são e tem que ser. O direito em vigor permanecerá uma acumulação de várias camadas de experiência histórica, cada qual superimposta sobre as que a precedem. O espírito da época na história jurídica pode ser difícil de discernir em meio tanto aos prodigiosos vestígios de eras passadas quanto às contracorrentes na nova era.

No século XIX, especialmente nas protodemocracias da Europa Ocidental e da América do Norte, o espírito do direito assentava-se na exploração do conteúdo jurídico inato do que era suposto ser um tipo de organização econômica e social: o tipo de uma sociedade livre. Esse espírito encontrou sua mais clara expressão nas categorias e doutrinas do direito privado. Sustentar o sistema de direitos predeterminado, inerente a esse tipo, era preservar tal esquema contra a influência corruptora de interesses de classe ou partido.

No século XX, ao redor de uma parcela mais ampla do mundo, o espírito do direito veio a se manifestar como remodelação dialética de todo o direito como um jogo recíproco de regras e direitos de autodeterminação individual e coletiva e iniciativas do direito desenhadas para assegurar que esses direitos seriam de verdade, não apenas promessas vazias. Os direitos reverenciados pelo século XIX passaram a ser vistos como derrotáveis: dependiam para sua fruição efetiva de condições práticas que podem não ser atendidas.

No século XXI, o espírito do direito em boa parte do mundo consistirá nas respostas que ele dará ao enigma apresentado por nossa posição na história universal do pensamento jurídico. Reconhecemos a necessidade de soluções estruturais para problemas estruturais. Porém não mais podemos acreditar, como acreditavam os liberais e socialistas do século XIX, em planos definitivos para a organização da sociedade.

Como podemos alcançar discernimento estrutural sem sucumbir ao dogmatismo estrutural? Não podemos fazê-lo refugiando-nos na ilusão da neutralidade, a pretensa existência de regimes que não inclinam a balança a favor de algumas das visões concorrentes do bem e concepções opostas de humanidade. Podemos fazê-lo apenas criando arranjos que no maior grau permitam serem corrigidos eles mesmos à luz da experiência. Conforme revisamos nossas instituições e práticas pelo bem de nossos interesses reconhecidos e ideais professados, mudamos nosso entendimento desses ideais e interesses. Nossa recompensa por esse esforço é o aprimoramento da nossa habilidade de nos engajarmos em um mundo social particular sem capitularmos a ele e de trocarmos hábitos institucionais por oportunidades não tentadas de cooperação. Nenhum regime entrincheirado de divisão e hierarquia social pode sobreviver a tal fortificação de nossos poderes de iniciativa.

O espírito do direito contemporâneo está manifesto em várias de suas mais características ideias. Em seguida, refiro-me a quatro delas. Essas ideias, e todas aquelas que poderíamos adicionar a elas, não delineiam um programa de reconstrução social. Não obstante, representam parte de um equipamento conceitual e institucional de que precisamos se queremos dar vazão ao objetivo de autoconstrução da sociedade e aos projetos de democratizar o mercado e aprofundar a democracia que promovem esse objetivo. São mais do que ferramentas inanimadas, representam fragmentos de uma forma de pensar sobre o direito e sobre a sociedade no espírito daquela aspiração.

O primeiro par de ideias toca diretamente nas preocupações do direito privado e da reconstrução do mercado. O segundo par – ideias jurídicas de ordem superior – cruzam por todos os ramos do direito e da vida social. As quatro ideias são familiares, senão (com respeito às duas últimas) pelos nomes que lhes dou, pelos desenvolvimentos jurídicos a que esses nomes fazem referência.

A ideia de propriedade desagregada. Que os elementos que compõem o direito de propriedade unificado podem ser desmontados e investidos em diferentes tipos de titulares, com pretensões concorrentes sobre os mesmos recursos, é uma concepção comum na história do direito. De uma perspectiva histórico-comparada, o direito de propriedade unificado representa a exceção em vez da regra. A desagregação da propriedade frequentemente serviu para organizar uma forma hierárquica de divisão social do trabalho, como fez no feudalismo europeu. Ela adquire agora novo significado quando seu propósito é melhorar nossas chances de cooperar, permitindo-nos melhor combinar descentralização do acesso e iniciativa com economias de escala. Mais podem participar se cada um tiver uma pretensão sobre o mesmo conjunto de recursos que seja temporária, condicional ou de outro modo limitada.

O direito de propriedade unificado pode continuar a prevalecer em algumas áreas da atividade econômica, permitindo a determinado empreendedor prosseguir a seu próprio risco e segundo suas próprias convicções. Em outras áreas, porém, inclusive aquelas centrais à economia que emerge na esteira do declínio da produção em massa, pode ser crucial prover pretensões paralelas e distintas sobre os mesmos recursos. O benefício direto é alargar o estoque de nossas formas de cooperação. A vantagem indireta é ajudar a criar as condições para uma economia de mercado que não seja mais presa a uma versão única de si mesma. O experimentalismo tem a ganhar tanto direta quanto indiretamente.

A ideia de contrato relacional. O direito de propriedade unificado permaneceu como a forma exemplar de propriedade e mesmo dos direitos em geral, mesmo que as qualificações à sua ocorrência se multipliquem. Similarmente, a promessa bilateral executória continua a ser a forma padrão de contrato, embora contratos incompletos, relacionais tenham sempre moldado grande parte da vida social, e podem no futuro moldá-la até mais.

O contrato relacional é continuado em vez de exaurido em cumprimento de uma só vez. A relação vale mais que qualquer outra transação; sua sobrevivência confirma sua fecundidade. Acima de tudo, ele incorpora uma troca que permanece apenas parcialmente articulada, o contrário da promessa bilateral executória completamente estipulada, na qual a falha no estabelecimento dos termos importantes dá causa à negação de que o contrato tenha valido algum dia. Porque é incompleto e pouco definido, o contrato relacional requer também maior nível de confiança.

Embora dispensado como periférico, o contrato relacional foi sempre a forma primária de relação contratual. Adquire, porém, novo significado nas vanguardas contemporâneas da produção. Onde quer que a competição cooperativa seja primordial e a alta confiança seja indispensável para apoiar a circulação de pessoas, e de práticas e ideias entre pessoas, especialmente através das fronteiras entre firmas, o contrato relacional e a propriedade desagregada precisam trabalhar junto para modelar as novas práticas cooperativas. Precisam fazê-lo tanto mais quando o trabalho assalariado dá lugar a formas superiores de trabalho livre: autoemprego e cooperação.

Os contratos relacionais adquirem importância central sob uma forma de atividade produtiva como a que agora começa a emergir, em todas as grandes economias do mundo, na sequência da produção em massa. Inovação permanente é seu lema; a atenuação do contraste entre concepção e execução, uma de suas marcas; uma de suas consequências e condições é a supressão de qualquer contraste rígido entre manufatura e serviços, com a manufatura identificando-se a serviços cristalizados, ricos em ideias; a atribuição das partes de um plano de produção a muitos produtores é uma de suas práticas características; e a necessidade de organizar o trabalho em conjunto, a serviço da inovação permanente, sem depender da estrutura hierárquica da firma, é um dos problemas resultantes. Logo, o contrato relacional deve ser um de seus mecanismos favoritos.

A economia de mercado como a conhecemos viceja sobre a capacidade de estranhos confiarem uns nos outros: a universalização de uma quantia módica de confiança. Pareceu ser impossível onde não há confiança e desnecessária onde há alta confiança. A promessa bilateral executória é a expressão jurídica característica desse mundo de acordos respeitosos a distância. O experimentalismo colaborativo das formas superiores, emergentes requer maior confiança. A linguagem contratual que melhor lhe serve é a linguagem do contrato relacional.

É uma coisa para tal estilo de produção florescer em setores avançados relativamente isolados, dos quais a vasta maioria da força de trabalho permanece excluída. Ele penetrar a maior parte da economia é outra coisa. Poderia acontecer apenas por meio da ampliação organizada e sustentada de oportunidade econômica e educacional. Um requisito de tal ampliação seria o desenvolvimento de formas alternativas de providenciar a alocação descentralizada de pretensões sobre recursos de capital, graças ao desmembramento e remodelagem do direito de propriedade unificado. Em tal economia, o contrato relacional e a propriedade desagregada precisariam trabalhar em conjunto. Nossa recompensa seria o aumento da produtividade que resulta de dar braços, olhos e asas à vasta, mas desperdiçada, energia dos homens e mulheres comuns. Seria também incorporar nas rotinas da vida econômica as aspirações de uma sociedade que se recusa a permanecer prisioneira de uma estrutura entrincheirada. Tal sociedade toma a disrupção permanente, no nível micro assim como no macro, como parte do preço da liberdade.

Enquanto isso, no entanto, a reorganização da produção na forma de uma rede descentralizada de relações contratuais entre uma multidão de produtores ameaça sujeitar trabalhadores de todo o mundo à insegurança econômica radical. O que tomamos como o aparato-padrão para proteger e representar o trabalho – o direito da negociação coletiva – tem como premissa a produção em massa: a reunião de uma grande força de trabalho em grandes unidades produtivas, sob a égide de grandes corporações. Essa realidade, que teve seu ápice de meados do século XIX a meados do século XX, foi precedida por muitos séculos em que a produção e o comércio estiveram em larga medida organizados na base de redes descentralizadas de relações contratuais, como o sistema doméstico que Marx descreve no início d'*O Capital*.

Um novo sistema doméstico agora se desenvolve ao redor do mundo, ameaçando trazer insegurança para todos como alternativa à segurança para alguns. Para que o trabalho seja protegido, organizado e representado sob as condições que esse sistema introduz, precisa haver um novo direito, primeiro para suplementar a negociação coletiva, e depois para substituí-la. Tal direito ajudará a assegurar as condições sob as quais a propriedade desagregada e o contrato relacional podem ser usados juntos no desenho de uma economia de mercado democratizada e radicalmente experimentalista.

O par seguinte de ideias jurídicas tem escopo mais amplo, sendo aplicável à totalidade da vida social, não apenas ao contexto de produção e troca. São ideias jurídicas de ordem superior, já que descrevem o cenário mais amplo no qual as ideias de primeira ordem, como a propriedade desagregada e o contrato relacional, podem atingir seu máximo efeito.

A *ideia de uma estrutura revisora de estrutura*. Todas nossas atividades demandam uma moldura bem definida: os arranjos e pressupostos com os quais podemos contar. Chegamos ao entendimento, entretanto, de que nenhuma moldura para toda a sociedade, ou para qualquer parte dela, é boa para tudo ou para sempre. Mais amplamente, precisamos de soluções estruturais na pequena e na grande política, mas temos razões para evitarmos suportar estruturas fixas. A solução a esses enigmas conexos é o desenho de uma estrutura que providencia sua própria correção e deixe de exigir a rendição como preço do engajamento.

Essa ideia poderia permanecer uma abstração filosófica se falhasse em ser corporificada, como precisa para vir a ser significativa, em projetos institucionais expressos em detalhe jurídico. Um dos dois mais importantes desses projetos é uma economia de mercado democratizada, não comprometida com uma única versão de si mesma e hospitaleira a permanente disrupção e inovação. O outro desses projetos é uma democracia aprofundada, de alta energia, que por meio dos conjuntos de inovações institucionais que antes esbocei passe pelo triplo teste de dominar a estrutura, diminuir o poder dos mortos sobre os vivos e diminuir a dependência que a mudança tem em relação à crise.

A *ideia de dotações habilitantes da plasticidade*. A estrutura revisora de estrutura requer como seu protagonista o agente transcendente de contextos. Ele precisa ser destemido e capaz no seu círculo e por si mesmo. Deve ter um interesse protegido: uma herança social – o equivalente contemporâneo aos quarenta acres e uma mula – em uma democracia de cidadãos proprietários e a garantia de um mínimo universal de serviços públicos que constroem pessoas prestados pelo governo e melhorados pelo engajamento da sociedade civil em sua provisão. Deve ter acesso a uma forma de educação, tanto na infância quanto ao longo da vida, que reconheça e desenvolva seus poderes proféticos de resistência a sua circunstância e a seu tempo. Deve estar seguro contra todas as formas de opressão privada ou pública. Todas essas salvaguardas devem ser conferidas de modo que ele possa rebelar-se contra aqueles que lhe deram proteção e desfrutar de uma melhor chance de tomar parte da remodelagem dos arranjos e pressupostos que ele encontrou no comando. Garantias e instrumentos que são universais, destacados de qualquer trabalho ou posição e livremente portáveis são o resíduo prático do discurso de direitos fundamentais.

Tiramos algo da agenda da política de curto prazo e asseguramo-lo tão firmemente quanto possível contra a erosão em meio às oscilações da vida econômica e política, apenas para que então possamos abrir mais amplamente tudo o mais à experimentação incessante. As dotações e imunidades são o lado reverso da plasticidade que elas possibilitam. A humanidade, no indivíduo, no grupo, na nação e na espécie, vira a mesa nas estruturas e ascende a uma forma de vida maior.

O JURISTA COMO SACERDOTE E COMO PROFETA

Os juristas tradicionalmente ocuparam duas posições sacerdotais.

Serviram como sacerdotes de uma força coletiva: a nação ou a tradição jurídica. Nesse primeiro papel sacerdotal, reivindicaram discernir na história do direito um significado moral e político, que seu trabalho tanto revela quanto desenvolve. *Veni creator spiritus*,[10] rezam, não a uma deidade transcendente, mas à voz da razão na história do direito, que eles acreditam ouvir e glosar. Em meio ao que pode parecer uma guerra sem fim nem piedade, oferecem a continuidade de uma presença sacramental: o âmago do propósito maior nos arranjos da sociedade. O sacerdócio implica poderes especiais para mediar entre o sagrado e o profano, entre o espírito e uma realidade de outro modo inanimada.

Os juristas também foram sacerdotes do estado. Nesse segundo posto, seu impulso é representar as regras feitas pelo governo como fragmentos de uma visão. Reverenciam o poder e os que o possuem. Oficiando do altar do império, podem justificar essa piedade como deferência ao procedimento ou às responsabilidades de seu cargo. Alguns estados podem merecer tal deferência mais que outros. Não obstante, a liturgia imperial e as atitudes a ela associadas foram notavelmente constantes ao longo da história do direito e da política, independentemente de quão despótico ou democrático o governo possa haver sido.

---

10   Vinde, espírito criador. [N.]

As premissas dessas duas posições sacerdotais podem parecer em contradição insuperável. Os mesmos juristas, no entanto, regularmente desempenham ambas. Para reconciliar suas duas posições, precisam fazer uma série de reivindicações posteriores, não menos plausíveis que os pressupostos de cada posto separadamente. Precisam, por exemplo, fingir que a ordem superior que professam descobrir na história da tradição que expõem está já largamente lá, aguardando para ser trazida à luz do dia, que não é um artefato que eles mesmos fazem. Precisam ir além para descrever a atividade de criação do direito pelo estado – não sempre e em cada caso, mas ao longo do tempo – como servindo à mesma evolução progressiva e ao mesmo plano espiritual.

Os sacerdotes com dois chapéus podem ter problemas em persuadir mesmo a si mesmos a respeito dessas crenças. De tempos em tempos, em períodos de obscurecimento, podem, como este livro sugere, perder sua fé e manter o emprego.

O pensamento jurídico não precisa condenar a si mesmo a reinventar esses dois cultos para sempre. Os juristas podem simplesmente excomungar a si mesmos e deixar de desempenhar seus papéis sacerdotais.

Vendo nossos interesses e ideais cravados na cruz de nossas instituições e práticas, podem decidir que nenhum dos seus postos sacerdotais faz justiça à promessa dessa crucificação. Podem começar a pensar que o espírito é mais bem servido pelo abandono da pretensão de que ele fala através da história e está em relação íntima com o poder e os poderosos. Podem concluir que o esforço para informar a conversação pública em uma democracia sobre nossos futuros alternativos é mais crível e mais valioso do que a tentativa de impor um esquema particular sobre a sociedade e seu direito, simulando que o esquema já estava lá. Podem preferir que a interpretação profissional do direito no cenário judicial seja conduzida de modo a reconhecer o papel decisivo das finalidades atribuídas e a existência de ganhadores e perdedores na política da criação do direito, enquanto preferem a contradição real à uniformidade fabricada.

Eles não podem completar tal volta sem pagarem um preço. No desempenho de sua tarefa maior de imaginação institucional, não serão mais capazes de reivindicar autoridade exclusiva ou praticar o poder governamental. Perderão seu papel pronto junto com sua prerrogativa sacerdotal, enquanto os canais e meios pelos quais podem melhor falar à cidadania e aos partidos políticos e movimentos sociais estão ainda por ser definidos. Em seu trabalho menor de interpretação autoritativa do direito, à sombra do poder governamental, precisarão renunciar a visões que os encorajem a transformar esse humilde posto em uma pretensa redenção da sociedade de seus erros políticos.

Tendo pago esse preço e virado as costas aos altares em que desempenharam suas funções sacerdotais, terão uma chance para tornarem-se profetas em vez de sacerdotes. No entanto, sob a democracia seu trabalho se tornará profético apenas quando o trabalho de todo mundo assim o for: cada um a seu modo, de acordo com sua circunstância. Uma sociedade capaz de dominar sua própria estrutura é uma sociedade em que poderes proféticos podem ser – devem ser – amplamente disseminados entre homens e mulheres comuns.

Um profeta nunca prevê. Imagina futuro acessível, que vislumbra prefigurado em aspectos da experiência presente. Vê a falha realidade à luz do possível adjacente melhor. Oferece antecipações tangíveis de vida maior. Não precisa de otimismo – atitude passive e contemplativa – porque tem esperança – impulso orientado para a ação.

Juristas podem virar profetas sem deixar de ser juristas.

PARTE II:

O MOVIMENTO DE ESTUDOS CRÍTICOS DO DIREITO (1986)

3

INTRODUÇÃO: A TRADIÇÃO DE MOVIMENTOS ESQUERDISTAS NO PENSAMENTO E NA PRÁTICA JURÍDICA

O movimento de estudos críticos do direito minou as ideias centrais do pensamento jurídico e colocou outra concepção jurídica no lugar. Essa concepção implica uma visão de sociedade e informa uma prática da política.

O que ofereço aqui é mais uma proposta que uma descrição. Mas é proposta que avança ao longo de um dos caminhos abertos por um movimento de ideias que desafiou de modo exemplar limitações desconcertantes, amplamente sentidas, sobre o discernimento teórico e o esforço transformador.

Os antecedentes não eram promissores. O movimento de estudos críticos do direito surgiu de tradições progressistas e esquerdistas no pensamento jurídico moderno. Duas preocupações primordiais marcaram essas tradições.

A primeira preocupação foi a crítica do formalismo e do objetivismo. Por formalismo não quero me referir ao que usualmente se entende que esse termo descreve: a crença na disponibilidade de um método dedutivo ou quase dedutivo capaz de dar soluções determinadas a problemas particulares de escolha no direito. O formalismo nesse contexto é um compromisso com, e logo também uma crença na possibilidade de, um método de justificação jurídica que contrasta com as disputas não limitadas sobre os termos básicos da vida social – disputas variadamente apelidadas de ideológicas, filosóficas ou visionárias. Tais conflitos ficam bem aquém do cânone muito bem guardado de inferência e argumento que o formalista reivindica para a análise jurídicasse formalismo sustenta que propósitos, políticas e princípios impessoais são componentes indispensáveis do raciocínio jurídico. O formalismo no sentido convencional (a busca por um método de dedução a partir de um sistema completo de regras) é meramente o caso-limite, anômalo, dessa teoria do direito.

Uma segunda tese distintivamente formalista é que apenas por meio desse método de análise contido, relativamente apolítico, a doutrina jurídica é possível. A doutrina jurídica ou análise jurídica é uma prática conceitual que combina duas características: a disposição em trabalhar a partir dos materiais institucionalmente definidos de uma dada tradição coletiva e a reivindicação de falar autoritativamente dentro dessa tradição, de elaborá-la internamente de modo que se destina, ao menos em última instância, a influenciar a aplicação do poder governamental. A doutrina pode existir, segundo a visão formalista, devido ao contraste entre a racionalidade mais determinada da análise jurídica e a racionalidade menos determinada dos embates ideológicos.

Essa tese pode ser redefinida como a crença de que a criação do direito, guiada apenas pelos argumentos mais indefinidos e inconclusivos adequados a disputas ideológicas, difere fundamentalmente da aplicação do direito. A criação e a aplicação do direito divergem tanto em como funcionam quanto em como seus resultados podem ser adequadamente justificados. É verdade que a aplicação do direito pode ter um importante elemento criativo. Na política da criação do direito, todavia, o apelo aos princípios e políticas, quando existe, é supostamente mais controverso em seus fundamentos e mais indeterminado em suas implicações do que os correspondentes atributos da análise jurídica. Outras práticas de justificação alegadamente compensam a força e precisão diminuídas do elemento ideal na criação do direito. Assim, decisões legislativas podem ser validadas como resultados de procedimentos que são eles mesmos legítimos porque permitem que todos os grupos de interesse estejam representados e compitam por influência ou, mais ambiciosamente, porque possibilitam que as vontades dos cidadãos contem igualmente na escolha das leis que irão governá-los.

O objetivismo é a crença de que os materiais jurídicos autoritativos – o sistema de leis, casos e ideias jurídicas aceitas – corporificam e sustentam um esquema defensável de associação humana. Mostram, embora sempre imperfeitamente, uma ordem moral inteligível. Alternativamente, revelam os resultados dos constrangimentos práticos sobre a vida social: constrangimentos tais como aqueles da eficiência econômica, os quais, tomados em conjunto com os desejos humanos constantes, têm uma força normativa. O direito não é meramente o produto de lutas de poder contingentes ou de pressões práticas desprovidas de autoridade moral.

O jurista moderno pode querer preservar esse formalismo e evitar pressupostos objetivistas. Pode ficar feliz com a troca da discussão sobre a política de grupos de interesse no ambiente legislativo pelas invocações de propósitos, políticas e princípios impessoais no ambiente judicial ou profissional. Ele está simplesmente errado: o formalismo pressupõe pelo menos um objetivismo qualificado. Pois se os propósitos, políticas e princípios impessoais dos quais dependem todas as versões da tese formalista, fora as mais mecânicas, advêm, como o objetivismo sugere, de uma ordem moral ou prática exibida, ainda que parcial e ambiguamente, pelos próprios materiais jurídicos, de onde mais poderiam vir?

Teriam que ser fornecidos por alguma teoria normativa extrínseca ao direito. Mesmo se tal teoria pudesse ser convincentemente estabelecida em seus próprios fundamentos, seria miraculoso se suas implicações coincidissem com qualquer porção expressiva dos entendimentos doutrinários recebidos. Ao menos seria miraculoso se já não se houvesse assumido a verdade do objetivismo.

Se os resultados dessa teoria exógena falhassem em se sobrepor à maior parte dos entendimentos recebidos do direito, seria necessário rejeitar como erradas amplas áreas do direito e da doutrina jurídica estabelecidos. Haveria então problemas em manter o contraste da doutrina com a profecia ideológica e política, contraste este que representa parte essencial do credo formalista: você se tornaria um praticante da crítica independente dos arranjos estabelecidos e ideias recebidas. Não admira que teóricos comprometidos com o formalismo e a visão convencional da doutrina tenham sempre brigado para manter um resto da tese objetivista. Fizeram-no mesmo a pesado custo para sua reputação entre os juristas ortodoxos e tacanhos que de outra forma constituíam seu principal público.

Outro modo, mais heroico, de dispensar o objetivismo seria repelir a exceção às visões desiludidas da política, centradas nos grupos de interesse, exceção esta implícita nas ideias objetivistas. Essa abolição demandaria transferir para a interpretação dos direitos o mesmo discurso despudorado sobre grupos de interesse que se considera permissível no ambiente legislativo. Assim, se certa lei representasse a vitória dos pastores sobre os pecuaristas, seria aplicada, estrategicamente, para promover os objetivos dos pastores e confirmar a derrota dos pecuaristas. À objeção de que a correlação de forças subjacente à lei é muito difícil de ser mensurada, a resposta poderia ser que essa medida não é mais difícil do que a identificação e o sopesamento de propósitos, políticas e princípios que não têm pontos de apoio seguros na política legislativa. Essa "solução", contudo, escaparia do objetivismo apenas ao desacreditar as pretensões da doutrina e do formalismo. O raciocínio jurídico seria transformado em mera extensão do elemento estratégico do discurso da contenda legislativa. A segurança dos direitos, tão importante para o ideal da legalidade, ficaria refém de cálculos contextuais de efeitos.

O MOVIMENTO DE ESTUDOS CRÍTICOS DO DIREITO:

Se a crítica do formalismo e do objetivismo é o primeiro tema característico dos movimentos progressistas e esquerdistas no pensamento jurídico moderno, o segundo é o uso puramente instrumental da prática jurídica e da doutrina jurídica para promover as aspirações esquerdistas. A conexão entre a crítica cética e a militância estratégica parece tanto negativa quanto esporádica. É negativa porque permanece quase inteiramente limitada à reivindicação de que nada na natureza do direito ou na estrutura conceitual do pensamento jurídico – nem pressupostos objetivistas nem formalistas – precisa permanecer como obstáculo ao avanço das aspirações progressistas. É esporádica porque os objetivos esquerdistas de curto prazo podem ocasionalmente se servir da transmutação de compromissos políticos em necessidades conceituais ilusórias.

Esses temas agora foram reformulados ao serem inseridos em um corpo mais amplo de ideias. Os resultados oferecem novo discernimento sobre as lutas por poder e direito, dentro e fora do direito. Redefinem assim o significado de radicalismo.

4

A CRÍTICA DO PENSAMENTO JURÍDICO

Transformamos a crítica recebida do formalismo e do objetivismo em dois conjuntos de reivindicações mais precisas que vêm a ter uma relação surpreendente. Os dois grupos de ideias críticas afirmam a verdadeira lição do currículo do direito – o que ele vem a ensinar, e não o que os professores de direito dizem que ensinam – sobre a natureza do direito e da doutrina jurídica. Recitar a lição leva a crítica das ideias formalistas e objetivistas a um extremo sem precedentes. Esse próprio extremismo, todavia, permite tirar da crítica elementos de um programa construtivo.

A CRÍTICA DO OBJETIVISMO

Ao refinar o ataque ao objetivismo, reinterpretamos o direito e a doutrina jurídica contemporâneos como dissolução progressiva do projeto dos juristas clássicos do século XIX. Porque tanto o projeto original quanto os signos de sua ruína progressiva permanecem mal-entendidos, a dissolução ainda não foi completa e decisiva. Os juristas do século XIX estavam engajados na busca pela estrutura jurídica intrínseca da democracia e do mercado. A nação americana, no momento licúrgico de sua história, optou por um tipo particular de sociedade: um compromisso com a república democrática e o sistema de mercado como parte necessária daquela república.

O povo poderia haver escolhido algum outro tipo de organização social. Ao escolher esse tipo, ao preferi-lo, por exemplo, à comunidade política aristocrática e corporativista ao velho estilo europeu, também escolheu a estrutura institucional juridicamente definida que vinha junto dele. Essa estrutura forneceu à ciência do direito seu tópico e gerou os propósitos, políticas e princípios aos quais o argumento jurídico pode legitimamente apelar.

Duas ideias tiveram papel central nessa empresa. Uma foi a distinção entre política fundacional, responsável por escolher o tipo social, e política normal, incluindo a legislação ordinária, que opera dentro da moldura estabelecida no momento fundacional. A outra ideia era que a cada tipo de organização social corresponde um regime jurídico distinto, inerente ao tipo.

Muitos podem ser tentados a descartar como implausível e não merecedora de crítica essa concepção de uma lógica de tipos sociais, cada tipo com sua estrutura institucional intrínseca. É preciso lembrar, contudo, que de forma menos explícita e coerente a mesma ideia continua a dominar os termos do debate ideológico e a informar todos os estilos de microeconomia e ciência social, exceto os mais rigorosos. Ela é aparente, por exemplo, na presunção de que precisamos escolher entre economias de mercado e de comando, ou no máximo combinar essas opções institucionais exaustivas e bem definidas em uma "economia mista". A ideia abstrata do mercado como sistema em que uma pluralidade de agentes econômicos barganha por sua própria iniciativa e por sua própria conta torna-se mais ou menos tacitamente identificada com aquelas instituições de mercado que triunfaram na história ocidental. Ademais, o abandono da tese objetivista deixaria o formalismo, e as variedades de doutrina que o formalismo quer defender, sem uma base, ponto ao qual meu argumento em breve retornará. A crítica do objetivismo que empreendemos desafia a ideia de tipos de organização social com uma estrutura jurídica inata, assim como os sucessores dessa ideia, mais sutis, mas ainda poderosos, nas concepções correntes do direito e da doutrina substantiva. Atacamos em mais de uma frente.

Fracassos sucessivos em encontrar uma linguagem jurídica universal da democracia e do mercado sugerem que tal linguagem não exista. Parte crescente da análise doutrinária e da teoria jurídica foi devotada a conter as implicações subversivas dessa descoberta.

A teoria geral do contrato e da propriedade forneceu o domínio central para a tentativa objetivista de revelar o conteúdo jurídico inato do mercado, assim como a teoria dos interesses constitucionais protegidos e das finalidades legítimas da ação estatal foi desenhada para revelar a estrutura jurídica intrínseca de uma república democrática. A execução, no entanto, persistentemente desmentiu a intenção. Conforme o conceito de propriedade se tornou mais geral e incorpóreo, desvaneceu na concepção genérica de direito subjetivo. Essa concepção, por seu turno, provou-se sistematicamente ambígua (descoberta de Hohfeld), se não totalmente vazia.

O contrato, contraparte dinâmica da propriedade, não pôde sair-se melhor. A generalização da teoria contratual revelou, ao lado dos princípios dominantes da liberdade para escolher o parceiro e os termos, os contraprincípios: que a liberdade para contratar não poderia minar os aspectos comunitários da vida social e que trocas grosseiramente injustas não seriam executáveis. Embora os contraprincípios sejam pressionados para o canto, não podem ser completamente expulsos nem sujeitos a um sistema de metaprincípios que pudesse definir, de uma vez por todas, sua relação com os princípios dominantes.

Nas áreas mais contestadas do direito contratual, duas visões diferentes das fontes de obrigação colidem. Uma, que vê os contraprincípios como meras qualificações *ad hoc* aos princípios dominantes, identifica o ato de vontade plenamente articulado e a imposição unilateral de dever pelo estado como as duas fontes exaustivas de obrigação. A outra visão, que trata os contraprincípios como normas possivelmente geradoras de todo o corpo de direito e doutrina, encontra como fonte padrão de obrigação os vínculos apenas parcialmente deliberados de dependência mútua, e redefine as duas fontes convencionais de obrigação como casos-limite, extremos. Qual dessas concepções rivais fornece a real teoria contratual? Qual descreve a estrutura institucional inerente na natureza de um mercado?

O desenvolvimento do direito constitucional e da teoria constitucional ao longo do final do século XIX e durante o século XX conta uma história semelhante sobre a descoberta da indeterminação pela generalização. A descoberta foi diretamente conectada com seu análogo no direito privado. As doutrinas dos interesses constitucionais protegidos e das finalidades legítimas da ação estatal foram os dispositivos comandantes para a definição da estrutura jurídico-institucional intrínseca do esquema da liberdade ordenada. Não poderiam ser tornadas coerentes na forma e precisas nas implicações sem fixar, de modo que a política real da república jamais toleraria, um conjunto particular de acordos entre o governo nacional e grupos organizados. As finalidades legítimas e os interesses protegidos explodiram em demasiadas implicações contraditórias; como a teoria do contrato e da propriedade, forneceram ao final não mais que glosas retrospectivas sobre decisões a que se chegara por fundamentos muito diferentes.

A crítica dessa marca mais específica de objetivismo também pode se desenvolver pela interpretação do direito e da doutrina contemporâneas. O conteúdo atual do direito público e privado não apresenta uma única e inequívoca versão de democracia e mercado. Pelo contrário, contém em forma confusa e não desenvolvida os elementos de diferentes versões. Essas variações de pequena escala, manifestas nas nuances da doutrina contemporânea, sugerem possíveis variações mais amplas.

O resultado convergente dessas duas formas de ataque ao objetivismo – a jurídico-histórica e a jurídico-doutrinária – é desacreditar, de uma vez por todas, a concepção de um sistema de tipos sociais com conteúdo jurídico inato. A própria tentativa de desdobrar essa concepção em detalhe técnico jurídico termina por mostrar sua falsidade. Assim, um quadro de juristas sem qualquer intenção subversiva ajudou a desenvolver descobertas subversivas sobre a indeterminação institucional dos conceitos de democracia e de mercado. Aqueles que oficiam no templo podem se deliciar com o pensamento de que os sacerdotes podem às vezes sobrepujar os profetas.

A CRÍTICA DO FORMALISMO

Abordamos a crítica do formalismo de forma igualmente distintiva. O ponto de partida do nosso argumento é a ideia de que cada ramo da doutrina depende, tácita se não explicitamente, de alguma imagem das formas de associação humana que sejam justas e realistas nas áreas da vida social com a qual lida. Por exemplo, um constitucionalista precisa de uma teoria da república democrática que descreva a relação adequada entre estado e sociedade e os atributos essenciais de organização social e prerrogativa individual que o governo deve proteger, aconteça o que acontecer.

Sem tal visão diretriz, o raciocínio jurídico parece condenado a um jogo de analogias fáceis. Sempre será possível encontrar, retrospectivamente, formas mais ou menos convincentes de fazer um conjunto de distinções, ou falhas em distinguir, parecer crível. Uma experiência comum testemunha essa possibilidade: todo estudante de direito ou jurista esperto teve a sensação inquietante de ser capaz de argumentar muito bem ou muito facilmente em favor de muitas soluções conflitantes. Porque tudo pode ser defendido, nada pode; o traficante de analogias precisa ser parado. Precisa ser possível rejeitar alguns dos entendimentos e decisões recebidos como errôneos, e fazê-lo por apelo a uma teoria normativa de fundo do ramo do direito em questão ou do campo de prática social governado por aquela parte do direito.

Suponha que se possa determinar, em bases limitadas de adequação institucional, quanto do direito um estilo de prática doutrinária pode regularmente rejeitar como errôneo. Com muito pouca rejeição, o jurista não consegue evitar a qualidade suspeita da analogia sem fim. Com rejeição demais, perde sua reivindicação de estar praticando doutrina, em oposição a ideologia, filosofia ou profecia. Para cada patamar dado de poder revisionário, todavia, há uma escolha a ser feita sobre qual porção rejeitar dos entendimentos recebidos em qualquer grande espectro do direito.

Para determinar qual parte da opinião estabelecida sobre o significado e a aplicabilidade de regras jurídicas deve-se rejeitar, é preciso uma teoria de fundo prescritiva da área relevante da prática social, uma teoria que faça pelo ramo do direito em questão aquilo que uma doutrina da república ou do processo político faz pela argumentação constitucional. É aqui que o problema começa. Não importa qual o conteúdo dessa teoria de fundo, se tomada seriamente e levada a suas últimas conclusões ela dificilmente se provará compatível com um amplo leque de entendimentos recebidos.

Mas é justamente tal compatibilidade que parece ser demandada por uma prática doutrinária que se define por contraste à ideologia aberta. Pois seria estranho se os resultados de uma teoria normativa coerente, ricamente desenvolvida, coincidissem com uma grande porção de qualquer grande ramo do direito. Os muitos conflitos de interesse e visão que a criação do direito envolve, travados por inúmeras mentes e vontades trabalhando por propósitos colidentes, teriam que ser o veículo de uma racionalidade moral imanente cuja mensagem pudesse ser articulada por uma única e coerente teoria. As teorias jurídicas dominantes na verdade realizam essa temerária e implausível santificação do existente. O senso comum irrefletido dos juristas ortodoxos tacitamente a pressupõe. Mais frequentemente, a santificação toma a forma de tratar a ordem jurídica como um repositório de propósitos, políticas e princípios inteligíveis, em brusco contraste com a visão padrão, desencantada, da política legislativa.

Esse argumento contra o formalismo pode ser criticado pelo fundamento de que o contraste reivindicado entre o jogo de analogias e o apelo a uma concepção de fundo do justo é insustentável; a analogia é de fora guiada por tal concepção, assim sugeriria a crítica. Mas para que a analogia fosse guiada por tal concepção seria preciso o milagre da harmonia pré-estabelecida entre o conteúdo do direito e as lições de uma teoria coerente do justo. Ou, ainda, poderia ser objetado que no direito tais visões de fundo se beneficiam de um princípio autolimitante, introduzido pelos constrangimentos do contexto institucional.

O MOVIMENTO DE ESTUDOS CRÍTICOS DO DIREITO:

Tal princípio, no entanto, depende ou de um consenso profissional mais ou menos tácito sobre os limites justos dos papéis institucionais ou de uma teoria explícita e justificável dos papéis institucionais. Mesmo se um consenso de tal sorte pudesse reivindicar autoridade, ele simplesmente não existe. A extensão própria do poder revisionário, isto é, do poder de declarar alguma porção da opinião jurídica recebida como errônea, permanece entre os mais controvertidos temas jurídicos, como os debates americanos sobre "ativismo" e "autocontenção" judicial mostram e como a história de todas as tradições jurídicas – as sacras assim como as seculares – demonstra. Uma teoria explícita de papéis institucionais pode fazer sentido e encontrar suporte apenas dentro de uma teoria substantiva da política e da justiça. Voltamos então à implausibilidade inicial de uma ampla convergência de tal teoria com o conteúdo real de qualquer grande ramo do direito.

Havendo reconhecido esse problema com a doutrina, a análise jurídica tenta circunscrevê-lo de muitas formas. Pode, por exemplo, apresentar todo um ramo do direito como expressão de abordagens teóricas subjacentes do tema. Como se pode sugerir, esses modelos implícitos ajustam-se em um esquema coerente ou, ao menos, apontam em direção a uma síntese. Desse modo, parece possível reconciliar o reconhecimento de que a interpretação do direito requer o apelo a uma teoria do justo e da prática social com a incapacidade de mostrar que o conteúdo real do direito e da doutrina em qualquer ramo determinado coincide, ao longo de área significativa do direito, com uma teoria particular. Mas esse recurso meramente empurra o problema para outro patamar. Nenhum extenso corpo de direito de fato coincide com tal plano de ordem superior, assim como nenhum espectro amplo da experiência histórica coincide com as implicações de uma das visões evolucionárias que reivindicam fornecer uma ciência da história. (Que essa comparação conte mais do que como uma fraca semelhança é um ponto ao qual retornarei.) É sempre possível encontrar no direito pistas inconsistentes sobre o espectro de aplicação de cada um dos modelos e, de fato, sobre a identidade dos próprios modelos.

Uma vez que o jurista abandona esses métodos de compensação e contenção, ele recorre a um dispositivo mais bruto e cínico. Meramente impõe sobre suas concepções de fundo, suas teorias do justo e da prática social uma série infinita de ajustes *ad hoc*. A frouxidão das teorias e a dificuldade resultante em distinguir o *ad hoc* do teoricamente demandado tornam esse escape tanto mais fácil.

Emerge a figura característica do jurista moderno, que quer, e precisa, combinar o selo do refinamento teórico, a postura modernista de ver através de tudo, com a posição e a influência do técnico cujos resultados permanecem próximos da principal corrente do consenso profissional e social. Determinado a não perder nada, escolheu ser um *outsider* e um estabelecido ao mesmo tempo. Para atingir tal objetivo, determinou-se a sacrificar o ímpeto de suas ideias. Nós o denunciamos em todo lugar em que o encontramos, e o encontramos em todo lugar.

Mais uma objeção pode ser feita a esse ataque ao formalismo e à prática doutrinária que o formalismo justifica. Segundo tal objeção, o ataque tem sucesso apenas contra as construções sistemáticas dos juristas acadêmicos mais ambiciosos, mas não contra a argumentação específica, orientada a problemas, dos juízes e juristas práticos. É difícil, porém, conceber como tais argumentos poderiam ser válidos, como de fato podem diferir da impostação retórica, a menos que pudessem contar como fragmentos experimentais de uma possível visão coerente de um extenso corpo de direito.

A implicação de nosso ataque ao formalismo é minar a tentativa de resgatar a doutrina por meio desses vários estratagemas. É mostrar que uma prática doutrinária que coloque sua esperança no contraste do raciocínio jurídico com a ideologia, a filosofia e a profecia política termina com uma coleção de apologias improvisadas.

AS CRÍTICAS DO OBJETIVISMO E DO FORMALISMO RELACIONADAS: SEU SIGNIFICADO PARA AS TEORIAS JURÍDICAS ATUAIS

Uma vez que os argumentos contra o objetivismo e o formalismo tenham sido apresentados nessas formas específicas, sua relação recíproca ganha nova e surpreendente clareza. Enquanto o projeto dos juristas do século XIX reteve sua credibilidade, o problema da doutrina não emergiu. O milagre requisitado e prometido pelo objetivismo pôde se realizar: a coincidência da maior parte da doutrina e do direito substantivo com uma teoria coerente, capaz de articulação sistemática e aplicação inflexível.

A única teoria capaz de realizar o milagre teria sido uma que descrevesse a estrutura conceitual e institucional intrínseca ao tipo de organização social e governamental com o qual a nação se comprometeu em seu momento fundacional. Tal teoria não teria precisado ser importada de fora.

Não teria sido apenas o sistema favorito de alguém. Teria traduzido em categorias jurídicas a estrutura permanente da atividade política e econômica normal. Uma vez que o projeto objetivista subjacente à reivindicação de revelar o conteúdo inerente de um tipo de organização social deixou de ser crível, a doutrina em sua forma recebida foi condenada à autossubversão que nossa crítica do formalismo elucidou. Por que a natureza e os defeitos do projeto apareceram apenas gradualmente, assim ocorreu com o permanente desequilíbrio da doutrina.

Essa visão dos defeitos no objetivismo e no formalismo e do vínculo estreito entre os dois conjuntos de ideias e as duas críticas explica nossa abordagem das teorias jurídicas mais influentes e sintomáticas nos Estados Unidos hoje: as escolas da análise econômica do direito e dos direitos e princípios. Cada uma dessas teorias é promovida por um grupo que permanece à margem do alto poder, descrente de ver suas ambições triunfarem por meio da política governamental, e apela a algum mecanismo conceitual desenhado para mostrar que a promoção de seu programa é uma necessidade prática ou moral. A escola do direito e economia lidou principalmente com o direito privado, a escolha dos direitos e princípios está preocupada com o direito público mais do que com o privado. A escola da análise econômica do direito invocou requisitos práticos (com implicações normativas) que supostamente subjazem ao sistema jurídico e a sua história, a escola dos direitos e princípios invocou imperativos morais alegadamente localizados dentro da própria ordem jurídica. A escola da análise econômica do direito serviu principalmente a direita política; a escola dos direitos e princípios, o centro liberal. Ambas as tendências teóricas podem ser mais bem entendidas como esforços para recuperar a posição objetivista e formalista. É como reafirmações do objetivismo e do formalismo que as rejeitamos.

O principal instrumento da escola da análise econômica do direito é o uso equívoco do conceito de mercado. Esses analistas dão livre curso ao próprio erro que a formalização crescente da microeconomia buscou em larga medida evitar: a identificação da ideia abstrata de mercado ou da circunstância abstrata de escolha maximizadora com um determinado regime social e institucional. Como resultado, um aparato analítico que se pretendia, quando rigoroso, livre de pressupostos restritivos sobre o funcionamento da sociedade e subsidiário a uma teoria empírica ou normativa carente de justificação independente é confundido com uma visão particular empírica e normativa. Mais particularmente, a ideia abstrata de mercado é identificada com uma versão específica do mercado, aquela que prevaleceu na maior parte da história moderna da maioria dos países ocidentais, com todos seus pressupostos sociais circundantes, reais ou imaginados. Aquela versão do mercado é tomada como o veículo ungido da eficiência alocativa, purificá-la de suas imperfeições é a melhor forma de possibilitar o crescimento econômico. Tais são os sofismas pelos quais a escola da análise econômica do direito simula descobrir tanto a base real de toda a evolução da ordem jurídica quanto o padrão relevante segundo o qual criticar desvios ocasionais daquela ordem em relação a sua alegada vocação. Dessa fonte supostamente provêm os propósitos e políticas que desempenham e devem desempenhar o papel supremo no raciocínio jurídico.

A escola dos direitos e princípios atinge resultados similares por outros meios. Reivindica discernir nas ideias dominantes dos diferentes ramos do direito, especialmente quando iluminadas por uma elite profissional escrupulosa, benevolente e bem preparada, os signos de uma ordem normativa subjacente. Uma vez que a presença de tal ordem no direito torna-se manifesta, pode servir como base para um sistema de direitos mais ou menos naturais. Dessa vez, a bússola que guia a principal linha da evolução jurídica e informa a crítica de suas aberrações numerosas embora marginais é um conjunto rudemente simplificado de concepções políticas e morais supostamente expressas nos materiais jurídicos autoritativos e suscetíveis de descrição no vocabulário de políticas e princípios.

Não mais capaz de apelar à ideia da estrutura institucional inata de um tipo de organização social, essa escola oscila confusamente entre duas opções, considerando ambas inaceitáveis como base para a teoria jurídica. Uma opção é de que o consenso moral (se ele realmente pudesse ser identificado) tem peso simplesmente porque existe. A visão alternativa é de que os princípios jurídicos dominantes contam como manifestações de uma ordem moral transcendente cujo conteúdo pode ser identificado à parte da história e da substância de um corpo de direito em particular.

A terceira e intermediária posição, à qual a escola se agarra, de que o consenso sobre os princípios recebidos de algum modo sinaliza uma ordem moral que repousa misteriosamente em algo mais que consenso, requer várias manobras intelectuais conexas. Uma é a drástica minimização da medida em que o direito já incorpora conflito sobre as formas desejáveis de associação humana. Outra é a apresentação das ideias jurídicas dominantes como expressões de um discernimento normativo superior, discernimento devidamente contido e corrigido por uma fidelidade que deve ela mesma ser ordenada pela ordem moral. Ainda outra é o desenvolvimento de um método específico para revelar o conteúdo e as implicações dessa ordem: generalize a partir de certas doutrinas e intuições, então hipostasie as generalizações em verdade moral e finalmente use a hipóstase para justificar e corrigir o material original. A ambição de todo esse ilusionismo é mais clara que os meios usados para o atingir. Seu resultado é gerar um sistema de princípios e direitos que se sobrepõe apenas na medida apropriada ao conteúdo positivo do direito. Tal sistema tem a medida adequada de poder revisionário, o grau necessário para provar que não sé é nem um total, logo ineficaz, apologeta, nem um revolucionário irresponsável.

As escolas do direito e economia e dos direitos e princípios fornecem uma versão diluída do empreendimento da ciência jurídica do século XIX. O empenho dos juristas clássicos do século XIX, por seu turno, representou uma versão diluída das doutrinas sociais conservadoras, mais comuns, que precederam a emergência da teoria social moderna. Tais doutrinas pretendiam descobrir uma forma canônica de vida social e personalidade que jamais pudesse ser fundamentalmente refeita e reimaginada, embora pudesse sofrer corrupção e regeneração.

A cada estágio sucessivo da história dessas ideias, a concepção inicial de uma forma natural de sociedade torna-se mais fraca: as categorias, mais abstratas e indeterminadas, os defensores, mais agudamente conscientes do caráter controverso de suas próprias reivindicações. A autoconsciência envenena seus protestos. Ao assistir a essa última volta na história do pensamento jurídico moderno, ninguém poderia ser culpado por evocar, em espírito de esperança, a observação de Novalis de que "estamos próximos de despertar quando sonhamos que sonhamos".

Grande parte dessa história consiste na tentativa de defletir a crítica do formalismo e do objetivismo aceitando alguns de seus pontos, enquanto se salva cada vez menos da visão original. O exemplo singular mais impressionante no pensamento jurídico americano no século XX foi o desenvolvimento de uma teoria do processo jurídico, dos papéis institucionais e do raciocínio jurídico finalístico, como resposta ao realismo jurídico. O pretexto mais crível para esses dribles intermináveis entre confessar e esquivar foi o medo de que, levada ao extremo, a crítica do objetivismo e do formalismo não deixaria nada de pé. Os resultados podem minar qualquer prática de doutrina jurídica, ou mesmo de argumentação normativa em geral.

Assim, compromissos periclitantes e plausíveis foram facilmente confundidos com lucidez teórica. Para muitos de nós, o ponto de virada foi quando decidimos, com o risco de confusão, paralisia e marginalidade, levar o ataque crítico ao ápice. Quando levamos as ideias negativas implacavelmente a suas conclusões finais, fomos recompensados por vê-las se transformarem em pontos de partida para um programa construtivo.

5

DA CRÍTICA À CONSTRUÇÃO

O RESULTADO CONSTRUTIVO DA CRÍTICA DO FORMALISMO: DOUTRINA DESVIACIONISTA

A defesa das formas recebidas de doutrina sempre dependeu de um desafio implícito: ou aceitar o estilo dominante, com sua recusa agressiva da controvérsia sobre os termos básicos da vida social, como a verdadeira forma de doutrina, ou se encontrar reduzido à disputa inconclusiva de visões políticas. Esse dilema é meramente uma de várias contrapartes conceituais à escolha geral: ou se resignar a alguma versão estabelecida de ordem social, ou enfrentar a guerra de todos contra todos. A implicação de nossa crítica do formalismo é colocar o dilema da doutrina de ponta cabeça. É dizer que, se alguma prática conceitual similar àquela que os juristas agora chamam de doutrina pode ser justificada, a classe das atividades doutrinárias legítimas deve ser claramente alargada.

Não precisamos escolher entre rejeitar a doutrina e praticá-la sob o feitio de uma idealização sistematizadora do direito estabelecido. A visão de que o direito existente representa uma aproximação, embora falha e incompleta, a um plano inteligível e defensável de vida social foi o atributo central dos métodos doutrinários ao longo dos últimos vários séculos. Ela caracteriza a abordagem atual do direito, baseada em políticas e princípios, tanto quanto marcou a concepção anterior de um tipo de organização social e econômica com uma forma institucional e um conteúdo jurídico pré-determinados.

Entretanto, nem sempre ela prevaleceu na história do pensamento jurídico. Outros quebraram o feitiço no passado, movidos menos por compromisso transformador do que por realismo e descrença.

Podemos quebrar o feitiço mais decisivamente agora, pelo bem de uma visão transformadora. Podemos remodelar os métodos e pressupostos da doutrina.

Tal revisão da prática doutrinária compartilharia com as formas tradicionais de doutrina uma disposição em tomar os materiais autoritativos existentes como pontos de partir e uma reivindicação de autoridade normativa. Evitaria, porém, a justaposição arbitrária de analogia fácil e teorização truncada que caracteriza os exemplos mais ambiciosos e coerentes de análise jurídica hoje em dia.

Alguns podem se perguntar por que propositores de reconstrução social deveriam estar interessados em preservar a doutrina de todo. Em jogo na defesa de uma prática doutrinária adequadamente expandida está a validade do argumento normativo e programático; ao menos quando tal argumento toma a forma padrão de trabalhar de dentro de uma tradição, e não a forma excepcional de apelar ao discernimento transcendente. Enquanto teorias necessitárias da mudança histórica (a crença de que o conteúdo e a sequência de sistemas sociais refletem imperativos econômicos ou psicológicos inescapáveis) permaneceram persuasivas, visões sobre como a sociedade deveria ser transformada pareciam fora de propósito e supérfluas. A desintegração de tais teorias, que foi o atributo dominante do pensamento social recente, cria uma oportunidade para ideias normativas e programáticas enquanto as priva de um critério de realismo político.

A doutrina expandida ou desviacionista, o gênero de literatura jurídica que nosso movimento começou a desenvolver, pode ser definida por vários traços relacionados. Em uma descrição, seu atributo central é a tentativa de cruzar tanto a fronteira empírica quanto a normativa: as fronteiras que separam a doutrina da teoria social empírica e da argumentação sobre a organização adequada da sociedade, isto é, do conflito ideológico. A doutrina alargada cruza a fronteira normativa ao desenvolver um método que não difere de qualquer modo essencial da forma larga de crítica, justificação e descoberta que marca as disputas ideológicas sobre os arranjos da sociedade.

A doutrina desviacionista move-se ao longo da fronteira empírica de duas formas diferentes. Uma é familiar e direta: explorar as relações de causa e efeito que os juristas assumem dogmaticamente em vez de explicitamente investigar, quando reivindicam interpretar regras e precedentes à luz de propósitos imputados. A interpretação estabelecida de uma regra é frequentemente justificada por uma operação de dois passos: o intérprete primeiro imputa um propósito à regra, como a promoção da coesão familiar, depois decide que entendimento razoável da regra é mais bem calculado para promover esse fim. Caracteristicamente, contudo, ele não faz qualquer esforço sério para fundamentar ou revisar os pressupostos causais tomados como dados no segundo estágio desse procedimento. O dogmatismo causal da análise jurídica é tanto mais notável dado o papel de estrela que nosso entendimento comum da história atribui às consequências não intencionais da ação e à qualidade paradoxal das conexões causais. A outra forma em que o elemento empírico conta é mais sutil e sistemática: ele abre as relações petrificadas entre ideais ou categorias abstratas, como liberdade de contrato ou igualdade política, e as práticas sociais juridicamente reguladas que se supõe que os exemplifiquem. Seu objetivo é mostrar, como verdade sobre a história e a sociedade, que tais abstrações podem receber – e quase invariavelmente receberam – corporificações institucionais alternativas. Cada corporificação dá uma forma diferente a essas ideias.

Segundo uma descrição alternativa, o atributo decisivo da doutrina desviacionista é a recusa em ver o direito como um sistema idealizado. Abordagens sucessivas do pensamento jurídico lutaram para subestimar e diminuir o conflito e a anomalia no direito. A presente representação do direito como um corpo tendente à coerência porque informado por políticas e princípios é simplesmente a mais recente dessas abordagens. A mistificação do direito como um sistema idealizado serviu à usurpação de poder pelos juristas – em detrimento da democracia quando o estado é democrático. Ajudou a conter e inibir, em vez de explorar e excitar, a tensão entre nossos interesses reconhecidos ou nossos ideais professados e as instituições ou práticas que se supõe representá-los. A indisposição em ver o direito sob tal luz idealizadora e sistematizadora foi, contudo, erroneamente dispensada como incompatível com a responsabilidade prática dos juristas, e especialmente dos juízes, de fazerem o melhor do direito.

A disposição em ver cada parte do direito como uma estrutura de soluções dominantes e desviantes, e em mobilizar a contradição a serviço da transformação, conduz a uma compreensão diferente da doutrina. Uma maneira de desenvolver tal compreensão, exemplificada mais tarde neste livro, é traçar em cada parte do direito uma dialética de princípio e contraprincípio e reconhecer em tais desarmonias signos de conflitos mais amplos entre concepções prescritivas de vida social. Nesse exercício, nossa principal preocupação será com o futuro da sociedade, assim como com a realidade atual do direito, e não com cortes, casos e juízes.

Mas nada nessa ruptura com a idealização sistematizadora do direito precisa perturbar os juízes em seu trabalho. Quando o significado é disputado, eles continuarão a ter que encontrá-lo atribuindo propósitos no contexto. Quando o propósito for controverso, precisarão ainda aceitar que nossos argumentos morais e políticos continuam, embora sob limites distintos, em nossos argumentos jurídicos. Todavia, não serão mais capazes de fingir encontrar direcionamento em um sistema idealizado, latente ainda que imperfeita e incompletamente no direito estabelecido. Serão deixados a si mesmos e a seus concidadãos.

Ainda outra descrição da doutrina expandida é pressuposta pelas duas anteriores e torna explícito o que elas têm em comum. O estilo revisado de doutrina compromete-se em integrar na argumentação doutrinária padrão a controvérsia sobre a estrutura justa e praticável de sociedade, sobre como deveriam parecer as relações entre pessoas nas diferentes áreas da atividade social. Nos países ricos do Atlântico Norte de hoje em dia, a visão imaginativa dos modos pelos quais as pessoas podem ter uma vida em comum apela a um ideal particular de democracia para o estado e a cidadania, a uma imagem de comunidade privada no domínio da família e da amizade e a um amálgama de contrato e hierarquia técnica impessoal no reino cotidiano do trabalho e da troca.

Essa visão social ajuda a fazer todo o corpo de direito parecer inteligível e mesmo justificável. Sobretudo, serve para resolver o que de outro modo seria uma indeterminação incorrigível no direito. Assim como as ambiguidades de regras e precedentes requerem recurso a propósitos imputados ou políticas e princípios subjacentes, também as ambiguidades dessas políticas e princípios podem ser evitadas apenas pelo apelo a um esquema de associação de fundo do tipo que acabei de descrever. De fato, as tendências conflitantes dentro do direito constantemente sugerem modos alternativos de vida social. As disputas focadas da doutrina jurídica repetidamente ameaçam escalar em disputas sobre a ordenação da vida social.

Os estilos dominantes de doutrina jurídica frequentemente incluem todos os três níveis de análise: regras e precedentes autoritativos; propósitos, políticas e princípios ideais; e as concepções de associação humana possível e desejável a serem impostas em diferentes áreas da prática social. Cada conjunto de concepções colocou uma versão particular de sociedade no lugar de possibilidades indefinidas de conexão humana. Identificar esse conjunto é ver como materiais controlados pelo poder, suscetíveis a fácil manipulação argumentativa, ganham um semblante de autoridade, necessidade e determinação e assim como o formalismo e o objetivismo parecem plausíveis. É iluminar o mundo mental dentro do qual propósitos, políticas e princípios impessoais fazem sentido e reivindicam autoridade.

A maioria das tradições jurídicas do passado incorporou o patamar final da argumentação jurídica em dependência de uma visão secular ou sagrada da única ordem justa e necessária da vida social. A doutrina jurídica, porém, agora trabalha em contexto social no qual a sociedade foi crescentemente forçada a abrir-se ao conflito transformador. Existe em um contexto cultural em que, em medida sem precedentes, a sociedade é entendida como sendo feita e imaginada em vez de meramente dada. Incorporar o patamar final de análise jurídica nesse novo cenário seria transformar a doutrina jurídica em mais uma arena para continuar a disputa sobre as formas justas e possíveis de vida social.

Os juristas e seus filósofos geralmente quiseram evitar esse resultado. Evitaram-no ao custo de restrições intelectuais severas e arbitrárias cujo efeito último é transformar a doutrina jurídica em um alistamento infinito de truques argumentativos. Por meio de suas tentativas construtivas de imaginar um gênero menos confinado de análise jurídica, o movimento de estudos críticos do direito insistiu em fugir dessa fuga.

A racionalidade que essa versão expandida de doutrina jurídica pode esperar não é outra senão a prática de dar razões nas modalidades cotidianas de controvérsia moral e política. Comece dos conflitos entre os ideais disponíveis de vida social em seu próprio mundo social ou tradição jurídica e suas expressões falhas na sociedade atual. Imagine essas expressões transformadas, ou as transforme de fato, ao menos estendendo um ideal a alguma área da vida social da qual ele fora previamente excluído. Então revise as concepções ideais à luz de suas novas corporificações práticas.

Chame esse processo de desenvolvimento interno. Para se engajar nele autorrefletidamente só é necessário assumir dois pressupostos cruciais: que nenhuma imagem de como as pessoas podem e devem lidar umas com as outras em qualquer parte da sociedade tem autoridade conclusiva e que a correção mútua de ideais abstratos e suas realizações institucionais representa a última esperança para as formas padrão de controvérsia normativa. A fraqueza de tal método é sua dependência de pontos de partida providenciados por uma tradição em particular; sua força é a riqueza de referência a uma história coletiva de ideias e instituições. A doutrina jurídica, corretamente entendida e praticada, é a condução do argumento interno por meio de materiais jurídicos.

O caráter distintivo do desenvolvimento interno torna-se claro quando esse método é comparado ao outro grande recurso do pensamento normativo: discernimento visionário sobre um mundo social reordenado. Tal vislumbre apresenta um plano inteiramente novo de vida coletiva, plano suportado por uma teoria crível de transformação, informado por uma imagem da personalidade e guiado pelo esforço em estender oportunidades de conexão humana. Enquanto o argumento interno começa por explorar conflitos entre ideais dominantes e arranjos estabelecidos, ou entre os próprios ideais, e então pressiona por passos gradativos em direção a formas ainda mais drásticas de reimaginar a sociedade, o vislumbre visionário começa com a figura de um mundo humano reordenado.

O profeta político pode ser entendido e pode persuadir apenas porque os princípios do mundo que invoca podem ser discernidos já em funcionamento nas anomalias do encontro pessoal e da prática social. Nenhum contraste nítido existe entre as modalidades normal e visionária de argumentação, apenas um contínuo de escalada. A prova mais contundente de sua similaridade é que ambos recorrem ao mesmo dispositivo preferencial: tentam apreender os desvios na experiência atual e reimaginá-los transformados, ou tentam transformá-los, como concepções e práticas organizadoras. Uma semelhança no caráter subjaz a essa similaridade de método. Antes de reivindicar acesso à revelação autoritativa ou à intuição privilegiada, todo argumento normativo precisa de alguma forma mais ampla ser interno. Se não interno à conversação entre ideais e instituições dentro de uma tradição em particular, precisa ser interno a uma conversação análoga na escala da história mundial.

Há muitas razões de prudência, relativa adequação ou marcada incapacidade para não levar a argumentação interna muito longe em determinado contexto institucional. Um estado pode mesmo ser mais ou menos deliberadamente configurado para negar a certas atividades transformadoras (incluindo os tipos mais corajosos de desenvolvimento interno) os instrumentos institucionais efetivos. As democracias de baixa energia existentes são estados assim.

Quando perguntados se a doutrina desviacionista pode adequadamente ser usada por juízes, respondemos o seguinte. Não somos nem servos do estado (não ao menos no sentido convencional) nem seus assistentes técnicos. Não temos qualquer interesse em encontrar uma harmonia pré-estabelecida entre compulsões morais e constrangimentos institucionais. Sabemos, ademais, que as visões recebidas sobre adequação institucional servem para pouca coisa, exceto como argumentos contra aqueles que se distanciem demais do consenso profissional. A maior parte do que as cortes de fato fazem – intermediar pequenos acordos contra um pano de fundo de fatos disputados e direitos incontestados, embora vagamente concebidos, e supervisionar a política e os promotores enquanto estes decidem quais membros violentos da subclasse irão prender – dificilmente cabe naquelas concepções de competência institucional.

Duas considerações em contrapeso deveriam guiar uma apreciação dos efeitos limitantes do papel judicial ao uso da doutrina desviacionista. De um lado, há a necessidade de não se buscar nos avanços doutrinários um substituto para conquistas mais tangíveis e amplamente baseadas, e de não se ver a disputa doutrinária como substituto para outras variedades de conflito prático ou imaginativo. De outro, não há qualquer mágica em uma configuração institucional estabelecida: nossas instituições herdadas são desenhadas para evitar atividades que possam, em qualquer esfera, ser capazes de transformá-las. A recusa em santificar os arranjos existentes implica uma disposição em desafiar pelo uso incongruente de papéis institucionais. É improvável que qualquer teoria geral dos papéis institucionais possa vir a se desenvolver partindo de considerações conflitantes como essas. Se pudesse, seu efeito não seria assegurar a compatibilidade geral de teorias autoritativas do justo com o conteúdo atual da ordem jurídica. Portanto, seria inútil para aqueles que houvessem esperado o máximo dela.

Uma prática revisada de análise jurídica, o produto construtivo de nossa crítica do formalismo, resolve o problema da doutrina apenas ao redefinir seus termos. Os procedimentos doutrinários recebidos e as teorias jurídicas que tentam justificá-los buscam um método que garanta tanto exatamente o grau correto de poder revisionário e quanto a reafirmação do contraste entre análise jurídica e conflito ideológico. O resultado concreto dessa busca, todavia, é reduzir todo raciocínio jurídico a um exercício obstinado de sofística, compelido em seus momentos mais sérios e sistemáticos a invocar teorias de fundo do justo e da prática social cujas implicações precisa também conter.

A doutrina desviacionista emprega um método, o desenvolvimento interno, cujo alcance de revisão pode ao final ser limitado apenas por considerações institucionais. Tais considerações não têm qualquer autoridade superior. A doutrina desviacionista não reivindica qualquer status privilegiado capaz de distingui-la claramente da disputa ideológica. Assim, quando perseguida além de certo ponto, deixa de parecer aquilo que agora chamamos de doutrina ou de servir aos propósitos estreitos da argumentação profissional, especialmente quando tal argumentação ocorre no contexto judicial. A cada ponto, no entanto, promete apenas o que pode entregar: sua abordagem mais aberta e contestável da justificação não requer mistura de reivindicações teóricas ousadas com ajustes *ad hoc* salvadores.

Tal reinvenção da doutrina tem um significado mais amplo também. Cada mundo social estabilizado depende, para sua serenidade, da redefinição do poder e do preconceito como direito ou necessidade prática. As lutas mundanas e visionárias sobre a forma da vida social devem ser paradas ou circunscritas e as linhas de trégua, reinterpretadas como versão plausível embora falha de um regime justo.

Normas e doutrinas jurídicas definem os arranjos institucionais básicos da sociedade. Tais arranjos determinam os limites e modelam o conteúdo da atividade econômica ou governamental rotineira. As regras que configuram práticas formativas devem ser interpretadas e elaboradas como expressões de uma ordem normativa mais ou menos coerente, não apenas como uma série desconexa de troféus com os quais as diferentes facções marcam suas vitórias no esforço de alistar o poder governamental a serviço de vantagens privadas. De outro modo, a reafirmação do poder e do preconceito como direito não seria plenamente realizada. A generalidade das regras e a estabilidade dos direitos estariam em perigo permanente. A elaboração interpretativa das normas que governam um mundo social se transformaria em ocasião para começar novamente a luta sobre a estrutura desse mundo.

Nas sociedades com as quais a teoria jurídica contemporânea lida, a organização da vida social foi sujeita a conflito continuado e discernimento cumulativo e, assim, privada de parte de sua auréola de naturalidade e necessidade. O apelo a categorias abstratas de correção jurídica e necessidade técnica torna-se ainda mais importante, e as truncagens demandadas do raciocínio jurídico ou técnico tornam-se mais óbvios e abruptos. O exemplo singular mais importante de tal truncagem na doutrina jurídica e na teoria do direito já foi mencionado: o silêncio sobre os planos divergentes da vida social que são manifestados em corpos conflitantes de regras, políticas e princípios.

A doutrina desviacionista vê sua oportunidade na dependência de cada sociedade em relação a um regime institucional que por sua vez é refém de uma visão do justo. Em um cenário limitado e com instrumentos específicos, a prática da doutrina expandida começa de novo a luta sobre os termos da vida social. É a contraparte jurídico-teórica a uma teoria social que vê possibilidades transformadoras como inerentes aos mecanismos de estabilização social. Tal teoria recusa-se a explicar as formas estabelecidas de sociedade, ou a sequência dessas formas na história, como expressões de imperativos práticos ou psicológicos irresistíveis. A doutrina alargada estende no pensamento jurídico um programa social comprometido a moderar o contraste entre a vida social rotinizada e sua recriação revolucionária ocasional. Quer que algo da qualidade dessa recriação entre na rotina.

O RESULTADO CONSTRUTIVO DA CRÍTICA DO OBJETIVISMO: REDEFININDO AS FORMAS INSTITUCIONAIS DA DEMOCRACIA E DO MERCADO

O produto construtivo de nossa crítica do objetivismo é nos voltar para a busca por formas institucionais alternativas dos ideais institucionais disponíveis, mais especialmente do mercado e da democracia. O meio principal pelo qual perseguimos essa busca é a própria doutrina desviacionista, incluindo a crítica histórica e analítica das concepções jurídicas recebidas. Para seu pleno desenvolvimento, tal busca requer três corpos de ideias animadoras e auxiliares.

O primeiro conjunto de ideias é uma visão crível da mudança social. Sem tal visão, não teríamos padrões para distinguir ideais programáticos mais ou menos realistas. O debate programático voltaria então a seu dilema moderno característico. As propostas que se distanciam nitidamente das realidades existentes acabam por parecer fantasias utópicas que meramente invertem uma realidade social que são imaginam seriamente transformada, as propostas próximas da realidade estabelecida representam ajustes marginais que dificilmente parecem merecer que se lute por eles. A imaginação programática alterna entre dois perigos opostos e complementares de redefinição sem esforço e rendição incondicional.

O segundo grupo de ideias auxiliares é uma concepção do ideal que deve guiar a reconstrução das formas institucionais. Esse ideal pode representar o produto de discernimento visionário responsivo a circunstância histórica particular. Ou pode ser simplesmente tentativa de captar e generalizar o significado de certo processo de desenvolvimento interno.

Uma terceira série de ideias oferece uma concepção da relação adequada entre direito e sociedade. As formas institucionais alternativas, assim como os arranjos que elas substituem, precisam ser desdobradas em categorias jurídicas. Fazê-lo é parte do trabalho da doutrina desviacionista.

OUTRO TEMPO, TAREFA MAIOR

Uma forma de esclarecer a origem e o caráter, senão a justificação, do ideal que inspira nossas ideias institucionais programáticas, é dizer que nosso programa surge da generalização de ambições amplamente compartilhadas pelas grandes doutrinas seculares de emancipação do passado recente – liberalismo e socialismo – e pelas teorias sociais que as suportaram. No coração de cada uma dessas doutrinas reside a crença de que o enfraquecimento das divisões e hierarquias sociais revelaria a atributos comuns profundos e liberaria poderes produtivos e criativos. As consequências teóricas e práticas dessa crença foram drasticamente comprimidas pelos pressupostos dogmáticos sobre as formas possíveis da mudança social e suas possíveis expressões institucionais. Atacamos o segundo conjunto de constrangimentos e assim, por implicação, o primeiro. O resultado é uma versão mais generalizada ou radicalizada do ideal social. Nosso ataque a esses constrangimentos nos levou a repensar o conteúdo da causa progressista.

Há três formas equivalentes de apresentar uma visão dessa causa informada por tais atos de reimaginação. O objetivo, segundo uma primeira interpretação, é um afrouxamento cumulativo da ordem fixada da sociedade, de seu plano de divisão e hierarquia social, de seu esquema imposto de maneiras possíveis e desejáveis de associação humana. O sentido dessa dissolução progressiva é que a cada aspecto da ordem social deva corresponder uma atividade prática ou imaginativa que o torne vulnerável ao conflito e à deliberação coletiva. (A própria doutrina expandida exemplifica tal atividade.) Dessa forma, nenhuma parte do mundo social pode permanecer isolada da luta desestabilizadora.

Uma segunda declaração do ideal que guia a elaboração de formas institucionais alternativas é de que as chances de vida e as experiências de vida do indivíduo devem ser crescentemente libertadas da tirania de categorias sociais abstratas. Uma pessoa não deve permanecer fantoche de sua posição no contraste de classes, sexos e nações. As oportunidades, experiências e valores convencionalmente associados a essas categorias devem ser deliberadamente misturados.

Uma terceira versão equivalente do ideal é de que o contraste entre o que um mundo social incorpora e o que ele exclui, entre rotina e revolução, deve ser desmontado o máximo possível, o poder ativo de reimaginar e refazer a estrutura da vida social deve entrar no caráter da existência cotidiana. Nenhuma das formas sociais e mentais dentro das quais habitualmente nos movemos, nem todas aquelas produzidas na história, descrevem ou determinam exaustivamente nossas capacidades

Roberto Mangabeira Unger | 121

de conexão humana. Nenhuma escapa da qualidade de ser parcial e provisória. Mas esses mundos mentais e sociais, não obstante, diferem na severidade assim como no caráter e conteúdo de sua qualidade limitadora. A busca pelas formas de experiência menos condicionais e confinadoras é a busca por um mundo social que possa melhor fazer justiça a um ser cujo atributo primordial é o poder de superar e revisar, com o tempo, toda estrutura social ou mental em que se move. Essas três versões equivalentes do ideal, afirmado aqui com extrema abstração, podem ajudar a guiar tal revisão. Não obstante, a cada estágio da progressão em direção ao concreto, a transição ao próximo nível permanece aberta e especulativa.

Junto a essa abordagem do ideal social vem uma concepção do direito e de sua relação desejável com a sociedade. Houve um tempo, na Europa pré-revolucionária das comunidades políticas aristocráticas e corporativas, em que as doutrinas mais influentes sustentavam que o direito em geral e a constituição em particular deveriam ser a expressão e a defesa da ordem subjacente de divisão e hierarquia social. O sistema de direitos era concebido para exibir em sua superfície a estrutura bruta da sociedade, como um prédio cuja fachada transcreve seu desenho interno.

A mudança mais importante na história do pensamento jurídico moderno foi provavelmente a virada dessa concepção para a ideia de que a constituição e o direito deveriam marcar o espectro de acordos possíveis entre as pessoas, como proprietários e cidadãos, desconsiderando a posição que os indivíduos ocupassem na sociedade existente. Segundo essa visão, o sistema de direitos emergiria acima da ordem social real. Os direitos seriam claros e efetivos ou se essa ordem não existisse ou se pudesse ser adequadamente domesticada e justificada pelo mero expediente de tratá-la como inexistente para os propósitos da definição dos direitos.

O movimento de estudos críticos do direito comprometeu-se com outra mudança na concepção da relação do direito com a sociedade, potencialmente igual em escopo e importância à transição a direitos indiferentes à classificação e à posição social. O direito e a constituição vêm agora a serem vistos exatamente ao reverso do que pretendia a teoria pré-revolucionária. Tornam-se a negação em vez da reafirmação do plano de divisão e hierarquia social. O objetivo do sistema de direitos, tomado como um todo e em cada uma de suas partes, é servir como contraprograma para a manutenção ou reemergência de qualquer esquema de papéis e classificações sociais que possa se tornar isolado contra o desafio.

Tal contraprograma pode parecer demandar um voluntarismo extremo e quase paradoxal. Considere, porém, os fatores que podem ajudar a transformar esse aparente voluntarismo em discernimento transformador. Primeiro, essa visão meramente leva a sério as pré-concepções da teoria jurídica e política liberal e as conduz a suas conclusões. Pergunta o que seria preciso para a que a própria vida social adquirisse de fato os atributos que em considerável medida a política liberal já possui. Longe de representar uma reversão súbita das experiências da sociedade e do pensamento social, ela trabalha a partir de uma história de discernimento teórico e política prática: o discernimento sobre o caráter de artefato da vida social, a política de destruir a imunidade de estruturas sociais fixas à política. Segundo, uma das bases mais importantes dessa visão da relação do direito com a sociedade é o reconhecimento de que as sociedades se diferenciam na medida em que colocam a si mesmas abertas à autorrevisão. Para ver essa diferença, é suficiente comparar as próprias democracias liberais com as sociedades que as precederam. Terceiro, a visão antagônica da relação do direito com a sociedade não precisa, na verdade não pode, ser aplicada de uma só vez. Serve como ideal regulador capaz de guiar transformações modestas, mas potencialmente cumulativas. As próximas partes do meu argumento podem ajudar a mostrar como esse processo pode acontecer e o que ele significa em maior detalhe.

DE UM IDEAL SOCIAL A UM PROGRAMA INSTITUCIONAL

Revolução política e cultural

O ideal social e a visão da relação do direito com a vida social que acabei de descrever podem ser traduzidos em um programa para a reconstrução da democracia e, mais geralmente, do regime institucional estabelecido. Podem também ser tomados como base de uma visão das relações pessoais transformadas. Começo sugerindo como um programa para reconstruir os arranjos institucionais básicos da sociedade pode ser inferido, por desenvolvimento interno, da crítica das práticas e ideais institucionais existentes, especialmente os ideais e práticas da democracia. Então sigo para traçar esse programa de reforma em três contextos: a organização do governo, a organização da economia e o sistema de direitos.

O MOVIMENTO DE ESTUDOS CRÍTICOS DO DIREITO:

Os interesses últimos em jogo na política são sempre os acordos práticos ou passionais entre pessoas. A ordem institucional limita, quando não ativamente modela, essa textura fina da vida social. Uma visão das relações pessoais transformadas pode servir por sua vez para inspirar a mudança institucional maior.

Essa visão pode ser vista como desenvolvimento do ideal social descrito anteriormente. Ela desdobra o significado desse ideal para as sociedades contemporâneas, especialmente as sociedades ocidentais avançadas. Reciprocamente, podemos considerá-la como uma interpretação da política de relações pessoais que já funciona naquelas sociedades, interpretação corrigida por um ideal social independentemente justificado e pela imagem de personalidade que esse ideal desenvolve. O pano de fundo intelectual imediato da política revolucionária das relações pessoais que observamos são as obras literárias e filosóficas do modernismo do início do século XX, cuja lucidez subversiva sobre a personalidade e a sociedade veio a ser ainda mais amplamente compartilhada no ocidente e ao redor do mundo. A fonte mais profunda dessa política, todavia, reside na consciência da qualidade infinita da personalidade: o poder da personalidade de transcender os mundos imaginativos e sociais limitados em que nos movemos. Essa ideia ganha significado mais tangível e mesmo mais profundo por sua associação com a reordenação tanto das relações pessoais quanto dos arranjos institucionais.

A ambição que guia e unifica a prática cultural-revolucionária que tenho em mente é refazer todas as conexões pessoais diretas, como aquelas entre superiores e subordinados ou entre homens e mulheres, libertando-as de um plano de fundo de hierarquia e divisão social. Tal plano fornece a essas relações um roteiro pré-escrito. Faz as oportunidades de troca prática ou vínculo passional respeitarem os limites impostos por uma ordem de poder estabelecida. Atribui papéis fixos às pessoas segundo a posição que detenham dentro de um conjunto pré-determinado de contrastes sociais ou de gênero.

O programa cultural-revolucionário pode à primeira vista parecer inteiramente negativo. Podemos, não obstante, reapresentá-lo de modo afirmativo. Ele deseja que as oportunidades e experiências disponíveis a diferentes categorias de pessoas sejam mais livremente recombinadas. Tal flexibilidade para recombinar importa tanto como um bem em si mesmo quanto como ocasião para melhorar o caráter da vida social. É suficientemente fácil entender como tal flexibilidade pode responder a preocupações práticas: capacidades produtivas podem se desenvolver conforme as formas de produção e troca se tornem mais independentes de qualquer contexto organizacional ou social rígido. A esperança de melhora também se estende, embora mais obscura e controversamente, ao domínio da comunidade e da paixão. Por exemplo, as pessoas podem ser permitidas ou encorajadas a combinar em um único caráter qualidades que os estereótipos dominantes atribuem separadamente a homens e mulheres.

Na medida em que essa prática cultural-revolucionária permaneça apartada da luta sobre a estrutura institucional da sociedade, ela afunda em autopreocupação desesperada e torna-se responsável por colocar gratificação e negação do comprometimento – com pessoas, instituições ou ideias – no lugar de autotransformação e transcendência. Essa observação nos faz retornar à crítica e reimaginação dos arranjos institucionais.

O programa esboçado aqui pode ser justificado diretamente como consideração do que um ideal social particular e sua imagem correspondente de personalidade requerem em nossa circunstância histórica. Podemos atingir resultados similares aplicando o método da argumentação interna: tomando os ideais disponíveis de democracia e os comparando às instituições existentes que supostamente corporificam aqueles ideais na prática. A convergência dessa linha interna de argumentação com as inferências que podemos fazer diretamente de um ideal de personalidade ou sociedade confirma o paralelismo de desenvolvimento interno e lucidez visionária.

Criticando e reinventando a democracia

As concepções modernas de democracia variam das cínicas às idealistas. No polo idealista está a noção confiante da soberania popular, qualificada em seu próprio interesse pelos requisitos de rotação partidária no poder e capaz de sobreviver intacta à transição da democracia direta à representativa. No polo cínico estão as variedades do ideal democrático que reivindicam se satisfazer com uma competição contínua entre elites, desde que os competidores ocasionalmente tenham que alistar suporte de massa. Todas as versões contemporâneas do ideal democrático, todavia, compartilham um núcleo mínimo: o governo precisa não cair permanentemente refém de uma facção, variando a amplitude com que se possa definir o termo facção, de forma a incluir classes sociais, segmentos da força de trabalho, partidos de opinião ou qualquer outra categoria coletiva estável.

Essa visão minimalista da legitimidade política não faria sentido se a sociedade em que o Estado existe fosse organizada segundo um sistema rígido e pronunciado de divisões e hierarquias sociais que configurasse as chances de vida de cada indivíduo. Ou os grupos dominantes nessas classificações transformariam o estado em seu instrumento relativamente passivo ou o estado, embora aparentemente desfrutando de amplos poderes de criação do direito, viria a ser relativamente marginal em relação à organização real da sociedade. Assim, o padrão minimalista precisa ser estendido para incorporar a demanda por algum enfraquecimento e fragmentação significativos desse plano de domínio e divisão social; essa extensão do padrão permanece não menos significativa por ser vaga. Uma forma de elaborar o argumento interno contra as versões existentes de democracia é julgá-las pelo padrão desse requisito minimalista estendido para o estado e a sociedade.

O argumento é familiar o suficiente e usualmente inclui as seguintes três ideias, que enfatizam o fracasso das democracias existentes em cumprir o requisito minimalista. Primeiro, as formas estabelecidas de organização econômica e política permitem que grupos relativamente pequenos de pessoas controlem os termos básicos da prosperidade coletiva ao fazerem as decisões de investimento cruciais. Por razões a serem exploradas mais tarde, o estilo de arranjos constitucionais torna difícil ganhar o poder governamental em nome de qualquer transformação séria, como o comprometimento em mudar a forma institucional do mercado e o lócus do controle último sobre o ritmo e a direção da acumulação de capital. Ainda, mesmo a mais distante ameaça de reforma pode encontrar a imediata resposta de desinvestimento e fuga de capitais, com sua sequela de crise econômica e impopularidade eleitoral.

Uma segunda crítica enfatiza a importância de grandes áreas da vida organizacional – fábricas, burocracias e escritórios; hospitais e escolas – nas quais as pessoas exercem e sofrem poderes que não estão nem sujeitos a responsabilidade democrática efetiva nem são capazes de serem plenamente justificados pelas duas alternativas mais aparentes à democracia: livre contrato e necessidade técnica. Em grande medida, tais cidadelas de poder privado permanecem isoladas dos riscos do conflito político-partidário: tudo, do estilo de "freios e contrapesos" da organização governamental à falta de visão alternativa crível de como mercados e democracias podem ser organizados, contribui para esse isolamento. Assim, a experiência ordinária de vida social desmente as promessas da cidadania.

Uma terceira crítica, mais estreita, aponta que, de sua posição de relativo isolamento, tais interesses organizados podem corromper a conversação pública sobre o curso futuro da sociedade. Podem fazê-lo, mais obviamente, por sua influência sobre os meios de comunicação e o financiamento da política partidária.

A argumentação contra as formas estabelecidas de democracia pode repousar sobre outro fundamento, que, embora menos familiar do que as críticas que acabam de ser enumeradas, preserva as marcas do argumento interno. A política nas democracias estabelecidas é caracteristicamente obcecada com um pequeno número de opções para a atividade governamental. (O mesmo ponto poderia obviamente ser levantado, ainda mais fortemente, em relação aos países comunistas de hoje.) Tome a ampla área de política macroeconômica como exemplo.

Há vezes em que partidos políticos de esquerda inclinados a reformas chegam ao poder por uma onda de promessas de redistribuir renda e mesmo riqueza. Se esses partidos são ambiciosos e esquerdistas o suficiente, suas plataformas incluem planos para mudar a estrutura institucional do estado e da economia. Tais planos de reforma, todavia, usualmente fracassam antes de serem seriamente testados. As garantias constitucionais à efetiva contenção do poder governamental encorajam protelação, resistência e impasse. Ao mesmo tempo, o medo da redistribuição e da reforma provoca crise econômica por desinvestimento e fuga de capitais.

De todos os lados os pretensos reformadores veem seu apoio eleitoral ser erodido pelas dificuldades de transição que a estrutura institucional agrava, tanto por desenho quanto por efeito não intencional. Voltam-se, em desespero e desencanto, a objetivos de curto prazo de redistribuição modesta e renovados crescimento e estabilidade econômicos. Mesmo esses objetivos os iludem dentro da estrutura dada de atividade governamental e econômica. Antes de terem tido a chance de deixarem uma marca em instituições duradouras, são tirados do poder.

Outro partido, reacionário, chega ao poder prometendo ajudar todo mundo ao acelerar o crescimento econômico. Na sua forma mais ambiciosa, fala de estabelecer ou restaurar a livre concorrência. Mas, por razões a serem mencionadas depois, um salto quântico no grau de descentralização econômica não pode ser reconciliado com economias de escala e outras considerações técnicas sem mudanças drásticas nas bases da descentralização – mudanças as mais distantes das mentes conservadoras. O programa do partido reacionário rapidamente se submete à tese de que se ajuda melhor a todo mundo primeiro ajudando aqueles com capital para investir.

Os investidores, contudo, nunca podem obter o bastante para se comportarem conforme as regras. Conhecem a inconstância da democracia. A maioria deles deixou há muito de ser como os empreendedores inovadores e tomadores de risco da fábula. Meros panfletos não irão mudá-los, nem a ganância assegurará ingenuidade. Porque não viu a desigualdade ser redimida pelos ricos, um eleitorado desorientado e desanimado dispensa os reacionários e dá aos reformadores mais uma chance para fracassarem.

Nessa rodada triste e compulsiva de alternativas de políticas, cada lado antecipa e internaliza a perspectiva de fracasso. Os reformadores não podem decidir entre argumentar pela reorganização da economia e do estado ou se contentar em fortalecer o sistema de bem-estar dentro das formas estabelecidas de organização governamental e econômica. Os reacionários hesitam entre levar a sério seus lemas de livre concorrência e se sujeitarem descaradamente aos ricos. Esperanças políticas passam por deflação cumulativa. A política é viva como uma série de soluções de segunda opção a problemas intratáveis. Os puristas de cada campo podem plausivelmente reivindicar que suas ideias nunca foram experimentadas. Os cínicos podem nos sugerir enfrentar a realidade capitulando ao existente.

À primeira vista, essas opções limitadas e limitantes podem parecer apenas a resultante inevitável de vetores representados pelas forças políticas em contenda. Essas forças impedem umas às outras de realizar sua vontade: as políticas dominantes serão aquelas permitidas por essa resistência mútua. Mas tal explanação não será suficiente. As identidades das facções concorrentes são já moldadas por pressupostos sobre as possibilidades reais que a ordem institucional entrincheirada reforça. Essa mesma ordem também ajuda a gerar o padrão específico de impedimento e frustração que cada facção precisa confrontar. Os pretensos reformadores precisam entender essa estrutura subjacente e concentrar seus esforços na sua reforma por partes.

A qualidade repetitiva da vida política coloca-se em claro conflito com o compromisso visionário de enfraquecer o contraste entre pequenas disputas dentro de uma ordem institucional formadora e as lutas mais amplas acerca dessa ordem. Um mundo social dominado por tais compulsões reduz mesmo seus mais ativos e informados cidadãos à condição de fantoches submissos e inconscientes. A recorrência dos ciclos de reforma também apoia uma linha interna de crítica. Essa argumentação interna requer restituir a ideia de um estado não refém de uma facção com a noção igualmente familiar de uma ordem social cujos atributos básicos são todos direta ou indiretamente escolhidos por iguais cidadãos e titulares de direitos, em vez de impostos por privilégio irresponsável ou tradição cega. Ninguém escolhe as alternativas particulares entre as quais de fato somos levados a escolher, nem podem essas alternativas ser entendidas em seu conteúdo específico como resultado direto do conflito entre as escolhas das pessoas. Aqui está uma sociedade que não pode fazer jus a sua autoimagem essencial.

Para imaginar e estabelecer um estado que pudesse mais verdadeiramente deixar de ser refém de uma facção, em uma sociedade que houvesse mais completamente se livrado de um esquema de fundo de divisão e hierarquia inadequadamente vulneráveis, podemos precisar mudar cada aspecto da ordem institucional existente. Os arranjos transformados podem então sugerir uma revisão do ideal democrático com que havíamos começado. Da ideia de um estado não refém de uma facção, existente em uma sociedade libertada de uma ordem rígida e determinada de divisão e hierarquia, podemos progredir para a concepção de uma estrutura institucional, ela própria autorrevisora, que forneceria constantes ocasiões para romper toda estrutura fixa de poder e coordenação na vida social. Tal estrutura emergente seria rompida antes de ter chance de proteger a si mesma dos riscos do conflito normal.

Uma forma de desenvolver essa concepção de uma democracia empoderada em um conjunto de princípios institucionais mais concretos é definir os obstáculos à sua realização em cada grande domínio da mudança institucional: os arranjos da política democrática, as instituições da economia (ou do mercado) e o regime de direitos. Esse procedimento tem a vantagem de distinguir o programa de um plano atemporal e utópico. Não importa quão radicais os rearranjos propostos possam parecer, representam ajustes de um único estabelecimento institucional e ideológico à luz de ideais sociais professados e interesses de grupo reconhecidos. Os experimentos institucionais, por sua vez, revelam contradições e ambiguidades na forma como esses interesses e ideais são entendidos e fornecem oportunidades para reinterpretá-los.

A organização do governo

Considere primeiro a organização do Governo e o conflito sobre o domínio e os usos do poder governamental. Os dispositivos para restringir o poder governamental podem também levá-lo ao impasse, podem estabelecer, por intenção e desenho, e não por lógica ou necessidade, uma conexão entre o compromisso liberal em fragmentar o poder e o desejo conservador de desacelerar a política. Podem estabelecer uma equivalência irregular entre o alcance transformador de um projeto político e a severidade dos obstáculos constitucionais a sua execução. Um desenho constitucional desse tipo ajuda a formar, e a reforçar uma vez formado, os interesses e preconceitos que se cristalizam em torno de qualquer situação social estabilizada. Como resultado, as lutas da política oficial fracassam em prover ocasiões suficientes para romper mais além a estrutura de fundo de divisão e hierarquia na vida social, e então dão origem aos fatos enfatizados pelas objeções anteriores, internas, às versões estabelecidas de democracia. Ainda, e este é o coração do problema, cada tentativa de revisar os arranjos institucionais que exercem essa influência preservadora da estrutura parece minar as limitações ao poder governamental que asseguram a liberdade. Uma resolução bem-sucedida desse dilema precisa providenciar meios para restringir o estado sem efetivamente furtar a política de seu potencial transformador.

Tal resolução pode incluir os seguintes elementos. Primeiro, os órgãos de estado deveriam ser multiplicados. A cada atributo crucial da ordem social deveria corresponder alguma forma ou arena de conflito, potencialmente desestabilizador e amplamente apoiado, sobre os usos do poder estatal. A organização do governo e do conflito sobre o poder governamental deve prover um ambiente institucional adequado para cada grande atividade prática ou imaginativa de transformação. (Relembre, por exemplo, aquelas variedades mais ambiciosas de injunção, proporcionadas hoje pelo direito americano, que envolvem disrupções ou reconstruções em larga escala de instituições existentes. Tal instrumento não deveria cair em descrédito porque falha em caber nos contextos judicial ou legislativo no estado contemporâneo.) Diferentes poderes de estado poderiam ser desenhados para serem responsivos à soberania popular e à rivalidade político-partidária de diferentes modos.

Segundo, os conflitos entre esses poderes de estado mais numerosos deveriam ser estabelecidos por princípios de prioridade entre os poderes e de devolução ao eleitorado. Esses princípios precisam resolver impasses de modo claro e rápido. Deveriam substituir os múltiplos dispositivos de distanciamento e dispersão (incluindo o foco tradicional em "freios e contrapesos") que buscam restringir o poder pela deliberada perpetuação do impasse.

Terceiro, o centro programático de governo, o partido no poder, deveria ter uma chance real de experimentar seus programas. Que uma preocupação constitucional com a inovação decisiva não precise deixar o poder estatal sem controle nem ferir os direitos vitais da oposição é algo mostrado pela experiência de muitas constituições europeias desde a Primeira Guerra Mundial. O significado desse programa de reforma governamental de três pontos torna-se claro quando visto contra o duplo plano de fundo de uma ordem econômica que democratize a economia de mercado e de um regime de direitos que fortaleça o indivíduo sem enrijecer a sociedade.

A organização da economia

A forma institucional prevalente do mercado nos países ocidentais ricos funciona pela atribuição de pretensões mais ou menos absolutas a porções divisíveis do capital social, pretensões que podem ser transmitidas em sucessão temporal ininterrupta, inclusive por herança. Em medida significativa, certos mercados são organizados por empresas de larga escala rodeadas por uma abundância de empreendimentos menores. Permite-se que trabalhadores se sindicalizem. Tanto a segmentação da economia em empresas grandes e pequenas quanto o abrandamento da confrontação entre capital e trabalho por meio de acordos públicos e privados ajudaram a fragmentar a força de trabalho. Os trabalhadores foram divididos em grupos entrincheirados em posições relativamente fixas na divisão de trabalho, amplamente díspares em seu acesso às vantagens da auto-organização coletiva. Essa forma de manter uma ordem de mercado cria para o programa da democracia empoderada tanto problemas de liberdade quanto problemas de conveniência econômica.

Ameaça à liberdade democrática em pequena e grande escala. Em pequena escala, por dar aos ocupantes de algumas posições sociais fixas o poder de reduzir à dependência os ocupantes de outras posições sociais. Direitos contratuais individuais ou coletivos não podem plenamente contrabalançar essa dependência, imperativos práticos de eficiência organizacional não podem plenamente justificá-la. A ordem econômica estabelecida também coloca uma ameaça de grande escala à democracia. Faz isso ao permitir que grupos relativamente pequenos, no controle de decisões de investimento, tenham intervenção definitiva sobre as condições de prosperidade ou empobrecimento coletivo.

Ao mesmo tempo em que coloca em perigo a liberdade, a forma dominante de organização do mercado contém o progresso econômico por meio de uma série de efeitos superpostos. Esses efeitos mostram como a ordem de mercado existente funciona como peso morto para a engenhosidade prática e o progresso econômico, por subordinar as oportunidades para a inovação ao interesse do privilégio e por trabalhar contra a plasticidade, o segredo do sucesso mundano.

A primeira dessas consequências prejudiciais do sistema de mercado estabelecido é o constrangimento que ele impõe ao grau absoluto de descentralização na economia. Por um lado, dentro dessa versão institucional do mercado qualquer tentativa de decompor empresas de larga escala parece sacrificar economias de escala indispensáveis. Por outro, uma grande descentralização da indústria implicaria uma fragmentação de capital que resultaria em alteração decisiva do poder relativo do capital e do trabalho. Não admira que o programa de promover "livre concorrência" pareça uma aventura romântica, invocada mais frequentemente que nunca como disfarce para acordos favorecidos entre o governo e o grande negócio.

Uma segunda consequência é desencorajar a experimentação econômica: em particular, esforços para recombinar e renovar não apenas fatores de produção, mas também os componentes do contexto institucional de produção e troca. O estilo de ordem de mercado torna as iniciativas para a revisão desse contexto esmagadoramente dependentes dos interesses faccionais daqueles que, em nome da norma da propriedade e de requisitos técnicos impessoais, assumem a liderança na organização do trabalho e na supervisão da acumulação econômica.

Uma forma sutil em que o privilégio desencoraja a experimentação é a manutenção de uma série de condições institucionais que ajudam a estabelecer um contraste relativamente claro entre o modo como o trabalho tende a ser organizado na vertente principal da indústria (assim como da administração e da defesa) e em sua vanguarda experimental. Na vertente principal, prevalece um contraste marcado entre atividades de definição e de execução. Seus correlatos industriais específicos são processos de produção rígidos, máquinas específicas de produtos e produção em massa, tudo dependente de enormes investimentos de capital e de mercados de produtos, de consumo e financeiros relativamente estáveis. Na vanguarda da indústria, da administração e da defesa, esse contraste dá lugar a uma interação mais contínua entre atividades de definição e de execução, em clima que favorece a flexibilidade nas formas, instrumentos e resultados do trabalho.

A forma atual da economia de mercado pode inibir a disseminação das formas mais avançadas de produção. Pode fazê-lo ao estabelecer condições que permitem que as firmas se refugiem contra as forças de mercado. Proeminentes entre essas condições são os dispositivos que permitem à empresa inflexível e custosa proteger-se contra a instabilidade nos mercados financeiros (por exemplo, gerando seus próprios fundos de investimento internos) ou nos mercados de consumo e de trabalho (por exemplo, apoiando-se em trabalhadores temporários, menos privilegiados, ou em empresas-satélite, para a parte da produção que responde a uma margem instável na demanda).

Visto em seu contexto social, o sistema de mercado estabelecido causa ainda outro mal ao desenvolvimento das capacidades produtivas: ele mina as condições para uma política macroeconômica orientada para o crescimento. Uma estratégia de crescimento econômico pode ser realizada por meio de muitas e diferentes distribuições de recompensas e fardos, fixadas na forma de diferenciados salários, tributos e subsídios diretos ou dissimulados. Qualquer política coerente e efetiva requer amplo consenso sobre tal distribuição ou o poder de definir dada distribuição na falta de consenso. A política macroeconômica encontra-se repetidamente capturada entre duas forças que ela não pode conciliar: a capacidade relativa de diferentes segmentos dos negócios e do trabalho para controlar ou perturbar a produção e o poder desigual de grupos de exercerem pressão, fora da economia, por meio de votos, propaganda ou mesmo agitação social. Há duas hierarquias divergentes de influência organizacional. Os perdedores em um teatro, seja o político, seja o econômico, podem contra-atacar no outro. Nenhum acordo distributivo pode respeitar ambas as correlações de força igualmente. Qualquer acordo distributivo pode ser minado, econômica ou politicamente conforme o caso, por suas vítimas economicamente poderosas ou politicamente influentes.

Um desenho institucional da economia de mercado que lide com esses múltiplos perigos à liberdade e à prosperidade não deve reduzir a descentralização econômica à mera atribuição de pretensões absolutas a porções divisíveis do capital social em um contexto de grandes disparidades de escala, influência e vantagem. Um princípio alternativo conformador dos objetivos da democracia empoderada, de sua organização constitucional e de seu sistema de direitos pode ser representado como uma ideia econômica ou jurídica.

O princípio econômico central seria o estabelecimento de um fundo rotativo de capital. O capital seria temporariamente disponibilizado a times de trabalhadores ou técnicos sob condições gerais fixadas pelas agências centrais do governo. Tais condições podem, por exemplo, definir limites exteriores a disparidades de renda ou autoridade dentro das firmas, à acumulação de capital e à distribuição de lucros como renda. As taxas de juros cobradas pelo uso do capital em diferentes setores da economia constituiriam a fonte básica das finanças governamentais e as diferenças entre essas taxas, o meio principal pelo qual encorajar investimento orientado a risco ou socialmente responsivo. O fundo seria administrado para manter um fluxo constante de novos entrantes nos mercados. Empresas não seriam autorizadas a consolidar posições organizadoras de mercados ou a fazer uso de dispositivos que lhes permitissem hoje se isolarem contra instabilidades de mercado. Recompensas a determinados indivíduos e times seriam distinguidas da expansão imperial das organizações a que eles temporariamente pertencem.

Tal sistema pode ambicionar tornar-se tanto mais descentralizado quanto mais plástico do que a ordem de mercado existente. As provisões institucionais para a produção e troca descentralizadas seriam mais abertas à remodelagem experimental, iniciada seja pelo governo, seja pelos agentes econômicos, do que são agora. No entanto, o objetivo não seria substituir um plano pelo outro: seria moldar uma economia de mercado que deixasse de ser comprometida a uma única versão de si mesma. Regimes alternativos de propriedade privada e social – e as abordagens contratuais a eles complementares – começariam a coexistir experimentalmente dentro da mesma economia.

As instituições econômicas são hoje fixadas por um sistema de pretensões jurídicas e relações de poder de fato que os governos parecem capazes de mudar apenas marginalmente e que o preconceito comum dogmaticamente identifica com a natureza inerente de uma economia de mercado. Um dos previsíveis pontos de discordância no sistema reformado pode ser a extensão em que o espectro de variação permissível nas formas institucionais de produção e troca deve ser ampliado, na economia como um todo ou em setores particulares, para o bem da experimentação e da inovação.

A contraparte jurídica ao fundo rotativo de capital é a desagregação do direito unificado de propriedade. Como qualquer jurista de *civil law* ou *common law* deveria saber desde o começo, o que chamamos de propriedade é meramente uma coleção de faculdades heterogêneas. Esses poderes podem ser desmembrados e atribuídos a entidades diferentes. Assim, sob o sistema de mercado revisado, alguns dos poderes que agora constituem a propriedade podem ser atribuídos a agências democráticas que definam os termos da tomada de capital. Outros poderiam ser exercidos pelos próprios tomadores de capital.

O regime de direitos

Ao lado da organização do governo e da economia, o regime de direitos constitui ainda outro domínio para a reconstrução institucional. Em sua forma atual, esse regime causa dois problemas principais ao programa da democracia empoderada. Salvaguardas individuais repousam sobre dois suportes: o sistema de direitos de propriedade, que ameaça reduzir alguns indivíduos à dependência direta de outros, e o conjunto de direitos civis e políticos e de pretensões de bem-estar, que não representa tal ameaça. Ainda, qualquer ordem econômica alternativa parece agravar o perigo à liberdade – problema que pode ser efetivamente enfrentado apenas por propostas programáticas ricas em detalhamento jurídico. Não podemos esperar resolver isso por meio de uma colisão de abstrações privadas de conteúdo institucional. O conteúdo precisa existir como direito.

A ordem estabelecida dos direitos apresenta outro obstáculo, menos familiar, às ambições deste programa institucional: a falta de princípios e prerrogativas jurídicos capazes de informar a vida comunitária, entendida como as arenas da existência social em que as pessoas estão em relações de vulnerabilidade mútua intensificada e responsabilidade recíproca.

Por um lado, nossa concepção dominante de direito subjetivo imagina um direito como uma zona de discricionariedade do titular, uma região cujas fronteiras são mais ou menos rigidamente fixadas no momento da definição inicial do direito. O direito é uma arma carregada que o titular pode disparar conforme sua vontade em seu canto da cidade. Fora desse canto, outro atirador licenciado pode abatê-lo. Mas o dar-e-receber da vida comunitária e sua preocupação característica com o efeito real de cada decisão sobre a outra pessoa são incompatíveis com essa visão do direito subjetivo e assim, se essa é a única visão possível, com qualquer regime de direitos.

Por outro lado, os juristas ainda acreditam que as obrigações surgem primariamente ou de atos de vontade perfeitos (como o contrato executório bilateral totalmente formalizado) ou da imposição unilateral de um dever pelo estado. Embora um corpo extenso e crescente de direitos e ideias jurídicas reconheça, sob nomes como confiança legítima,[11] relacionamentos juridicamente protegidos que não se enquadram nessas duas categorias, tais relacionamentos permanecem anômalos do ponto de vista de nosso pensamento sobre as fontes de obrigação. A maioria de nossas obrigações morais recíprocas reconhecidas, e especialmente aquelas que caracterizam comunidades, surgem de relações de interdependência apenas parcialmente articuladas pela vontade e apenas obliquamente influenciadas pelo governo. Dentro dessa experiência moral normal, as duas grandes fontes de obrigação jurídica representam casos-limite, excepcionais.

---

11   No original: *reliance interest*. [N.]

O MOVIMENTO DE ESTUDOS CRÍTICOS DO DIREITO:

Pode não parecer evidente à primeira vista como o problema dos direitos e da comunidade se conectam com o programa da democracia empoderada ou com o problema da imunidade e da dominação. Lembre que essas propostas para reconstrução institucional importam não apenas por si mesmas, mas também por encorajarem uma mudança no caráter das relações pessoais diretas e, sobretudo, nas formas disponíveis de comunidade. Este é o outro elemento na tradução do ideal social em prática social: o elemento caracterizado antes como emancipação cumulativa das relações pessoais em relação aos constrangimentos de um plano de fundo de divisão e hierarquia social. Ele busca uma recombinação das qualidades e experiências associadas a diferentes papéis sociais. Expressa um ideal de comunidade não mais reduzido a representar uma contraimagem da qualidade de vida social como agora vivenciada.

Tais modos reformados de experiência comunitária precisam ser pensados em categorias jurídicas e protegidos por direitos. Não conceder suporte institucional a essas formas reconstruídas de solidariedade e subjetividade seria abandoná-las a formas entrincheiradas de conexão humana em guerra com nossos ideais. Ideias recebidas sobre a natureza dos direitos e as fontes de obrigação não podem facilmente informar mesmo as variedades existentes de experiência comunitária, muito menos aquelas a que aspiramos.

A questão dos direitos e da comunidade considera apenas a forma das regras e prerrogativas. O problema da imunidade e da dominação refere-se aos efeitos sociais de um direito em particular: a propriedade unificada ou consolidada, a pretensão absoluta a uma porção divisível do capital social. Como, então, esses problemas se relacionam? No alto classicismo do pensamento jurídico do século XIX, a propriedade era o direito exemplar. O direito unificado de propriedade havia de ser uma zona de discricionariedade quase absoluta. Nessa área, o titular podia evitar qualquer embaraço em reivindicações de responsabilidade perante os outros.

Todos os direitos vieram a ser entendidos segundo o modelo dessa concepção de propriedade. Como foco da ambição mundana, a propriedade teve importância prática óbvia dentro do sistema de categorias jurídicas. Ademais, o compromisso em isolar arranjos econômicos básicos diante da política democrática fez os juristas quererem ver nessa forma de propriedade em particular a natureza inerente dos direitos, e não apenas um caso especial que demandava uma proteção especial. A teoria do direito dominante foi mobilizada em apoio; a propriedade parecia exemplificar com clareza incomparável o atributo dos direitos que importava mais ao objetivista do século XIX: a tentativa de inferir o conteúdo dos direitos da concepção de certo tipo de sociedade, como se cada tipo tivesse uma arquitetura institucional pré-determinada. Conforme essa versão de objetivismo perdeu sua autoridade, uma licença diferente, mais ambígua, para extrapolar atributos da propriedade em direção aos outros direitos começou a tomar seu lugar: a descoberta da arbitrariedade econômica e analítica de qualquer distinção firme entre direitos sobre recursos materiais e outros direitos. Assim, a falta de categorias e princípios jurídicos adequados à vida comunitária acaba por ser tanto o subproduto surpreendente da forma jurídica dada ao mercado quanto a consequência de uma incapacidade de assimilar as variedades existentes de comunidade à visão dominante de sociedade.

Para lidar efetivamente com essas duas preocupações sobrepostas, o problema da imunidade e da dominação e o problema dos direitos e da comunidade, o direito pode ter que distinguir quatro tipos de direitos. O conceito de direito subjetivo é subsidiário àquele de um regime de direitos. Um regime de direitos descreve as posições relativas de indivíduos ou grupos dentro de um conjunto juridicamente definido de arranjos institucionais. Tais arranjos devem ser básicos e abrangentes o suficiente para definir um mundo social que encoraje certas relações instrumentais ou passionais entre pessoas e desfavoreça outras.

Um tipo de direito dá ao indivíduo uma zona de discricionariedade incontrolada que outros, seja cidadãos privados, seja autoridades governamentais, não devem invadir. Mas não devemos confundir a espécie com o gênero, nem afirmar que entendemos mesmo essa espécie de direito, até que tenhamos esclarecido o cenário institucional de sua operação. Totalmente desenvolvido, o regime de direitos aqui descrito e justificado pressuporia e seria pressuposto pelos princípios de organização governamental e econômica antes esboçados. Os quatro tipos de direito subjetivo que constituem esse regime teriam diferentes sentidos, a tirania da propriedade unificada sobre nosso pensamento sobre prerrogativas seria afinal derrubada. Todas essas categorias de direito, não obstante, compartilham certas características. Cada uma estabelece um estilo distinto de conexão humana que contribui para um esquema de autogoverno coletivo e resiste à influência da divisão e hierarquia sociais.

A primeira categoria consiste em direitos de imunidade. Eles estabelecem uma reivindicação de segurança quase absoluta do indivíduo contra o estado, outras organizações e outros indivíduos. Na medida em que compatíveis com os riscos da política, eles constituem o ponto fixo, arquimediano, dessa ordem. Como direitos políticos e civis (organização, expressão e participação), como prerrogativas de bem-estar, como opções de retirada funcional ou mesmo territorial da ordem social estabelecida, eles dão ao indivíduo o sentido fundamental de segurança que lhe permite aceitar uma prática ampliada de conflito coletivo sem perigo a sua segurança vital. Direitos de imunidade na democracia empoderada diferenciam-se das salvaguardas individuais atuais pelo maior escopo das dotações e proteções que eles conferem. Diferenciam-se, também, por evitar garantias de segurança que, como a propriedade consolidada, ajudam a defender ordens de poder contra a política democrática. Como forma de dar garantia às pessoas, o direito de imunidade está em relação ao direito de propriedade como o direito de propriedade está em relação ao sistema de castas.

Direitos de desestabilização compõem uma segunda classe de prerrogativas. Representam pretensões de romper com instituições e formas de prática social estabelecidas que tenham se tornado isoladas contra o desafio e encorajadas ao entrincheiramento da hierarquia e divisão sociais. Mais tarde os discutirei em detalhe como a parte mais nova e enigmática de um regime alternativo de direitos.

Direitos de mercado constituem uma terceira espécie de prerrogativa. Providenciam pretensões condicionais e provisórias a porções divisíveis de capital social. A economia de mercado não mais estaria presa a uma única versão de si mesma. Os agentes econômicos seriam capazes de transacionar sob diferentes regimes de contrato e propriedade, alguns mais adequados a certos usos e setores que outros, mas nenhum entrincheirado como a expressão jurídica exclusiva da economia de mercado. Formas condicionais, temporárias e fragmentárias de propriedade – derivativos do direito unificado de propriedade – deixariam de ser tratadas como anomalias marginais. A propriedade unificada deixaria de ser o modelo de direito subjetivo. Barganhas não plenamente articuladas, no contexto de relações continuadas, adquiririam a importância que mesmo a realidade econômica e social atual lhes dá. A promessa bilateral plenamente articulada consequentemente perderia a posição central que continua a ocupar no direito e na doutrina contratual. Mais amplamente, a arquitetura dos direitos de mercado seria fiel ao ideal de uma economia de mercado organizada para facilitar a reinvenção permanente de seus próprios arranjos – de baixo para cima, por iniciativas de agentes econômicos e sociais, assim como de cima para baixo, pelo debate e pela criação democrática do direito.

Direitos de solidariedade compõem uma quarta categoria: as prerrogativas jurídicas da vida comunitária. Direitos de solidariedade dão força jurídica a muitas das expectativas que surgem das relações de vulnerabilidade e confiança mútua não plenamente articuladas pela vontade nem unilateralmente erigidas pelo estado. Cada direito de solidariedade tem um curso de dois estágios. O momento inicial do direito é a definição incompleta que incorpora *standards* de lealdade ou responsabilidade de boa-fé. O segundo momento é a definição completa pela qual os próprios titulares (ou os juízes, se os titulares fracassarem) estabelecem em contexto as fronteiras concretas para o exercício do direito de acordo com o efeito real que o exercício discutido provavelmente deve ter sobre as partes da relação.

Ideais transformadores e realismo político

Seria um erro supor que precisamos executar esse programa para o governo, a economia e o regime de direitos de modo completo ou abandoná-lo de todo. Embora suas várias partes pressuponham e reforcem umas às outras, podem também ser realizadas em passos pequenos, cumulativos, desde que os avanços em uma área de reconstrução institucional ganhem sustentação em movimentos paralelos em outras áreas. Tais passos podem começar com reajustes aparentemente modestos dos arranjos estabelecidos. O regime de direitos proposto pode servir para orientar o desenvolvimento de corpos concretos de regras e doutrinas em cada área do direito caracterizada por ambiguidade, controvérsia e crescimento: pode tornar-se parte do elemento diretor de nossa prática de doutrina desviacionista.

Este programa de reconstrução institucional representa, entre outras coisas, uma tentativa de quebrar o estrangulamento de uma falsa antítese que dominou o pensamento político desde o final do século XVIII: a oposição entre uma imagem teorizada, de forma idealizada ou depreciativa, das democracias existentes e uma contraimagem da comunidade republicana. Em uma versão típica e famosa desse contraste, Benjamin Constant distinguiu a república antiga da moderna. Na república antiga, toda a cidadania possuía uma experiência ativa de autonomia, devoção ao bem comum e vida no palco da história, mas correspondentemente poucas oportunidades para o prazer privado ou o desenvolvimento da subjetividade. Na república moderna, a subjetividade e o divertimento florescem, ao custo do encolhimento do espaço público.

O MOVIMENTO DE ESTUDOS CRÍTICOS DO DIREITO:

A oposição é uma fraude. A figura apresentada em contraste com as democracias existentes, ajuste-se ou não à descrição de alguma sociedade real do passado, é sua autoimagem invertida, o receptáculo de tudo que parece faltar na vida social contemporânea e uma confissão de fracasso prático e imaginativo. Porque a república comunitária idealizada não pode emergir dos arranjos políticos atuais como produto de qualquer sequência plausível de reformas práticas e ajustes conceituais, ela confirma o poder da ordem estabelecida no próprio ato de pretender negá-la.

O programa que descrevi não é apenas outra variante da república mítica iliberal, muito menos alguma síntese preóstera das democracias estabelecidas com seu oposto imaginário. Em vez disso, corresponde a um superliberalismo. Leva as premissas liberais sobre o estado e a sociedade, sobre a liberdade da dependência e o governo das relações sociais pela vontade ao ponto em que elas se fundem a uma ambição mais ampla: a construção de um mundo social menos alheio a uma personalidade que pode sempre violar as regras geradoras de seus próprios construtos mentais ou sociais, e colocar outras regras e outros construtos em seu lugar.

Uma forma menos controversa de definir o superliberalismo do programa é dizer que ele representa um esforço em fazer a vida social assemelhar-se mais de perto ao que a política (estreita e tradicionalmente definida) largamente já se parece nas democracias liberais: uma série de conflitos e acordos entre grupos mais ou menos transitórios e fragmentados. Esses grupos constituem partidos de opinião, pelo que quero me referir não apenas aos partidos políticos em sentido estrito, mas também a quem quer que possa se amalgamar em torno da defesa de um interesse ou causa que deseja ver promovido pela afirmação ou retirada de poder governamental. Tal experiência coloca-se em contraste com um modo de organização social que prende pessoas em posições fixas em uma divisão de trabalho rígida e hierárquica. Para refazer a vida social à imagem da política liberal é necessário, entre outras coisas, mudar a concepção e a prática liberal da política. Uma das tarefas de um programa progressista é mostrar como essa mudança pode ser feita.

Roberto Mangabeira Unger

6

DOIS MODELOS DE DOUTRINA

DE UM PROGRAMA INSTITUCIONAL A UM EXEMPLO DOUTRINÁRIO: PROTEÇÃO IGUAL E DIREITOS DE DESESTABILIZAÇÃO

Meu argumento agora se volta a uma área particular do programa institucional: os direitos de desestabilização e suas contrapartes limitadas na teoria e doutrina atual. Esse foco permite-me desenvolver em maior detalhe ilustrativo a parte mais obscura e original do regime proposto de direitos e a que melhor revela as intenções dominantes de todo o programa. A análise também serve como o primeiro de dois exemplos de doutrina desviacionista em funcionamento. Em particular, sugere como a concepção de um regime de direitos em uma sociedade drasticamente transformada e mais ideal pode ajudar a guiar o desenvolvimento da doutrina nas sociedades existentes. A prática doutrinária transformada que proponho mantém os atributos fundamentais da doutrina: a reivindicação de influência justificada sobre o exercício do poder estatal e a prontidão para desenvolver um sistema jurídico, passo a passo, a partir de uma posição de início compatível com os materiais autoritativos, seu contexto institucional e mesmo seus cânones argumentativos recebidos. Expor essa relação entre visão ideal e a condução da análise jurídica aqui e agora é de algum modo caminhar para o cumprimento da reivindicação de que a doutrina desviacionista relativiza o contraste entre raciocínio jurídico e controvérsia ideológica. Ela preserva o elemento válido na ideia recebida de doutrina ao ampliar nosso sentido de como o argumento doutrinário pode e deve parecer.

Os problemas a serem tratados são aqueles com os quais os sistemas jurídicos ocidentais contemporâneos usualmente lidam por meio da doutrina da proteção igual e de vários outros corpos correlatos de direito e ideias jurídicas. Minha abordagem é primeiro criticar os modos de pensamento recebidos sobre esses problemas, então mostrar como podem ser resolvidos dentro da moldura institucional e teórica antes esboçada, e finalmente sugerir como tal resolução pode guiar o pensamento em uma ordem jurídica dos dias de hoje.

O MOVIMENTO DE ESTUDOS CRÍTICOS DO DIREITO:

Os usos da proteção igual

O princípio da proteção igual no direito constitucional dos Estados Unidos e de outras democracias ocidentais tem sido usado para duas funções bem diferentes. Sua missão mais estreita foi impor um requisito de generalidade jurídica a serviço de um ideal limitado de liberdade pessoal: impedir a mobilização injustificada e discriminatória do poder governamental contra indivíduos ou pequenos grupos. Essa função pode ser chamada de requisito de generalidade. Assim formulada, a garantia de proteção igual representa pouco mais que a generalização da proibição de decretos de proscrição[12] e a reafirmação da diferença entre legislação e administração. O requisito modesto que ela impõe pode ser cumprido por qualquer generalidade crível nas categorias usadas pelas leis.

A segunda função que se espera que a proteção igual e suas contrapartes cumpram é bem mais ambiciosa e controversa. É servir como um limite para as categorias generalizadoras que o direito pode empregar: uma tarefa de correção da generalidade. Vista com simpatia, a correção da generalidade visa a impedir o governo de estabelecer ou reforçar pelas leis desvantagens coletivas inconsistentes com o princípio de que em uma democracia cada pessoa deve contar como uma. Diferentemente da função de requisito de generalidade, a missão de correção da generalidade parece demandar daqueles responsáveis pela administração do sistema jurídico uma visão abrangente do papel próprio da constituição e do direito na sociedade. Essa segunda variante de proteção igual tipicamente emprega dois dispositivos conceituais cruciais que modelam e limitam sua operação. A análise dessas manobras intelectuais ajuda a expor a concepção de direito e sociedade que sustenta a proteção igual corretora da generalidade.

O primeiro dispositivo, aquele que fica no primeiro plano do pensamento, é o compromisso de destruir as variedades anômalas de desvantagem coletiva criadas ou reforçadas pelo estado que coloquem os maiores perigos à ordem constitucional. Para uma interpretação, tais casos de desvantagem seriam os tipos de inferioridade coletiva que não podem ser remediados pelas práticas de rivalidade e decisão política previstas pela constituição. A menos que esses casos de desvantagem grupal fossem raros, a proteção igual demandaria uma intervenção reconstrutiva drástica na ordem social. Tal intervenção poderia justificar categorias jurídicas e

---

12 Proibição ao legislador de produzir ato individual e concreto que imponha sanção sem prévio devido processo legal. [N.]

resultados práticos radicalmente diferentes daqueles que distinguem a atual doutrina da proteção igual. Pareceria também impor ao poder de estado mais diretamente responsável, o judiciário, um fardo incompatível com a organização constitucional do estado. Logo, se tais dependências coletivas viessem a ser disseminadas em vez de excepcionais, o plano constitucional se provaria internamente inconsistente.

O outro dispositivo crucial é a ideia conhecida no direito americano como requisito da ação estatal. O ponto está em limitar o constrangimento constitucional à liberdade legislativa aos casos de desvantagem que o poder governamental, e não o privado, ajuda a sustentar. A execução dessa tarefa dá uma segunda chance para repelir o perigo de que a revisão de proteção igual seja usada para colocar a sociedade de cabeça para baixo e rompa a lógica institucional da constituição. Mas embora essa segunda chance possa oferecer uma barreira útil contra o entusiasmo irrefletido ou subversivo, ela deve ser largamente desnecessária. A restrição imposta a princípio pelo requisito da ação estatal pode em vez disso ser fornecida por uma análise direta do efeito real ou pretendido do direito sobre a desvantagem coletiva.

Mais significativamente, uma grande objeção ao plano constitucional seria apresentada se existissem vários casos de desvantagem coletiva que não pudessem ser corrigidos pelos processos normais da política e ainda assim permanecessem livres de qualquer outro freio constitucional, porque o governo não poderia ser criticado por eles. O estado então se assemelharia muito de perto àqueles governos pré-revolucionários aninhados dentro de uma ordem social altamente definida que eles eram impotentes para mudar. Mas se supõe que o estado a que se dirige a moderna teoria constitucional e jurídica efetivamente sujeita os arranjos básicos da sociedade, e especialmente aqueles que estabelecem relações de poder, às vontades de iguais cidadãos e titulares de direitos.

A teoria oculta da proteção igual

Os dois dispositivos conceituais – o compromisso de corrigir desvantagens coletivas de outro modo irremediáveis e o *standard* da ação estatal – fazem sentido apenas no contexto de uma concepção específica de governo e sociedade. Os aspectos prescritivos e descritivos dessa concepção são tão estreitamente vinculados que não podem ser sempre distinguidos. Deixe-me chamá-la por ora de visão subjacente. Descrevo a visão subjacente com vagueza deliberada, o melhor possível para evitar pressupostos desnecessariamente restritivos e imputações injustificadamente enviesadas. A visão imagina tanto certo tipo de sociedade quanto um tipo particular de política. Supõe-se que as duas imagens sejam reciprocamente reforçantes e análogas na estrutura. Juntas, correspondem a uma versão mais desenvolvida da concepção minimalista de democracia descrita no programa institucional antes esboçado.

A constituição estabelece um procedimento para organizar o conflito sobre os usos do poder governamental. Esse procedimento previne que um único segmento da sociedade submeta primeiro o estado e depois própria a vida social a seus próprios interesses e opiniões. O antídoto à perversão política resulta em parte do sistema de salvaguardas individuais (incluindo direitos de propriedade e contrato), em parte de dispositivos institucionais que restringem todos os poderes do estado e garantem a substituição eleitoral dos mandatários, e em parte da natureza da sociedade na qual tal estado pode subsistir e que, por sua vez, esse estado ajuda a manter e aperfeiçoar.

Em tal sociedade, os indivíduos e grupos que eles voluntariamente formam podem perseguir objetivos divergentes e experimentar com diferentes relacionamentos econômicos e formas de vida comunitária. As chances de vida não são esmagadoramente determinadas pelas posições relativas em um plano de hierarquia e divisão social. Em significativa medida, as pessoas circulam na sociedade civil e se juntam da mesma forma como, enquanto cidadãs, participam dos conflitos partidários da república. Sem uma sociedade que ao menos se aproxime dessa condição, o estado antes descrito não poderia existir: seria ou derrubado ou reduzido à impotência. (Como tal estado pôde ter primeiro aparecido é um problema que, para os presentes propósitos, podemos deixar de lado.)

O governo, reconhece a visão subjacente, precisa, não obstante, intervir constantemente nos arranjos desse mundo social. A relação precisa entre estado e sociedade é uma das questões em jogo na política democrática. Cada grupo tenta promover seus interesses e ideias arranjando esse relacionamento de forma levemente diferente. Ademais, um argumento plausível reivindica que, como questão tanto de justiça quanto de prudência, a todos deveriam ser fornecidas as condições materiais e culturais que lhes possibilitem desenvolver seus planos como pessoas privadas e fazer sentir seu peso como cidadãos. Deveriam ter acesso a esses meios não importa como possam ter se saído nas livres colisões e alianças que supostamente marcam a vida social. O caráter da sociedade democrática usualmente sustenta, assume a visão subjacente, que por seus próprios esforços os indivíduos possam escapar do confinamento em um grupo em desvantagem. O caráter do governo democrático usualmente garante aos grupos a capacidade de se defenderem, pela ação política, contra a desvantagem, particularmente contra os fardos que tenham surgido de algum padrão prévio de ação estatal.

Ocasionalmente, contudo, a desvantagem grupal se enraíza tão profundamente que não pode ser evitada ou corrigida pelos meios-padrão. A opressão social contribui ao isolamento e à derrota política, que por sua vez reforça a opressão. Um segmento da população então vê negada para si a substância da cidadania e da titularidade de direitos. Essa privação coloca em perigo a legitimidade de toda a ordem constitucional e social.

Aqui a proteção igual corretora da generalidade intervém proibindo a legislação que ameace destruir os fundamentos sociais da ordem constitucional. Tal legislação agrava uma desvantagem de grupo, incorrigível pelos dispositivos normais da política eleitoral, pelo uso de categorias jurídicas que mimetizam as distinções de uma ordem hierárquica na sociedade.

Pode-se dar variadas ênfases à visão subjacente. Se elas fossem muito diferentes, todavia, a visão não poderia compreender as técnicas que modelam a proteção igual corretora da generalidade: primeiro, o compromisso de curar ou aliviar desvantagens coletivas excepcionais e irremediáveis; e segundo, o desenvolvimento de uma doutrina que proíbe o estado de ser parte do reforço do sistema de hierarquias e divisões que gera tal desigualdade.

Explicitar a visão subjacente é já contribuir muito para desacreditá-la. Não admira que tanta ingenuidade haja sido devotada a dizer o mínimo possível sobre ela. Considere primeiro algumas objeções gerais a essa visão como concepção de como a sociedade e o estado poderiam e deveriam ser. Enumero alguns dos argumentos e sublinho seu tema comum, sua elaboração demandaria uma teoria social abrangente.

Primeiro, a visão assume que há uma forma de modelar os arranjos institucionais da sociedade juridicamente definidos de modo que eles se aproximassem de uma estrutura pura de reciprocidade e coordenação. Tal moldura permitiria às pessoas lidarem e combinarem umas com as outras e regularmente mudarem posições sociais, tudo dentro dos amplos limites estabelecidos pelos extremos de uma espaçosa tolerância moral. Uma vez que a moldura houvesse sido fixada, o indivíduo se encontraria livre para mudar as posições sociais. O estado precisaria meramente corrigir desarranjos ou imperfeições ocasionais na operação da ordem estabelecida. Mas essa busca fútil pela forma natural, pré-política da interação humana e a identificação fácil demais dessa forma com a versão estabelecida de democracia impediriam tal democracia de enfrentar alguns dos desafios que podem trazê-la mais perto de seus objetivos professados.

Segundo, a visão da política, estritamente definida como conflito institucionalizado sobre o domínio e os usos do poder governamental, fracassa pelas mesmas razões. Seu objetivo é criar um processo político que possa servir como dispositivo imparcial para somar as vontades dos indivíduos sobre o papel próprio do estado no tipo de sociedade já descrito. O sistema de governo representativo encarregado dessa tarefa é cuidadosamente desenhado para prevenir a manipulação por maiorias transitórias e inflamadas que, desencaminhadas por demagogos ou tolos, podem demolir a estrutura pura de poder e coordenação subjacente. No entanto, porque o governo não pode facilmente perturbar a ordem social, torna-se tanto vítima quanto protetor dessa ordem. Tal arranjo vira um método universalmente enviesado de escolha coletiva. A busca pelo método neutro para a soma das opiniões da cidadania nos desvia de um empreendimento mais realista: criar uma comunidade política que fosse de fato mais aberta à autorrevisão e mais capaz de desmantelar qualquer estrutura estabelecida ou emergente de papéis e classificações sociais entrincheirados.

Uma terceira objeção considera a relação entre o mundo social que a visão subjacente retrata e a imagem-guia da personalidade (ou das relações entre pessoas) que justifica esse mundo e que suas instituições por sua vez exibem e protegem. É um mundo destinado a ser neutro entre diferentes modos de viver e ideais de personalidade, ao menos entre aqueles que não requerem o exercício da subjugação. Mas não pode atingir seu objetivo, pela simples razão de que sua forma proposta de organização social não pode ser a estrutura pura de interação humana nem seu modo favorecido de política pode ser um método não enviesado para a soma de opiniões. A busca por um mundo social indiferente à escolha de imagens da personalidade fica na metade do caminho na construção de uma sociedade cujas instituições de fato exibam e encorajem um ideal de personalidade mais inclusivo e defensável.

Todas essas objeções apresentam variações sobre um mesmo tema. Dramatizam a perigosa futilidade da busca por uma máquina de movimento perpétuo da vida social e política: uma tentativa de escapar do fardo de julgar e revisar formas de vida social específicas, contestáveis, os arranjos institucionais que as definem e as visões da individualidade e da associação humana que elas autorizam. Tal busca serve apenas a um propósito apologético. Constituiu um grande elemento nos vários tipos de objetivismo recente descritos anteriormente. Continua a nos distrair do desenvolvimento de concepções e arranjos que sejam menos enviesados e mais corrigíveis.

A visão subjacente merece ser atacada, mais diretamente, como uma falsa imagem do que a sociedade já é ou se aproxima de ser, e não como uma consideração falha do que ela pode e deve vir a ser. Todas as considerações antes mencionadas no curso da argumentação interna contra as versões estabelecidas de democracia tornam-se relevantes novamente aqui. Embora sua confirmação demandasse amplo estudo empírico, elas na maior parte não dependem de ideias contraintuitivas ou mesmo especialmente controversas. A visão subjacente parece estranhamente conflitar com opiniões muito difundidas sobre como a sociedade de fato é, não apenas com crenças empíricas de esquerdistas e outros descontentes.

Na teoria da proteção igual, a disparidade entre pressupostos sobre a realidade social e a experiência normal da vida social chega ao extremo em um único ponto: o conflito entre a necessidade de tornar as premissas empíricas sobre a sociedade mais realistas e a pressão para não romper com os arranjos institucionais de governo. Se se revelasse que as desvantagens irremediáveis que desencadeiam a aplicação da proteção igual corretora da generalidade são muito difundidas, uma de duas conclusões perturbadoras seguiria. O judiciário teria que assumir responsabilidades ainda maiores de revisar os resultados da legislação e de mudar, por esse controle, a estrutura de poder na sociedade. Embora "o menos representativo dos poderes", rapidamente se veria envolvido em uma vasta superpolítica censorial que evisceraria a política normal partidária e legislativa que a constituição e a prática constitucional estabeleceram. Alternativamente – e muito mais plausivelmente, dadas as limitações sobre o poder judicial –, os juízes poderiam simplesmente se recusar a reconhecerem ou corrigirem desvantagens irremediáveis. Essas desvantagens então se acumulariam ou enrijeceriam. Produziriam uma longa sequência de efeitos subversivos sobre as reivindicações tanto de fidelidade à ordem estabelecida quanto de credibilidade da concepção subjacente. Como a experiência recente dos Estados Unidos no ápice da ambição e do poder judicial "liberal" mostra, os dois resultados podem mesmo ocorrer simultaneamente: os juízes distendem o esquema institucional enquanto a vida social, não obstante, continua a confundir os pressupostos empíricos da teoria dominante.

A doutrina americana da proteção igual

As observações precedentes sobre a proteção igual e seus pressupostos poderiam ser aplicadas, com variações, a qualquer democracia constitucional liberal ocidental. As mesmas noções até reaparecem em forma alterada entre as ideias jurídicas e políticas dominantes de países que não têm controle judicial de constitucionalidade e aceitam a soberania legislativa. Considere a estrutura da doutrina da proteção igual nos Estados Unidos desde a Segunda Guerra Mundial. A análise foca as ideias doutrinárias centrais ao dispositivo principal da proteção igual corretora da generalidade: a identificação de grupos que merecem preocupação especial e das categorias legislativas que merecem escrutínio especial.

A estrutura detalhada da doutrina americana contemporânea da proteção igual não pode ser derivada nem da constituição nem de todos os compromissos e concepções gerais analisados nas páginas precedentes. Ninguém que tenha dominado essa tradição intelectual, bem como a história constitucional dos Estados Unidos e todos os atributos relevantes da sociedade e da cultura americanas poderia haver previsto que a doutrina da proteção igual assumiria sua forma atual. Essa dificuldade reflete mais do que a subdeterminação funcional que tão ubiquamente marca a vida social: o poder de desempenhar as mesmas tarefas práticas ou conceituais por diferentes meios. Também expressa, em uma matéria elevada pela imprecisão da constituição, a qualidade improvisada da análise jurídica convencional. Essa qualidade é consequência direta da relação problemática e atrofiada da doutrina com seus próprios pressupostos teóricos.

Três conjuntos de ideias conexos entram na atual doutrina da proteção igual. O primeiro é uma taxonomia das classificações legislativas e dos grupos sociais a que se referem, taxonomia esta construída para o propósito de determinar a adequação do controle judicial em determinados casos. A doutrina contrasta classificações suspeitas e permissíveis, um contraste às vezes estendido para incluir a classificação intermediária sensível.

O ponto dessas distinções é expressar uma visão altamente controversa da sociedade e da política americanas da forma mais incontroversa possível, e assim cumprir os requisitos da visão subjacente. Dessa forma, negros e certos outros grupos étnicos retrospectivamente postos em analogia com eles são destacados como o caso principal de segmento da população em desvantagem irremediável e excepcional que a proteção igual corretora da generalidade foi especialmente desenhada para proteger. Os propositores da categoria da "classificação intermediária" consideraram as mulheres como beneficiárias adequadas de um escrutínio judicial mais vigilante que o demandado pelas classificações legislativas comuns, embora menos rígido que aquele justificado pelas distinções suspeitas.

E todas aquelas diferenças de tratamento legislativo que, direta ou indiretamente, mencionam ou reforçam posições entrincheiradas na divisão social de trabalho e diferenciais sistemáticos e descontínuos de acesso a riqueza, poder e cultura? Tais desigualdades certamente não podem ser ditas excepcionais. De fato, sua existência e tenacidade, diante do ataque político, é tema de observação comum e de análise e comentário na historiografia e nas ciências sociais. Defender a tese de que vantagens raciais e sexuais contam mais porque são mais severas que outras formas de divisão e hierarquia social envolveria a doutrina estabelecida em controvérsias que ela não poderia facilmente ganhar. Destacá-las porque elas têm uma base física seria reivindicar que a diferença física tem um significado intrínseco, à parte de sua representação social e tratamento jurídico. Nessa circunstância, a afirmação dogmática e arbitrária de distinções implausíveis pode parecer mais esperta, se puder sair impune, do que a tentativa de sustentar tal afirmação em fatos e teorias.

Os componentes remanescentes da doutrina contemporânea da proteção igual representam uma regressão ao objetivismo da teoria constitucional do século XIX. O segundo elemento da doutrina é a referência a interesses fundamentais que servem como substitutos funcionais das classificações suspeitas para provocar vigilância judicial aumentada. Um sistema bem desdobrado de interesses fundamentais confiados à proteção judicial no tipo de estado que a constituição americana configura teria que ser uma moldura neutra da política democrática. Marcaria os elementos constitutivos em um conjunto de relações sociais e de vínculos entre estado e sociedade inerentes ao projeto de uma democracia constitucional. Não poderia representar a própria visão dos juízes sobre os limites próprios à política democrática. Um sistema fragmentário de interesses fundamentais não poderia ser senão um prenúncio de tal moldura. Ademais, para fazer o trabalho específico da proteção igual corretora da generalidade, ele precisa marcar as diferenças entre formas permissíveis e não permissíveis pelas quais o estado pode sustentar desvantagens grupais. Assim, o segundo elemento da doutrina da proteção igual pressupõe a visão subjacente até mais dogmaticamente que o primeiro, embora menos diretamente.

O terceiro componente da doutrina é uma hierarquia de objetivos governamentais correlata com a hierarquia de classificações ou de interesses fundamentais. Apenas um propósito estatal "incontrastável" justifica a violação de um interesse fundamental ou o uso de uma classificação suspeita. Um propósito estatal legítimo é suficiente para se sobrepor a um interesse comum ou para autorizar uma classificação normal.

A menos que essa hierarquia de propósitos governamentais expresse um perigoso juízo *ad hoc* de necessidade ou conveniência política, ela precisa invocar uma concepção sistemática da relação adequada entre estado e sociedade. Tal concepção precisa, por sua vez, assemelhar-se à visão subjacente para ser capaz de suportar uma abordagem da distribuição de desvantagens coletivas similar àquela que a atual doutrina da proteção igual na verdade consagra.

Esta breve análise da doutrina americana contemporânea da proteção igual mostra como a visão subjacente pode tornar-se concreta em um conjunto específico de ideias doutrinárias. Também demonstra, por um exemplo, como e por que a análise jurídica moderna assume sua forma caracteristicamente mutilada e forjada: embora as ideias doutrinárias não sejam nem justificáveis nem mesmo plenamente inteligíveis à parte da visão normativa e empírica do estado e da sociedade que elas tomam como dada, elas são tipicamente formuladas, aplicadas e desenvolvidas sem clara referência a essa visão. Explicitar a referência seria engajar o argumento jurídico em controvérsias empíricas e normativas abertas que exporiam a visão subjacente a um ataque de bases amplas e destruiriam o tão valorizado contraste entre análise jurídica e conflito ideológico. Mas manter a referência tácita é reduzir a doutrina a uma série de pressupostos aparentemente dogmáticos e distinções arbitrárias.

A proteção igual reconcebida e reconstruída

A contraparte mais próxima à proteção igual no sistema institucional e conceitual da democracia empoderada é o direito e a doutrina dos direitos de desestabilização. Direitos de desestabilização implicam a substituição da visão subjacente pela concepção de estado, sociedade e personalidade esboçada anteriormente neste livro. Podemos desenvolver essa concepção por meio da crítica interna e do rearranjo dos ideais e instituições estabelecidos. No curso desse desenvolvimento interno, todavia, teríamos que abandonar de uma vez por todas a busca por uma máquina de movimento perpétuo da política. A visão revisada foca-se, em vez disso, na tentativa de estabelecer uma forma de vida social que exiba uma concepção mais defensável de individualidade e associação enquanto maximize a corrigibilidade das instituições sociais. A análise jurídica pode agora ser posta em comunhão desembaraçada com seus pressupostos teóricos subjacentes. A afirmação desses pressupostos não debilita a doutrina; se as ideias permanecem contestáveis, a contestabilidade fica na superfície em vez de, mais perigosamente, ser dissimulada.

Direitos de desestabilização fornecem uma reivindicação ao poder governamental que o obriga a romper aquelas formas de divisão e hierarquia que sobrevivem apenas por se isolarem contra o desafio e o conflito transformador. Fariam o serviço da proteção igual tanto como requisito de generalidade quanto como correção da generalidade, mas sem as distinções caprichosas e premissas confinantes da doutrina estabelecida. A salvaguarda contra a persecução discriminatória do indivíduo, a preocupação do requisito de generalidade, seria expandida como uma garantia contra o que quer que possa ameaçar sua posição de imunidade ricamente definida. A correção de desvantagens coletivas irremediáveis por meio de freios à classificação legislativa, o tema da correção da generalidade, seria ampliada de duas formas. Libertaria a si mesma de seu foco arbitrariamente seletivo sobre alguns tipos de inferioridade grupal (como raça e gênero no direito americano), com a exclusão de outros (como classe). Em vez de apenas corrigir desvantagens coletivas específicas dentro de uma área circunscrita da ação estatal, ela também buscaria romper áreas inteiras da vida institucional e da prática social que caminhassem contrariamente ao plano da constituição agora remodelada.

A ideia de direitos de desestabilização, como o programa mais amplo a que pertence, resulta da interação entre um ideal social e crenças sobre o funcionamento da sociedade. Proeminente entre essas crenças é a tese de que o isolamento diante de conflitos de bases amplas, seja nas alturas da autoridade estatal, seja nos incidentes cotidianos da vida prática, constitui condição necessária para o entrincheiramento do privilégio e da desvantagem.

O caráter expansivo dos direitos de desestabilização ameaça agravar uma tensão que já obstrui o direito da proteção igual. A tentativa de ver como essa tensão pode ser resolvida fornecerá a ocasião para delinear o sistema de direitos de desestabilização. Não expandir a proteção igual nas formas indicadas seria deixar a ordem institucional reformada indefesa diante da maior ameaça à sua integridade: a emergência de novas variedades de subjugação coletiva por meio do uso do poder governamental para transformar vantagens temporárias em privilégios permanentes. A abertura da sociedade aos resultados do conflito e da deliberação coletivos pode mesmo tornar essa forma emergente de prerrogativa, quando bem-sucedida, ainda mais penetrante e perigosa.

A doutrina da proteção igual que segue move-se nas direções sugeridas, entretanto, quanto maior se tornam as limitações que ela impõe sobre a capacidade do partido no poder de testar novas iniciativas de organização social e econômica. As limitações são tanto mais perigosas para uma constituição que quer multiplicar as oportunidades para a transformação da vida social por meio de conflito e deliberação coletivos. Não pode haver solução feliz para esse problema: ele surge em última instância de um conflito de objetivos. A tensão pode, não obstante, ser moderada por uma distinção entre duas formas pelas quais o direito de desestabilização poderia operar. Cada um desses dois modos de operação especificaria uma classe distinta de prerrogativa de desestabilização. Cada um seria desencadeado por uma circunstância característica. Cada um obedeceria a um critério diretor separado.

Às vezes um direito de desestabilização poderia funcionar pela invalidação direta do direito estabelecido. A fim de minimizar constrangimentos sobre oportunidades para a inovação, tal controle deveria ser reservado a situações nas quais o entrincheiramento do privilégio é sério. A invalidação seria então o recurso em casos em que o direito direta ou indiretamente ameaçasse a imunidade do indivíduo. Essa ameaça poderia vir do reforço de desvantagens que grupos de indivíduos similarmente situados não podem facilmente superar. Assim concebidos, os direitos de desestabilização representam o escudo dos direitos de imunidade, a série complexa de prerrogativas políticas, civis e econômicas que protegem a segurança básica do indivíduo de todos os poderes do mundo social e que o capacitam a aceitar um campo alargado de conflito social com a garantia de que tal experimentalismo não colocará em perigo seus interesses vitais. Os princípios governantes dessa subcategoria de direitos de desestabilização desenvolveriam uma visão das condições sociais e institucionais mínimas da posição de imunidade.

O direito de desestabilização também poderia operar de outra forma, mais limitada. Funcionaria não para invalidar o direito diretamente, mas para romper ordens de poder em certas instituições ou em áreas localizadas da prática social. As ordens de poder a serem rompidas seriam aquelas que, em violação aos princípios que governam a organização social e econômica, tenham se tornado efetivamente invulneráveis às perturbações do conflito democrático. Como resultado, ameaçariam eviscerar a força dos processos democráticos da mesma forma que cidadelas de poder privado fazem nas democracias existentes. Tal forma localizada de prática social a prova de conflito pode ser resultado de muitos atos legislativos ao longo do tempo, em vez de produtos de uma única lei. De outro lado, qualquer dado preceito pode produzir os efeitos mais sérios de entrincheiramento de poder em apenas alguns de seus vários contextos de aplicação. O critério diretor para o desenvolvimento dessa área do direito seria encontrado nos princípios que informam a organização social e econômica na democracia empoderada.

Os dois tipos de direitos de desestabilização bem poderiam ser executados por partes diferentes do estado. O modo mais estrito de invalidação, dirigido como é à proteção de indivíduos, poderia ser defendido por uma instituição similar ao judiciário contemporâneo. A elaboração e a execução do segundo tipo de direito de desestabilização, todavia, pode requerer a atenção de uma agência pública, ou mesmo um poder de estado distinto, que tivesse maiores recursos à sua disposição e fosse sujeito a controle mais direto e amplamente baseado.

O desenvolvimento pleno dos direitos de desestabilização pressupõe mudanças de longo alcance na organização institucional do estado e da sociedade e no caráter das ideias políticas e jurídicas dominantes. Não poderia ser simplesmente enxertado no direito existente de uma vez por todas, e certamente não apenas por movimentos doutrinários fragmentários e parciais. Mas esse esquema aparentemente ousado poderia, não obstante, servir para guiar a crítica e o desenvolvimento de corpos correspondentes de regras, princípios e concepções no direito vigente. A base para essa relevância é uma continuidade real, apesar de vaga. Assim como todo o programa institucional do qual faz parte constitui um superliberalismo, também esse conjunto particular de doutrinas, não importa quão radicais suas implicações, representa uma extensão reconhecível do direito e do pensamento jurídico atuais.

A primeira categoria de prerrogativas de desestabilização serviria como um princípio organizador e gerador para a proteção igual como requisito de generalidade, para muito da correção da generalidade e para muitas áreas dos direitos políticos e civis que agora pouco parecem relacionadas com o direito da proteção igual. A outra categoria dos direitos de desestabilização absorveria algo do estilo de correção da generalidade da proteção igual enquanto evitaria a invalidação total de leis. Mostraria como as formas arrojadas de injunção estrutural recentemente desenvolvidas pelas cortes americanas poderiam ganhar uma fundamentação e direção conceitual em uma visão expandida da proteção igual.

Tal visão seria tanto mais atrativa uma vez que não precisa confrontar frontalmente a lógica institucional do sistema existente de governo. É claro, a configuração institucional, o viés gradualista da doutrina e a correlação de forças na política e na cultura contemporâneas, tudo impõe limitações à remodelagem do direito da proteção igual pela imagem das duas variedades de direitos de desestabilização. Essas limitações, no entanto, não envolvem altos princípios nem geram fronteiras definidas. Têm pouco a ver com a derivação quimérica de princípios substantivos do justo de teorias do papel institucional com que tanto da análise jurídica contemporânea continua a se saciar.

Autoridade e realismo na doutrina

Toda essa discussão prosseguiu na base de dois pressupostos limitantes que agora deveriam ser explicitados. O primeiro pressuposto é uma suspensão da descrença na possibilidade do argumento normativo. Quando colocado no contexto das ideias críticas e construtivas apresentadas antes, a abordagem revisada da proteção igual como um sistema de direitos de desestabilização é uma forma de argumentar normativamente. É uma modalidade de discurso normativo que pode esperar ser mais do que a afirmação velada de poder e preconceito.

A escolha das concepções subjacentes, a visão de estado e sociedade, o esquema das formas de associação humana possíveis e desejáveis podem ser uma pequena parte do argumento jurídico, mas, uma vez que nos movamos para além das disputas mais limitadas, ela se torna uma parte crucial. Tem apenas a autoridade incerta seja do método de desenvolvimento interno que ela usa, seja do ideal visionário que pode ocasionalmente fornecer seu ponto de partida. A cada junção crucial na progressão em direção a níveis mais concretos de análise, conclusões diferentes podem razoavelmente ser inferidas. A cada ponto os fundamentos permanecem contestáveis e as implicações, vagas. A alguns, essa visão pode parecer perigosamente próxima do ceticismo. Porém se pode dizer do argumento normativo o que foi dito da comédia: que é um escape estreito não da verdade, mas do desespero. A ênfase recai na estreiteza do escape; não se pode sequer estar seguro ao final de que se conseguiu. A única prática de argumentação normativa com futuro pode ser uma que se aproxime do ceticismo sem ser tragada por ele. Melhor essa visão do que a oscilação familiar entre dogmatismo moral presunçoso e agnosticismo moral mal disfarçado.

O outro pressuposto que qualifica esta e todas as outras versões de doutrina desviacionista é que os resultados particulares que defendi jamais podem vir a triunfar simplesmente por um golpe doutrinário. Mesmo com apoio judicial, essas ideias poderiam florescer apenas se sustentadas pela transformação das visões dominantes de estado e sociedade, pelo refazimento experimental de determinados cenários institucionais à luz das ideias transformadas e pela obtenção de parcelas do poder governamental fora do judiciário. Sem essa sustentação e eco, desenvolvimentos na doutrina jurídica dentro e fora do contexto judicial podem fazer não mais do que criar oportunidades práticas transitórias e limitadas, enquanto dão especificidade persuasiva a um ideal insuficientemente definido.

Esse segundo pressuposto tem um corolário que pode ser descrito na forma de resposta a uma objeção. Praticar a argumentação doutrinaria e ideológica ou a controvérsia teórico-social de forma ao mesmo tempo aberta e fechada, como ilustrado pela discussão precedente, é assumir altos riscos. Os defensores de uma visão radicalmente diferente podem vencer hoje, de fato se não por direito. Pode ser útil, segue a objeção, estancá-la em nome de uma versão atualizada de doutrina formalista e objetivista.

Essa objeção equivoca-se sobre a relação entre razão e democracia. O apelo a uma necessidade conceitual espúria pode provar-se taticamente oportuno. Ao final, contudo, sempre representa uma derrota para nossa causa, não importa quem sejam os vencedores temporários no debate doutrinário ampliado, pois tal apelo invariavelmente atribui a certos arranjos institucionais e pressupostos imaginativos uma autoridade que eles não têm. Dessa forma, ajuda a prender as pessoas dentro de um mundo social cujas defesas contra a perturbação são o lado reverso de suas hierarquias de vantagem e de suas práticas de subjugação. Cada pancada contra essa má compreensão da vida social dá um sopro em favor do programa com que nos comprometemos.

DE UM PROGRAMA INSTITUCIONAL A UM EXEMPLO DOUTRINÁRIO: CONTRATO, MERCADO E SOLIDARIEDADE

Outro exemplo de doutrina desviacionista serve a dois propósitos. Junto com o primeiro exemplo, dá algum sentido à ampla variedade de formas que a doutrina expandida pode tomar, enquanto sublinha o que essas formas têm em comum. Também desenvolve em detalhe a concepção de direitos de solidariedade e direitos de mercado apresentada no programa institucional anterior. Colocados lado a lado, os dois exemplos fornecem o contorno de uma visão sistemática do direito público e privado, uma visão do direito atual assim como do transformado. Agora, como antes, é importante não confundir um modelo de prática doutrinária com o material a que ele é aplicado: o mesmo modelo pode vir a ser suportado por qualquer ramo do direito. Algumas variantes de doutrina desviacionista, contudo, funcionam melhor em certas áreas do direito do que em outras. A relação do modelo com a substância implica um juízo de adequação. O material usado aqui vem do direito americano contemporâneo, mas com ajustes marginais poderia ser tomado de quase qualquer jurisdição de *civil* ou *common law*.

A teoria contratual desintegrada

Os problemas a serem discutidos incluem todos aqueles que o pensamento jurídico de hoje trata como questões de contrato. O argumento, no entanto, atinge muito além do escopo de nossa teoria contratual ainda reinante. A aplicabilidade dessa teoria foi sujeita ao longo do tempo a várias qualificações. Primeiro, há as exclusões: áreas inteiras do direito, como direito de família, direito do trabalho, antitruste e direito societário, e mesmo direito internacional, que foram alguma vez tomadas como ramos de uma teoria contratual unificada, mas gradualmente passaram a ser vistas como demandando categorias não assimiláveis àquela teoria. Depois, há as exceções: corpos de direito e prática social, como relações fiduciárias, que vêm sob um conjunto anômalo de princípios dentro da área central do contrato. Finalmente, há as repressões: problemas como aqueles de relações contratuais de longo prazo que, embora resistentes às soluções fornecidas por uma teoria orientada primariamente à transação pontual, à distância e de baixa confiança, não obstante, são mais frequentemente tratados por desvios *ad hoc* das regras e ideias dominantes do que por normas claramente distintas.

Quando se somam as exclusões, exceções e repressões, começa-se a duvidar sobre em que sentido precisamente a teoria contratual tradicional é de todo dominante. Parece um império cuja autoridade reivindicada e percebida sobrepuja vastamente seu poder real. Ainda assim, tal teoria continua a dominar ao menos em um sentido importante: ela compele todos os outros modos de pensamento a se definirem negativamente, por contraste a ela. Essa dominância intelectual acaba por ter consequências práticas importantes.

O objetivo maior do argumento a seguir é mostrar como um conjunto de ideias único e coerente pode abraçar todo esse campo de problemas. A principal preocupação do argumento, contudo, é contribuir para o desenvolvimento de uma visão prescritiva – instrumentos conceituais com os quais entender o contrato e os campos correlatos mais clara e coerentemente. Ele quer substituir o contraste entre teoria dominadora e exclusões, exceções e repressões desgovernadas por uma visão que possa explicar ou justificar soluções distintas a diferentes problemas práticos dentro de uma abordagem unificada. Se puder executar tal tarefa, a explicação proposta terá derrotado a teoria recebida em seu próprio jogo de generalização persuasiva. Como pode ser esperado no caso de uma doutrina jurídica, novas explicações vêm de mãos dadas com novas avaliações: as mesmas ideias que podem efetivamente reunificar e reorganizar o campo inteiro dos problemas contratuais também ajudam a desacreditar os compromissos normativos do pensamento estabelecido.

A teoria contratual clássica sempre se provou sedutora aos juristas em busca de um cálculo jurídico que pudesse reivindicar gerar as regras neutras da interação humana livre. Pela mesma razão, ela oferece o mais valioso desafio a uma concepção de doutrina que enfatiza a continuidade entre análise jurídica e conflito ideológico. O custo da tentativa de penetrar as próprias defesas de uma técnica aparentemente apolítica é a maior complexidade. O exemplo da proteção igual lidou com um aspecto da estrutura institucional inteira da sociedade. A discussão a seguir deve considerar uma porção da textura fina da vida social e esforçar-se pela delicadeza que o escrutínio jurídico dessa textura fina demanda.

Minha análise avança em cinco passos. Primeiro, enumera dois dos pares dominantes de princípios e contraprincípios que informam todo esse corpo de direito. A seguir, examina pontos de controvérsia no direito que põem no foco uma ambiguidade na relação entre os princípios e os contraprincípios. Embora os contraprincípios possam ser vistos como meras limitações aos princípios, podem também servir como pontos de partida para uma diferente concepção organizadora de toda essa área do direito. Terceiro, a análise generaliza essa concepção alternativa, discutindo a teoria das fontes de obrigação e a abordagem dos direitos que ela implica. O quarto passo testa e refina essa alternativa, aplicando-a a problemas outros que os pontos de controvérsia que formaram o cenário para sua formulação original. O quinto e último estágio é, em certo sentido, o primeiro; oferece retrospectivamente um argumento mais completo para a direção na qual todos os passos da análise caminharam. Mas compreender o desenvolvimento interno é ver por que a justificação pode ser obtida passo a passo, pela explicação, generalização e revisão cumulativas, em vez de pela dedução a partir de compromissos já desenvolvidos. Tomado como um todo, esse exercício de doutrina crítica exemplifica o recurso mais característico da mente subversiva: transformar o desviante em dominante para o bem de uma visão que se torna mais clara no curso da própria transformação. Tal visão acaba por redefinir os interesses e ideais que começou por promover.

O MOVIMENTO DE ESTUDOS CRÍTICOS DO DIREITO:

Princípio e contraprincípio: liberdade para contratar e comunidade

A maior parte do direito e da doutrina contratual pode ser entendida como expressão de um pequeno número de ideias opostas: princípios e contraprincípios. Essas ideias conectam os *standards* e regras jurídicas mais concretos a um conjunto de pressupostos de fundo sobre como as pessoas podem e devem lidar umas com as outras em diferentes áreas da vida social. Os princípios e contraprincípios são mais que artefatos de curiosidade teórica. Eles provisoriamente decidem o que de outro modo permaneceria como ambiguidades onipresentes no direito. Mas eles mesmos podem ser apreendidos e justificados apenas como uma afirmação sumária dos esquemas de fundo de associação humana possível e desejável. Apenas esse contexto mais profundo pode oferecer direcionamento sobre o alcance relativo e o conteúdo distintivo de os princípios e contraprincípios em oposição. Porque os métodos convencionais de análise jurídica estão comprometidos com o contraste entre doutrina e ideologia ou filosofia, eles quase invariavelmente preferem deixar implícita a referência aos fundamentos imaginativos mais amplos das regras e princípios. Eles ganham um semblante de maior certeza ao custo de um dogmatismo arbitrário.

Por que as ideias controladoras vêm na forma de princípios e contraprincípios antagonistas? Tal oposição pode por si mesma gerar um corpo de direito e pensamento jurídico que aplique diferentes modelos de associação humana a distintas áreas da vida social. No mínimo, os contraprincípios deixam os princípios no lugar e os previnem de se estenderem, imperialmente, a toda a vida social. Uma vez que o papel crucial dos contraprincípios tenha sido reconhecido, o apelo a uma visão mais ampla das imagens possíveis e desejáveis de conexão humana se torna inevitável. Porque a análise convencional quer evitar, senão a realidade, ao menos a aparência de tal apelo, ela também sistematicamente minimiza os contraprincípios.

A estrutura das ideias reinantes sobre contrato e seus campos adjacentes pode ser exposta na forma de dois pares de princípios e contraprincípios. Se estivéssemos preocupados com um problema contratual em particular, poderíamos precisar de muitos níveis intermediários de raciocínio para completar a argumentação.

O primeiro princípio é aquele da liberdade para entrar ou recusar entrar em um contrato. Mais especificamente, é a faculdade de escolher seus parceiros contratuais. Chame-o, por agora, de liberdade para contratar.

As qualificações que a disciplina jurídica da cessão de crédito[13] impõe sobre a doutrina da relatividade dos efeitos do contrato[14] mostram que o princípio da liberdade para contratar é marcado por certa complexidade de significado, mesmo quando damos como certas as formas de organização do mercado agora dominantes. Em um sistema que trata o direito consolidado de propriedade como a forma exemplar do próprio direito subjetivo, e que concebe a propriedade em parte como aquilo que pode ser livremente comprado e vendido em um mercado impessoal, restrições sobre a transferência de direitos precisam ser limitadas. O direito deve tratar as relações contratuais como se fossem impotentes para imprimir um caráter permanente sobre as coisas tangíveis ou intangíveis (incluindo o trabalho de outras pessoas) a que essas relações dizem respeito. Considerada de qualquer perspectiva – seja aquela do significado comum da liberdade para contratar, seja aquela das demandas práticas dos tipos existentes de mercados, seja a do comportamento e das motivações reais dos agentes econômicos –, a confrontação entre os ideais de pessoalidade e impessoalidade, manifestos respectivamente nas doutrinas da relatividade dos efeitos do contrato e da cessão de crédito, representa menos um conflito entre o primeiro princípio e um contraprincípio do que a desarmonia dentro do próprio princípio. Essa desarmonia pode ser resolvida por variado número de compromissos práticos.

Outras áreas do direito e da doutrina, contudo, de fato circunscrevem o princípio da liberdade para contratar em nome de uma ideia inteiramente diferente. Corporificam um contraprincípio: de que a liberdade para escolher o parceiro contratual não poderá funcionar de formas que subvertam os aspectos comunitários da vida social.

Um exemplo desse contraprincípio ocorre na área dos contratos compulsórios e situações jurídicas a eles análogas. A entrada voluntária no curso de uma relação comercial com outra parte pode tornar a parte responsável por violar certas expectativas às quais a transação dá origem (exemplos de responsabilidade pré-contratual ou *culpa in contrahendo*). A ocupação de uma posição ou o exercício de uma profissão (como a medicina) pode trazer responsabilidades especiais e justificar expectativas especiais. Seja a responsabilidade nesses casos enquadrada como contratual ou delitiva, ela resulta de interações baseadas em papéis, não de um acordo totalmente estipulado nem do exercício de regulação governamental direta.

---

13 No original: *Law of assignment*. [N.]
14 No original: *Doctrine of privity*. [N.]

Um segundo exemplo do contraprincípio aparece em corpos de regras e doutrinas que afirmam a obrigação de alguém corresponder à confiança legítima em suas próprias promessas (interdito promissório) e proceder à restituição por "enriquecimento sem causa" (quase-contrato). A proteção dos interesses amparados em expectativa legítima aplica-se diante de situações que um acordo bilateral desenvolvido não pode alcançar. Muito do direito restitutório tem o mesmo sentido de compensar por violações de confiança em um contexto de relações próximas ou indefensabilidade excepcional. Logo, as regras sobre expectativas e restituição podem operar para impedir que o princípio da liberdade para contratar trace os limites da responsabilidade tão rígida e estreitamente que a textura fina das reciprocidades seja deixada inteiramente desprotegida.

A aplicação mais instrutiva do contraprincípio reside, entretanto, em uma terceira área: as regras do direito contratual que desencorajam contratar em ambientes não comerciais. Essas regras expressam uma relutância em permitir que o direito contratual invada a família e a amizade, a fim de que não destrua sua qualidade comunitária peculiar. Abordemos a questão indiretamente, por meio das normas que governam a interpretação da intenção de contratar. Essas normas elucidam mais claramente que quaisquer outras as fronteiras do princípio de liberdade para contratar e a visão da vida em sociedade, dentro e fora do comércio, que essas fronteiras implicam.

A regra geral de primeiro nível no direito contratual anglo-americano contemporâneo é de que a declaração da intenção de se vincular juridicamente pode ser desnecessária, embora a declaração da intenção de não se sujeitar ao direito possa ser efetiva. Presume-se que aqueles que se devotam ao autointeresse no áspero mundo dos negócios queiram toda a ajuda que possam ter para evitarem ser enganados e prejudicados por aqueles com quem negociam contratos.

Uma regra de segundo nível guia e qualifica a interpretação daquela de primeiro nível. Sempre que possível, a corte interpreta a intenção de um modo que proteja expectativas legítimas e coloque as partes fora de uma situação em que elas fiquem à mercê umas das outras. Então, se o relacionamento comercial diz respeito a entregas separadas durante longo período e uma parte confiou seriamente no suprimento continuado, a corte pode voltar atrás para interpretar a exclusão de responsabilidade o mais estreitamente possível.

Uma regra de terceiro nível limita o escopo daquelas de primeiro e segundo nível. Como qualificação da regra de segundo nível, afirma que o impulso para interpretar a intenção de modo a evitar colocar uma parte nas mãos da outra será suprimido em contextos não comerciais. Como limitação da regra de primeiro nível, reverte na vida familiar ou na amizade a presunção de que a intenção é juridicamente vinculante, uma afirmação explícita da intenção será requerida. Diz-se que ou raramente há intenção de que "arranjos sociais" tenham consequências jurídicas, ou que eles não devem ter essas consequências. A intenção deveria ser interpretada segundo tal entendimento.

Em certo sentido, esse critério de terceiro nível antecede os outros dois, porque determina o escopo da aplicação deles. Sua justificação aparente reside na tentativa de defender a comunidade privada contra a intervenção disruptiva do direito e do regime de direitos e deveres rigidamente definidos que o direito traria na sua esteira. O porquê de a comunidade privada precisar dessa defesa é algo que podemos explicar só depois de tornar explícita a visão que subjaz ao jogo mútuo entre o princípio da liberdade para contratar e seu contraprincípio.

Note que, enquanto o direito desfavorece transações comerciais familiares, ele pode encorajar doações familiares. Então, a doutrina da contraprestação do *common law*[15] é crivada de exceções, como a doutrina da contraprestação meritória, desenhada para facilitar liberalidades dentro da família. A hostilidade para com doações suspeitas de enfraquecer deveres familiares (como doações de um homem casado a sua amante) contrasta com a solicitude demonstrada para com doações intrafamiliares (como doações de pai para filho) quando não se precisa proteger direitos concorrentes de herança ou crédito. Assim como a teoria contratual clássica descreve a relação comercial como criatura benéfica do autointeresse anticomunal, vê a doação como instrumento seja da generosidade que preserva a comunidade, seja da fraude ao direito destruidora da comunidade.

A relação de princípio e contraprincípio no direito contratual pode ser interpretada como expressão de duas visões diferentes sobre como as pessoas podem e devem interagir nas áreas da vida social tocadas pelo direito contratual: uma bruta e fácil de criticar, a outra mais sutil e justificável. A visão bruta é aquela exibida mais claramente pelas regras que tentam manter o contrato fora do campo dos "arranjos sociais". Ela contrasta um ideal de comunidade privada, destinado a realizar-se principalmente nos cenários da família e da amizade, com o ideal de liberdade contratual, endereçado ao mundo do comércio autointeressado.

---

15   No original: *doctrine of consideration*. [N.]

O reino social é retratado como rico precisamente nos atributos que se pensa estarem quase completamente ausentes da esfera econômica. As formas comunais em que abundam, ilhas de apoio e lealdade recíprocos, nem precisam de tanto direito nem são capazes de tolerá-lo. Pois o direito nessa concepção é o regime dos direitos rigidamente definidos que demarcam áreas para a ação discricionária.

A ideia de que há um campo de experiência, fora do mundo sério do trabalho, em que as relações comunitárias florescem pode vir a justificar a devolução da vida prática ao autointeresse mais rude. As premissas para essa devolução recordam o contraste entre Veneza e Belmonte n'*O mercador de Veneza*.[16] Em Veneza, as pessoas fazem contratos; em Belmonte, trocam alianças de casamento. Em Veneza, são mantidas juntas por combinações de interesse; em Belmonte, por afeição mútua. A riqueza e o poder de Veneza dependem da boa vontade de suas cortes para manter os homens presos a seus contratos. O charme de Belmonte é prover seus habitantes com uma comunidade em que contratos permanecem na maior parte supérfluos. Veneza é tolerável porque seus cidadãos podem ocasionalmente escapar para Belmonte e apelar da justiça veneziana à misericórdia belmontina. Mas a existência mesma de Belmonte pressupõe a prosperidade de Veneza, de onde os habitantes de Belmonte ganham seus meios de subsistência. Essa é a forma de vida que a teoria contratual clássica reivindica descrever e procura definir, uma existência separada em uma esfera de comércio supervisionada pelo estado e uma área privada, da família e da amizade, largamente embora não totalmente além do alcance do contrato. Cada metade dessa vida tanto nega a outra quanto depende dela. Cada uma é a um só tempo parceira e inimiga da outra.

O pano de fundo imaginativo mais amplo desse contraste é uma visão da vida social que distingue entre regimes de conexão humana. Esses regimes são destinados a se realizarem em áreas separadas da vida social: democracia para o estado e a cidadania, comunidade privada para a família e a amizade, uma amálgama de contrato e hierarquia técnica impessoal para o mundo cotidiano do trabalho e das trocas. O atributo mais notável dessa visão é a exclusão das imagens de conexão humana mais ambiciosas moralmente das atividades e instituições prosaicas que absorvem a maioria das pessoas na maioria do tempo.

---

16 Peça de Shakespeare publicada em 1600. [N.]

Esses modelos excluídos são a democracia e a comunidade privada. Sua ambição moral consiste em sua promessa de uma reconciliação parcial entre as reivindicações concorrentes de autoafirmação e vínculo com as outras pessoas: uma reconciliação, na verdade, entre dois lados concorrentes da própria experiência de autoafirmação. Segundo a lógica da visão, qualquer tentativa de estender esses ideais para além de seu campo de aplicação próprio na vida cotidiana se encontrará com desastre. Não apenas a extensão falhará, mas as condições práticas e psicológicas que permitem o florescimento dos ideais mais altos em seu terreno próprio podem também ser destruídas no curso da tentativa.

Um olhar mais próximo ao contraste entre direito contratual e comunidade privada mostra que essa oposição depende de pressupostos empíricos e normativos que não podem ser justificados mesmo à luz dos ideais sociais dominantes e entendimentos atuais do fato social. A instância primordial do ideal de comunidade privada é a família. A teoria contratual clássica tem problema com a família por duas razões, uma delas explícita e a outra tácita, embora igualmente importante. Como a maioria dos pressupostos ideológicos bem estabelecidos, essas razões combinam lucidez e ilusão.

Primeiro, supõe-se que a família dependa de uma união de sentimentos e de um dar-e-receber flexível que o direito contratual desmontaria com suas alocações fixas de direitos e deveres sob regras rígidas. O próprio processo pelo qual os membros de uma família moldassem seus relacionamentos na linguagem de suas pretensões formais confirmaria e aceleraria a dissolução da família. A vida comunal precisa manter fluidas as linhas do direito subjetivo e do dever em atenção a uma confiança irrestrita. Precisa subordinar a ciumenta defesa da prerrogativa individual à promoção do propósito compartilhado e ao reforço do envolvimento mútuo.

A outra razão para separar a família, como núcleo paradigmático da comunidade privada, do contrato, como a negação da comunidade, é geralmente deixada implícita. Contudo, impede essa concepção do direito e a família de serem meramente sentimentais. A família burguesa do século XIX (ou sua sucessora diluída) constitui certa estrutura de poder. Como todas as estruturas de poder, convoca seus membros a aceitar a legitimidade de enormes desigualdades na distribuição de confiança. Nas versões mais puras, ao marido tinham que ser autorizados amplos poderes de supervisão e controle sobre a esposa e as crianças, como se a discricionariedade nas mãos delas pudesse colocar em perigo o grupo familiar. A fluidez dos direitos parece consistente com a manutenção e prosperidade da família apenas porque há uma autoridade no comando capaz de dar direção ao time.

A teoria contratual clássica nasceu lutando contra esse exercício de poder francamente pessoal e desigual. O direito de família pode permanecer penetrado por noções de status e atento a distinções hierárquicas entre parentes. Mas o direito contratual moderno foi construído como a versão culminante do universalismo abstrato. É hostil à autoridade pessoal como fonte da ordem; proclama igualdade na desconfiança. Os mecanismos da jurisdição e da barganha igualitária, autointeressada, não podem vir a concordar com a mistura iliberal de poder e submissão.

Quando combinados, esses dois elementos da concepção dominante de família e direito sugerem uma visão da família como uma estrutura de poder enobrecida pelo sentimento. Tanto como sentimento quanto como poder, ela repudia o estado de direito. Fosse a família mero sentimento, iria se desintegrar, já que de acordo com essa perspectiva o sentimento é precário e amorfo. Fosse a família poder bruto, não amaciado pelo sentimento, poderia não merecer preservação. A união redentora de autoridade e afeição providencia a alternativa à ordenação jurídica ou ao menos contratual. Fornece a chave mestra para uma compreensão de como Belmonte suposta ou admitidamente é em um mundo no qual nunca pode pretender ser mais que um satélite de Veneza.

Note que a visão toda da família para além do contrato depende da parceria entre uma concepção empobrecida de comunidade e uma visão estreita do direito em geral e do contrato em particular. A concepção de comunidade define a vida comunitária largamente de modo negativo, como ausência de conflito. A visão do direito exibe a prudência da desconfiança. Insiste em zonas claras de direitos discricionários dentro das quais o titular pode ser livre para exercer seu direito como quiser e para além das quais não pode reivindicar proteção. O resultado prático da oposição polêmica entre contrato e comunidade é deixar inadequadamente suportadas as interdependências sutis da vida social que florescem fora da estreita zona da comunidade reconhecida. O resultado prático para a própria comunidade privada é renovar a identificação do ideal comunitário com a autoridade e dependência pessoal que frequentemente marcam a vida familiar. Esse resultado explica por que a responsabilidade mútua pode se dar melhor, jurídica e faticamente, no impiedoso mundo dos acordos comerciais do que no suposto paraíso comunitário da vida familiar.

A oposição perigosa entre contrato e comunidade não exaure a visão social expressa pela coexistência entre o primeiro princípio e seu contraprincípio. Essa coexistência também sugere uma concepção das obrigações emergentes das interdependências sociais que não pode ser reconciliada com a simples oposição entre contrato e comunidade. Se essa margem imaginativa alternativa pudesse ser desenredada daquela oposição, poderia fornecer uma melhor base para a teoria contratual.

Princípio e contraprincípio: liberdade de contrato e equidade

Agora considere um segundo princípio e contraprincípio. O princípio afirma que as partes devem ser livres para escolher os termos de seu acordo. Exceto em casos especiais, não serão secundadas por uma corte, ao menos enquanto permaneçam dentro das regras básicas que definem um regime de contratação livre. (O tamanho exato dos problemas conceituais que essa qualificação cobre ficará aparente em breve.) Chame esse princípio de liberdade de contrato, em distinção com relação à liberdade para contratar. Suas fronteiras são traçadas pelo contraprincípio de que relações contratuais injustas não devem ser executadas. Antes de sondar os limites e manifestações desse contraprincípio, pode ser de ajuda o entendimento do problema central que esse segundo par de ideias jurídicas precisa resolver.

Regime contratual é apenas outro nome jurídico para mercado. O regime deixa de existir quando as desigualdades de poder e conhecimento se acumulam a ponto de transformar as relações contratuais em manifestação exterior de uma ordem de poder. A capacidade das partes contratantes de barganharem por iniciativa própria e por sua própria conta precisa ser real. Por outro lado, o compromisso em cancelar qualquer desigualdade de poder ou conhecimento assim que ela apareça também minaria um regime contratual. Mercados reais nunca são simplesmente máquinas para transações instantâneas entre agentes econômicos igualmente conhecedores e igualmente capazes de aguardar pela próxima oferta ou se retirar do curso atual da negociação. O sucesso contínuo em transações de mercado mostra-se parcialmente na construção de vantagens de poder ou conhecimento que permitem a seus beneficiários saírem-se muito melhor na próxima rodada de transações. Se cada um fosse rapidamente reposto a uma situação de igualdade dentro da ordem de mercado, o método responsável por essa reposição viria a ser o verdadeiro sistema de alocação de recursos. Tal método esvaziaria as transações de mercado de muito de seu significado.

À primeira vista pode parecer que essas duas fronteiras – a permissão da acumulação irrestrita de desigualdades e a correção delas tão logo surjam – deixam um espaço intermediário de solução tão largo que elas raramente restringem a organização de um regime contratual. Há um número indefinido de pontos nesse espaço em que o compromisso entre correção e permissão pode ser atingido. Não podemos derivar da ideia abstrata de mercado a decisão de desenhar a linha em um ponto em vez de em outro. Mas quando a análise dessa tensão se combina com a tese de que o mercado não tem qualquer estrutura institucional inerente, o resultado conjunto começa a parecer bem mais consequente.

A distância entre as fronteiras não permanece constante enquanto o caráter institucional do mercado muda. Alguns regimes de mercado, tomados em seu cenário político e social real, podem regularmente gerar ou incorporar tanta desigualdade que o mínimo de correção necessária para prevenir que se degenerem em ordens de poder chega a mais do que a máxima correção compatível com a autonomia de decisões descentralizadas de mercado. (Note a semelhança com o argumento anterior sobre desigualdade e proteção igual.)

A solução então é mudar os arranjos institucionais tanto da economia de mercado quanto da política democrática, democratizando o mercado e aprofundando a democracia segundo linhas como aquelas que esbocei anteriormente. Na falta de tal revisão, podemos tentar tomar iniciativas que prenunciem essa direção. Tais iniciativas podem destacar os problemas mais sérios para um tratamento especial (o exemplo do direito do trabalho como forma de suplementar o direito geral dos contratos na consideração da desigualdade na relação de emprego). Alternativamente, podem preferir *standards* e lemas vagos, sugestivos (como boa-fé ou abusividade),[17] que uma vez interpretados no contexto podem suportar ajustes *ad hoc* dos termos contratuais toda vez que a desigualdade ameace eviscerar o contrato. Ambas as respostas podem limitar o impacto subversivo da correção sobre o corpo de direito contratual central, embora poroso e em retração.

Há vários modos complementares de dizer se e quanto uma particular ordem econômica sofre desse problema. O mais importante, o estudo empírico das relações de mercado, está além das ambições desta análise. Sua menção aqui fornece uma das várias ocasiões para lembrar que a descrição e a explanação social empírica representam parte integrante

---

17   No original: *unconscionability*. [N.]

da doutrina desviacionista. Um segundo modo, a definição do caráter institucional específico da economia de mercado em questão, formou parte da minha discussão programática anterior. As páginas seguintes exploram um terceiro caminho: a interpretação das soluções especiais que servem como substitutos para a reconstrução institucional.

Considere as formas tomadas pelo contraprincípio da equidade[18] em duas das áreas óbvias de sua aplicação: o direito que governa a resolução contratual por alteração das circunstâncias ou erro substancial e o direito da coação, cujos problemas se estendem ao direito do trabalho. Em cada um desses cenários, a ideia de equidade toma diferente sentido. Seu significado inclusivo é a soma dessas e de outras conotações fracamente associadas.

Uma das partes ou ambas podem atribuir a algo que estão trocando uma qualidade que o objeto não possui. Ou podem ignorar uma qualidade que ele na verdade possui. Um evento subsequente ao fechamento de um contrato executório pode mudar, mesmo radicalmente, o valor relativo das prestações. Em qualquer dos casos, uma discrepância pode emergir entre o valor real e o esperado ou imaginado. Em que ponto a distorção produzida pelo erro sobre o presente ou o futuro justifica uma revisão do contrato? Fixar as perdas onde elas recaíram ou deveriam haver recaído no momento da conclusão da execução contratual pode produzir um resultado ao menos tão arbitrário quanto a execução estrita do acordo original. Consequentemente, se deve haver alguma revisão, o problema real torna-se se e como encontrar uma distribuição alternativa das perdas e ganhos. Contra a correção pode-se argumentar que todos os contratos são suposições pelas quais as partes imaginam quanto as coisas provavelmente vão valer para si no futuro. O limite externo desse argumento, todavia, reside nas pressuposições feitas sobre os riscos que as partes pretendem assumir.

O problema regularmente surge de uma ambiguidade nas expectativas que se supõe que o direito contratual deve proteger: a expectativa pode ser um interesse em certa prestação ou no valor de troca que essa prestação incorpora. Mesmo quando a prestação consiste em pagamento em dinheiro, a ambiguidade não desaparece. O próprio direito importa por causa de seu valor de troca e esse valor pode sofrer variações radicais e inesperadas.

---

18   No original: *fairness*. [N.]

O MOVIMENTO DE ESTUDOS CRÍTICOS DO DIREITO:

A questão poderia ser resolvida se o direito observasse as partes em cada transação comum como apostadores de alto risco e seguidores implacáveis de uma lógica segundo a qual as coisas valem apenas o valor que as partes lhes atribuem em determinadas transações. O direito se recusa a isso. Contra a objeção de que essa recusa serve meramente para interpretar a intenção das partes, e não para impor uma ideia independente de equidade, há duas respostas. Primeiro, dada a impossibilidade de estabelecer detalhadamente todas as pressuposições de uma transação, as intenções nunca poderiam ser suficientes. Segundo, ao se rejeitar a ideia extremada do apostador, o direito compromete-se a buscar padrões minimalistas de equivalência que transcendam os termos de uma determinada relação comercial. Precisamos desses padrões tanto para dizer quando as coisas não foram bem quanto para fazê-las da forma correta.

A tenacidade com a qual o direito conduz a investigação desses padrões é ainda mais notável porque trai a disposição para imaginar como um mercado organizado de outro modo poderia haver operado. O objetivista jurídico, como o teórico econômico ingênuo, pode reivindicar que nessa situação somos apenas demandados a figurar o funcionamento de um mercado livre de imperfeições. O crítico do objetivismo sabe que mercados mais descentralizados podem ser descentralizados de diferentes formas e com diferentes efeitos. Ele reconhece que a seleção dos padrões corretivos já envolve uma escolha implícita de um entre um número indefinido de mercados mais perfeitos concebíveis, cada um com suas pressuposições institucionais distintivas. O mercado imaginário então fornecerá os critérios para completar, reformar ou substituir as transações nos mercados existentes.

O contraprincípio da equidade reaparece nas regras e doutrinas que policiam o processo das relações comerciais. Um acordo será executado apenas se resultar de um mínimo indispensável de decisão livre e bem pensada por todas as partes envolvidas. O atrativo óbvio dessa tática é que ela parece dispensar a necessidade de avaliar posteriormente a equivalência das prestações. Ela assim minimiza os efeitos subversivos do mercado da correção intervencionista. Ademais, ela apenas estende ao direito contratual a mesma busca por um processo neutro que caracteriza o argumento liberal tradicional para as instituições estabelecidas e os métodos dominantes da filosofia política liberal.

Aqui como em outros lugares essa pesquisa gera problemas. O coração dos problemas reside no que precisa ser feito para reconciliar a figura idealizada da troca com as formas institucionais existentes da economia de mercado. A reconciliação tentada termina por demandar, embora esporádica e indiretamente, o próprio controle dos termos do contrato que a ênfase nos procedimentos transacionais pretendia evitar. Nenhum ramo do direito contratual apresenta esses temas mais claramente que o direito da coação.

A doutrina anglo-americana da coação cruza cada uma das três fronteiras que circunscrevem seu território tradicional. Ela se desenvolveu nos limites entre a desigualdade extravagante e a desigualdade estrutural, no caso do náufrago e no caso do pobre. Ela demonstrou maior disposição em impor um *standard* de boa-fé sobre o exercício de direitos formais. E demonstrou uma preocupação mais ou menos explícita com a equivalência aproximada das prestações, embora frequentemente trate a falta de equivalência grosseira como um mero gatilho para um escrutínio mais estrito do processo de barganha.

O resultado mais característico dessa expansão múltipla foi a doutrina da coação econômica, com seu conceito-chave de poder de barganha. Segundo essa doutrina, um contrato pode ser anulável por coação econômica sempre que uma desigualdade significativa de poder de barganha exista entre as partes. Grandes desigualdades de poder de barganha, todavia, são muito comuns nas economias de mercado existentes, fato mostrado não apenas pelos negócios entre consumidores individuais e grandes corporações empresariais, mas também pelas enormes disparidades de escala e poder de mercado entre as próprias empresas. Então, a doutrina da coação econômica precisa servir como uma comissão itinerante para corrigir as formas mais escandalosas e abertas de um tipo onipresente de disparidade.

O pressuposto não comprovado da doutrina é que a quantidade de intervenção corretiva necessária para prevenir que um regime contratual se torne uma ordem de poder não será tão grande a ponto de destruir a vitalidade da tomada de decisão descentralizada por contrato. Se esse pressuposto se provasse falso, nenhum compromisso entre correção e abstenção poderia atingir seu resultado pretendido. A única solução seria aquela que tal compromisso é desenhado para evitar: a reconstrução dos arranjos institucionais que definem uma economia de mercado.

A manifestação doutrinária desse problema é a vagueza do conceito de coação econômica. O custo de se evitar que a doutrina da coação revisada se destrambelhe e corrija quase tudo é desenhar linhas instáveis, injustificadas e injustificáveis entre contratos que são anuláveis e aqueles que não são. No caso, o direito desenha essas linhas por uma estratégia de indefinição estudada, embora possa fazer o mesmo, como frequentemente fez em outros lugares, por meio de distinções precisas, mas provisórias.

Ao menos uma área da vida social, contudo, os equívocos da coerção econômica não irão tocar: as relações entre capital e trabalho. Aí a forma contratual arrisca a tornar-se uma falsificação que encobre a realidade do poder indisciplinado. Se ao trabalho não fosse permitido organiza-se e negociar coletivamente, a disparidade entre o modelo contratual e a realidade econômica permaneceria imensa e inequívoca em um aspecto central da vida social. Então seria claro que a única correção capaz de distinguir o contrato da subjugação seria a abolição do contrato, pelo controle de todos os seus termos ou correção de todos os seus resultados. A solução foi excluir as relações de trabalho do corpo central do direito contratual e lançar mão do método do "poder compensatório": uma vez que os trabalhadores são autorizados a se organizarem, podem enfrentar empregadores em termos iguais. A negociação coletiva institucionalizada do trabalho e da gestão pode então restabelecer a validade do modelo contratual. Pode fazê-lo sem ameaçar qualquer rompimento mais profundo e até sem mostrar que o resto da ordem econômica é também um artefato de invenção institucional e conflito social. Mas a solução limitada enfrenta dois enigmas conexos, que juntos descrevem o xis da doutrina de direito do trabalho.

O primeiro enigma é o paradoxo da justiça procedimental. Sua expressão doutrinária característica no direito do trabalho americano é o problema do dever de negociar em boa-fé e da relação desse dever com o escrutínio administrativo e judicial das propostas substantivas feitas no curso da negociação coletiva. O mercado especial, reconstruído, de capital e trabalho não funcionará a menos que ambas as partes permaneçam comprometidas com ele, aceitando-o como a moldura institucional de suas relações mútuas. Ao contrário do mercado em geral e da comunidade política em geral, esse mercado pode ser circunscrito, porque é apenas uma parte localizada da ordem circundante, moldada segundo regras distintivas. A parte mais poderosa, usualmente embora nem sempre o empregador, terá incentivo para mover-se fora desses limites. O dever de negociar em boa-fé é o dever de tomar a moldura especial como aquela que conta.

Como o cumprimento desse dever deve ser avaliado? Se o tribunal ou agência administrativa se contenta com uma demonstração de compromisso, uma disposição de seguir os passos da negociação, o dever perde sua força. As partes podem então confiar apenas em seu poder e astúcia. De outro lado, qualquer teste de conformidade mais ambicioso parece demandar que o Departamento Nacional de Relações de Trabalho ou a corte julguem a equidade das propostas e contrapropostas que as partes fazem umas às outras no curso de suas negociações. Essa demanda envolveria o corpo supervisor em algo perigosamente próximo da regulação substantiva das relações de trabalho que todo o maquinário do poder compensatório foi desenhado para evitar. Então, o Congresso emendou a Lei Nacional das Relações de Trabalho para subverter uma linha de decisões administrativas e judiciais que considerou o dever de negociar em boa-fé como mandato para avaliar o conteúdo das ofertas e contraofertas das partes. Na verdade, mesmo após essa visão ser repudiada pelo legislador, o Departamento Nacional de Relações de Trabalho encontrou vias mais circunspectas para reafirmá-la. O paradoxo da justiça procedimental sugere por que: como a instituição mais imediatamente responsável por supervisionar a integridade do sistema de negociação coletiva como uma moldura institucional corretiva, o Departamento tinha boas razões para não desistir.

O segundo problema relacionado que incomoda a técnica do poder compensatório é o paradoxo da discricionariedade gerencial. Sua referência doutrinária mais familiar no direito americano é a questão dos direitos retidos. Os direitos e obrigações deixados não especificados em acordos coletivos estão sujeitos a arbitragem ou são questões dentro do escopo da autoridade gerencial? Tratar a todos como problemas para negociação e ajuste contínuos implica que toda a vida interna da organização precisa estar sujeita a um regime de regras e direitos fixos.

Tal abordagem colocaria em perigo o requisito de discricionariedade e flexibilidade – a capacidade, que qualquer instituição produtiva ou prática precisa ter, de mudar a organização do trabalho de acordo com oportunidades e restrições práticas emergentes. Mas aceitar a alternativa, a abordagem dos direitos retidos, é minar a credibilidade do poder compensatório como rota para a restauração dos acordos contratuais entre capital e trabalho, pois então pareceria existir um desequilíbrio fundamental nas relações entre as partes.

A autoridade discricionária que a negociação coletiva não pode atingir pode ser justificada como um imperativo de necessidade técnica impessoal. Tal justificação, todavia, torna-se vulnerável a argumentos e experimentos que mostram como resultados práticos similares podem ser atingidos por formas alternativas de organização do trabalho, dentro ou fora do mesmo sistema econômico. As raízes da dificuldade residem na impossibilidade de contratualizar completamente o poder na vida interna da firma e na pressão por um modo alternativo de legitimação e responsabilização. A reorganização do ambiente de trabalho e da economia teria que fazer o que a negociação coletiva e os imperativos alegadamente técnicos não podem, mas precisam fingir poder realizar.

Os problemas dos direitos retidos e da negociação de boa-fé estão diretamente relacionados: traduzimos um como o outro sempre que perguntamos que direitos caem no escopo do dever de boa-fé. Os paradoxos da discricionariedade gerencial e da justiça procedimental subjacentes a essas questões doutrinárias são ainda mais estreitamente conectados, de maneiras que o efeito convergente desses paradoxos torna claro.

Essas antinomias mostram que, em seus próprios termos e em seu terreno próprio, o mecanismo do poder compensatório não pode obter correção o bastante para distinguir contrato de poder sem impor tanta correção que o contrato se torna vítima de um método superior de alocação de recursos e distribuição de renda. Sugerem mais inequivocamente o que a análise da doutrina da coação econômica meramente insinua: que qualquer solução adequada demandaria uma remodelagem institucional mais ampla da economia e de seu cenário governamental e social. A tentativa de defender o coração da teoria contratual dispensando tratamento especial aos problemas intratáveis da relação de emprego volta-se contra si mesma. Acaba por jogar uma luz crítica na zona central do contrato que esperava blindar de qualquer ataque.

Nos contextos de sua aplicação que acabaram de ser discutidos, o contraprincípio da equidade adquire vários significados. Equidade significa não tratar as partes, e não permitir que se tratem, como puros apostadores, a menos que eles vejam a si mesmos dessa forma e tenham a medida de igualdade que permita a cada um tomar conta de si mesmo. Normalmente é necessário considerar que as partes agem em uma situação de riscos limitados e discriminados e transacionam segundo pressupostos que nunca podem ser completamente definidos e cujos termos relevantes podem ser explicáveis apenas retrospectivamente. Os participantes precisam assegurar-se mutuamente contra erros e infortúnios que caiam fora dessas fronteiras. Nessa medida, o segundo contraprincípio interseciona o primeiro.

Equidade também significa que a desigualdade entre as partes torna o contrato suspeito e, para além de certa medida de disparidade de poder, inválido. Em particular, não se poderá facilmente interpretar que partes desiguais estejam em situação de mero jogo de risco. Quando o limite dos riscos aceitos e aceitáveis é atingido ou quando as desigualdades na relação contratual começam a diminuir a força do modelo contratual, o direito tentará restituir ou inventar uma equivalência aproximada de prestações ou de participação nas perdas e ganhos. Pode fazê-lo confusa e cobertamente, mas enquanto o contraprincípio permanecer vivo o fará de qualquer modo. Logo, a ideia de equidade acaba por conectar uma preocupação com equivalência aproximada nos resultados com uma visão mais ampla das condições sob as quais o contrato vira uma fachada para o controle.

Uma análise da estimativa recíproca entre o segundo princípio e seu contraprincípio apresenta uma variação de um problema central. A correção da equidade precisa ser focalizada e esporádica, e não difundida, se não se quer suplantar o regime contratual por outro método primordial de alocação. Mesmo em sua forma limitada e preservadora do contrato, a correção torna-se arbitrariamente seletiva: para cada situação corrigida parece haver outra similar a ela deixada intocada.

É a mesma lição ensinada pela análise da proteção igual corretora da generalidade: distinções injustificáveis parecer ser a alternativa a uma intervenção dominante e abrangente. Lá, na proteção igual, essa intervenção frustraria o plano constitucional, concentrando todo o poder real nas mãos de juízes ou outros operadores da doutrina. Aqui, no contrato, liquidaria o regime contratual, preservando suas formas exteriores. Aqui como lá, a solução real é a transformação, inclusive a transformação pela doutrina, da moldura institucional da ação econômica e política.

Podemos representar a relação dos dois contraprincípios com os dois princípios de duas formas. A visão dominante trata a estrutura institucional existente como dada. Considera o esquema imaginativo dos modelos de associação humana possível e desejável, incluindo o contraste entre contrato e comunidade, como rigidamente definido. Segundo tal perspectiva, os contraprincípios são anomalias. Evitam que os princípios produzam injustiça em casos raros, se não extremos. A separação de *equity* e *common law* na história jurídica anglo-americana deu suporte institucional a essa abordagem. Se, todavia, começamos com a premissa de que a ordem institucional e imaginativa subjacente pode e deve ser mudada, os contraprincípios perdem qualquer relação estável, natural e contida com os princípios. Podem até servir como pontos de partida para um regime de direito e doutrina que reverta o relacionamento tradicional e reduza os princípios a um papel especializado. O próximo passo na análise avança essa possibilidade.

O MOVIMENTO DE ESTUDOS CRÍTICOS DO DIREITO:

A contravisão testada: casos de dificuldade exemplar

A segunda tarefa nesse modelo de doutrina desviacionista é analisar áreas de controvérsia jurídica mais intensa que demandam e iluminam a escolha entre essas duas visões da relação entre princípios e contraprincípios. Esses casos de dificuldade exemplar fornecem alguns dos materiais com os quais se pode desenvolver a segunda visão, mais controversa, como uma teoria geral da natureza dos direitos e das fontes de obrigação. São exemplares porque, embora aparentemente desimportantes e inventados, desnudam as disputas fundamentais em um campo inteiro do direito.

Tais casos têm duas características definidoras. Primeiro, são circunstâncias em que a doutrina e a jurisprudência se dividem. Porque nenhuma visão prevalece, a coerência do sistema doutrinário parece erodir e as decisões dos juízes parecem imprevisíveis. Segundo, a peculiar desintegração envolvida traz à tona a rivalidade de concepções abrangentes no pensamento jurídico: em particular o conflito entre concepções alternativas do jogo mútuo entre princípio e contraprincípio naquela área do direito. A análise dessas zonas de argumentação intensificada pavimenta o caminho para transformar a contravisão em uma teoria geral das fontes de obrigação e da natureza dos direitos, uma teoria capaz de guiar a reconstrução da doutrina contratual.

Escolhi como casos de dificuldade exemplar uma série de problemas relacionados no direito americano contemporâneo do erro, apresentada na forma de três situações típicas, recorrentes, assim como de diferenças na jurisprudência e na doutrina que essas circunstâncias evocam. Assim como o contrato foi amplamente considerado como o ramo do direito mais suscetível à análise e à técnica "pura", apolítica, também as regras e doutrinas do erro contratual são frequentemente tomadas como representantes do alto nível dessa pureza técnica. Nesse ramo do direito, frequentemente se diz que a existência de soluções claras é mais importante que seu conteúdo. Logo, será especialmente agradável redescobrir aqui os traços de um conflito mais amplo de visão.

Tome primeiro a situação padrão de contratos concluídos por correspondência ou por outros meios que demandam um lapso substancial de tempo entre oferta e aceitação. À medida que o direito da oferta e da aceitação se destina a reprimir a especulação do ofertado assim como a proteger sua confiança, ele assume um pressuposto básico sobre as possibilidades de juízo moral. O pressuposto é que seria muito perigoso tentar distinções entre casos de revogação injusta e inocente. Revogações injustas seriam aquelas pelas quais um ofertante procura revogar uma oferta já recebida, ou um ofertado tenta revogar uma aceitação já despachada, mas ainda não recebida, devido à mudança de pensamento sobre a lucratividade do negócio ou mudanças nas condições de mercado supervenientes ao despacho da aceitação. Revogações inocentes ocorreriam em circunstâncias nas quais o ofertante ou o ofertado revogam para corrigir um erro que não diz respeito ao juízo do negócio.

O ofertante pode, por exemplo, colocar uma oferta que resulta de cálculos defeituosos ou de uma má compreensão a respeito do que ele concordou fazer. O direito do erro fracassa em cobrir seu erro unilateral. A outra parte pode não haver sido prejudicada, seja porque ainda não agiu em confiança, seja porque não poderia ter agido, como destinatária de uma aceitação despachada, mas ainda não recebida.

A teoria contratual clássica regularia as revogações injustas e inocentes do mesmo modo. Defenderia que tais distinções na qualidade moral da conduta são muito leves e frágeis para servir como bases úteis para as regras de oferta e aceitação. O erro moral precisa ser eximido de proteger o bem, ou o bem deve ser sacrificado para que o mal seja escusado.

Uma abordagem alternativa distinguiria entre revogações inocentes e injustas. Por exemplo, proibiria a revogação de uma aceitação já despachada quando o propósito da revogação é meramente transferir uma perda significativa ao ofertante. Poderia, porém, permitir uma revogação inocente, dependendo da irrepreensibilidade dos erros de cálculos do ofertado e da seriedade das perdas prospectivas do ofertante.

O peso esmagador da opinião judicial e do entendimento doutrinário no atual direito contratual americano recai sobre o lado da visão tradicional, moralmente agnóstica. Não obstante, exceções notáveis podem ser encontradas. A maior parte dessas decisões anômalas foi tomada em um cenário judicial especial que encorajou a inovação, ainda que apenas para isolar a inovação do corpo geral de direito contratual: quando, por exemplo, o Tribunal de Apelação estava tratando de uma tentativa de revogação inocente, por contratante privado, de oferta para fornecer bens e serviços ao governo. Muitas dessas opiniões judiciais falham em articular a distinção crucial entre situações injustas e inocentes. Em vez disso, atingem o mesmo resultado prático enfatizando fatores previamente considerados como irrelevantes, como uma mudança na regulação postal que permite ao remetente retirar a correspondência do correio.

A circunstância fática do problema do contrato por correspondência fornece as condições gerais mais favoráveis à visão clássica: um contrato plenamente comercial no contexto, no qual todos os procedimentos contratuais de fechamento de contrato (que para esse propósito podem ser chamados de formalidades) foram completados. Os dois próximos casos apresentam circunstâncias em que este último pressuposto é progressivamente relaxado. À medida que ocorre o relaxamento, a abordagem alternativa fortalece sua presença no direito vigente e ganha tanto em clareza quanto em complexidade.

O erro de cálculo constitui uma segunda situação fática recorrente. O contrato é feito presencialmente pelas partes. Uma comete um erro, inocente salvo por negligência, nos cálculos que precedem imediatamente a integração ou a formalização escrita do contrato. Procura corrigir o erro depois que o contrato foi feito, mas antes de a outra parte ter agido com base nele.

O direito em vigor dá soluções claras quando o escrito formula mal o acordo ou uma parte julgou errado o mercado. O problema vem com o erro nos cálculos mecânicos que produziram o memorando. Há duas situações para distinguir. Se o ofertado conhece ou deve conhecer o erro do ofertante, ele não prevalece. Se age com base na oferta, sua confiança deve ser dispensada como injustificada. Se o ofertado nem conhece nem tem razão para conhecer o erro do ofertante nos cálculos matemáticos subjacentes ao memorando, há mais dois outros casos para distinguir.

O ofertado pode agir com base na oferta – justificadamente nesse caso. Em tal evento, a maioria dos juízes e cortes americanas de hoje provavelmente exigiria que o ofertante cumprisse o contrato. Um direito contratual mais plenamente informado pela visão alternativa que esta análise está começando a esclarecer poderia ditar que nessa circunstância as perdas devem ser dividias entre o ofertante e o ofertado, segundo o grau da negligência do ofertante e mesmo a capacidade comparativa das partes de sustentar a perda.

Suponha, contudo, que o ofertado, sem razão para conhecer o erro do ofertante, ainda tenha agido com base no contrato quando tomou ciência do erro. Esse é o ponto em que a opinião autoritativa no direito americano contemporâneo chega perto de uma paralisação. Os fatores em questão são claros. De um lado, pesam as formalidades completadas de um contrato executório bilateral, que, contudo, ainda não amadureceu em ações tomadas com base nele. De outro lado, há o erro e o infortúnio. O erro resulta de alguma negligência – poderia haver sido evitado por uma conduta mais cuidadosa –, mas dificilmente de uma tentativa intencional de sair de um mau acordo de negócio. Embora mais sério e menos merecedor de suporte judicial que o mero erro de escrita, merece mais ajuda que uma decisão tola de um homem de negócios sobre a condução do seu negócio.

Você pode já começar a discernir nessa divisão de autoridade os elementos de uma controvérsia fundamental, mesmo que as decisões judiciais e outras autoridades doutrinárias frequentemente manipulem o direito do erro de forma que obscurece os problemas. Aqueles que não permitirão ao ofertante ser eximido aderem a uma visão das regras da formação dos contratos que se recusa a distinguir o erro injusto do inocente, e vê o direito do erro como mais um lugar para confirmar a primazia dos princípios e o caráter anômalo dos contraprincípios. Nessa visão, as formalidades quase completadas e o contexto comercial são suficientes para trazer à tona as normas tradicionais de responsabilidade contratual. A abordagem alternativa opõe a qualidade do desejo do promitente em se desvincular à qualidade do cumprimento do ofertado. A troca de promessas não é irrelevante para essa análise, apenas não é a história toda. Essa contravisão parece implicar um papel para os contraprincípios muito diferente daquele que lhes é atribuído pela visão clássica. Para testar os limites desse contraste de concepções, considere uma terceira situação, ainda mais complicada.

Esse problema frequentemente ocorre em negociações entre contratantes gerais e subcontratantes. Fornece uma cola dos manuais americanos sobre contratos. Um contratante geral considera entrar em oferta para trabalho que demandará que ele pague um subcontratante por bens e serviços. Para determinar a quantia de sua própria oferta, solicita ofertas dos subcontratantes. Agindo com base na menor estimativa dos subcontratantes, o contratante geral a coloca na oferta, que é aceita. Antes de o contratante geral poder aceitar a oferta do subcontratante, este lhe informa que ele, o subcontratante, cometeu um erro em seus próprios cálculos como resultado de haver somado errado ou não haver entendido a natureza do trabalho. Pode o contratante geral exigir do subcontratante sua oferta?

A teoria contratual clássica negaria que o subcontratante está vinculado. Já que sua "oferta" não foi aceita antes de ser revogada, nenhum contrato se formou. Alguns casos famosos explicitamente rejeitaram a adequação do interdito promissório nessa circunstância. Aqui como em todo lugar, o esforço para confinar o interdito promissório a um contexto de doação é motivado pelo medo de que ele possa ser usado para subverter o direito contratual, na verdade fazendo ofertas vinculantes que são revogáveis pelas regras que governam a formação dos contratos.

É claro nessas situações que, se o contratante geral tem razão para saber do erro do subcontratante, ele não pode responsabilizá-lo. Se, pelo contrário, o contratante geral fracassa no uso da oferta do subcontratante, ele, o contratante geral, não tem o que reivindicar. Mas e se ele na verdade usar a oferta? Quanto maior a perda que a recusa do subcontratante à sua prestação causar no contratante geral por causa da diferença entre a oferta do subcontratante e a próxima oferta mais baixa, maior é a probabilidade de que o contratante geral possa haver tido razão de suspeitar de algo errado. Se o prejuízo é grande, mas o contratante geral, não obstante, não tinha base para pressentir um erro, o subcontratante pode ser forçado a sustentar sua oferta. Os casos difíceis, fronteiriços, no presente estado do direito americano usualmente ocorrem quando a ação do contratante geral é real, mas tênue. Embora tenha usado a oferta do subcontratante, a liberação deste pode causar ao contratante geral apenas um prejuízo leve ou incerto.

Por que isso deveria ser um caso difícil, se o problema do erro de cálculo torna-se próximo apenas quando o ofertado ainda não agiu com base na oferta errada? Nesse caso, a mínima ação confiante do ofertado inocente pode ser suficiente para dissipar toda dúvida e lhe conferir um direito certo contra o ofertante que errou. A diferença é a existência na situação anterior de uma oferta comercial que foi plenamente aceita. Um contrato ou algo próximo disso veio a existir, nascido sob as nuvens de um erro nos passos imediatamente anteriores à integração. No caso do contratante geral e do subcontratante, todavia, não há aceitação, logo não há contrato, a menos que se adote a análise implausível do contrato unilateral, segundo a qual o uso da oferta foi em si mesmo a aceitação buscada, ou que se aplique a doutrina do interdito promissório e se veja o interdito como mero "substituto da contraprestação".

Essas três situações mostram um decréscimo progressivo na perfeição das formalidades, na completude dos passos que levam a um contrato bilateral executório padrão. No primeiro caso, o promissário não precisa haver agido com base na promessa para entrar com uma ação persuasiva, porque ele já tem o processo de oferta e aceitação concluído. No segundo caso, a posição do promissário ganha força na medida em que o hiato aberto pela falta de aceitação é completado pela confiança legítima, legítima em parte porque o direito aplicável é obscuro ou dividido. Pesando do outro lado nos dois casos está o erro e o infortúnio do promitente, o impulso de livrá-lo das consequências onerosas do que pode haver sido uma medida pequena, comum, de imprudência.

A introdução do elemento da ação em confiança legítima complica a queda de braço entre a visão clássica e a contravisão. Na circunstância do erro de cálculo, a visão clássica favorece o promissário; a contravisão, o promitente. Na situação do contratante geral e do subcontratante, a visão clássica, sem interdito promissório, claramente favorece o promitente (o subcontratante). Mas de que lado a contravisão está aqui? Tanto o erro relativamente inocente do promitente quanto a ação em confiança legítima do promissário precisam ser considerados. As perdas podem ser distribuídas conforme o grau de culpabilidade do promitente, a medida da confiança legítima do promissário e, no desenvolvimento último da doutrina, a relativa capacidade das partes de sustentar a perda.

Esse último caso de dificuldade exemplar dá suporte ao sentido em que, em todos esses pontos focais de perplexidade, encaramos não apenas uma escolha entre preocupações concorrentes dentro de uma moldura conceitual compartilhada, mas um conflito entre molduras conceituais. O resultado desse conflito importa para a solução de problemas jurídicos tangíveis. Que o centro da controvérsia esteja em um lugar e não no outro, em dada jurisdição e em dado tempo, é consequência do conteúdo particular e da relativa influência das abordagens rivais. Porque a visão clássica define seu campo de operação tão largamente em termos de contexto comercial e formalidades completadas, a força da contravisão pode ser medida por sua capacidade de tornar controversas mesmo situações que chegam crescentemente perto do caso-limite de um cenário comercial extremo e de formalidades totalmente completadas.

Que há uma contravisão coerente funcionando aqui, e que isso implica uma visão alternativa de como os contraprincípios se relacionam com os princípios, são proposições que ainda não foram totalmente estabelecidas. Fazer isso é a tarefa de um terceiro estágio desse modelo de doutrina desviacionista. Ele esclarece a contravisão ao explicar e generalizar seus pressupostos-chave sobre as fontes das obrigações a natureza dos direitos.

A contravisão generalizada: as fontes de obrigações e a natureza dos direitos

Abrevio este terceiro estágio de análise porque já antecipei muitos pontos. A abordagem dominante de problemas contratuais assume que as obrigações têm duas principais fontes: a imposição unilateral de um dever pelo estado (como nas várias formas de responsabilidade civil) e a negociação articulada em total conformidade com os procedimentos de contratação estabelecidos. A teoria contratual trata qualquer fonte adicional, inclusive relações de interdependência, como uma penumbra incerta de acordo expresso ou como uma qualificação de equidade dos princípios básicos do direito. A teoria dos direitos que se ajusta a essa visão das fontes de obrigação observa os direitos como se desenhassem uma zona de ação discricionária cujos limites são definidos no momento da definição inicial do direito. As linhas de fronteira podem ser sujeitas a disputa em dado contexto de exercício real ou ameaçado do direito, mas não a maior extensão ou retracejamento. Uma preocupação com os efeitos do exercício sobre outra parte transformaria as relações de interdependência em fontes de obrigações que poderiam completar ou mesmo suplantar os termos acordados.

A contravisão depende de premissas muito diferentes. Implica que obrigações, na verdade, sujam primariamente de relacionamentos de dependência mútua apenas incompletamente moldados por deveres impostos pelo governo ou por acordos perfeitos. A situação em que um ou outro desses fatores moldantes opera sozinho para gerar obrigações consiste, nessa visão alternativa, nas extremidades de um espectro. No centro desse espectro, o acordo deliberado e os deveres impostos ou reconhecidos pelo estado tornam-se menos importantes, embora nunca desapareçam completamente. O mais próximo que uma situação esteja do centro, mais claramente os direitos adquirem uma definição em dois estágios: a definição inicial, provisória, de qualquer direito precisa agora ser completada. Aqui as fronteiras são desenhadas e redesenhadas em contexto, de acordo com os julgamentos tanto das expectativas geradas por interdependência quanto do impacto que um particular exercício de um direito pode ter sobre outras partes da relação ou sobre a própria relação.

Dentro dessa visão das fontes de obrigações e da natureza dos direitos, a contravisão do contrato tem lugar seguro. Em cada um dos casos de dificuldade exemplar que acabaram de ser discutidos, a contravisão dá força às obrigações de interdependência que não podem ser adequadamente entendidas como uma questão de exceções estreitas ou vagas diluições. Ela incorpora a análise de declarações ou promessas explícitas em uma moldura mais abrangente, que também leva em consideração o mérito e a medida da ação confiante do promissário e a qualidade moral da reivindicação de liberação do promitente. Essa moldura desenvolve o primeiro contraprincípio e o relaciona ao princípio da liberdade para contratar de formas que enfatizam a interseção de contrato e comunidade.

Casos de dificuldade exemplar também poderiam haver sido apresentados em áreas como a negociação de boa-fé, os direitos retidos no direito do trabalho ou a coação econômica nos contratos em geral. Teriam, então, focado a análise sobre o problema de se distinguir um regime contratual de uma ordem de poder. A contravisão assim generalizada começaria por enfatizar a impossibilidade de distinguir adequadamente contrato de dominação sem mudar a estrutura institucional da atividade econômica ou, ao menos, sem adotar uma série de alternativas secundárias a essa reconstrução institucional.

Uma dessas alternativas imperfeitas pode ser a insistência implacável sobre as características do direito atual desenhadas para prevenir a confusão de contrato com subjugação. As tentativas obstinadas do Departamento Nacional de Relações de Trabalho de resistir à evisceração do dever de negociar em boa-fé oferecem um exemplo modesto.

Uma teoria contratual capaz de dar lugar seguro a essa versão da contravisão incorporaria a tese de que regimes de direito contratual e doutrina contratual diferem crucialmente no grau em que podem evitar corrigir negociações até miná-las, sem permitir que se tornem um disfarce par a subjugação. A visão também reconheceria que a organização institucional da economia, como definida pelo direito, determina essas diferenças entre sistemas de mercado. Tal teoria contratual implicaria uma mudança radical na relação do contraprincípio de equidade com o princípio da liberdade de contrato.

Portanto, o conteúdo inicial da contravisão depende em parte dos casos de dificuldade exemplar com os quais se começa. Uma versão mais inclusiva emergiria do teste de vários desses casos em diferentes áreas do direito. Uma concepção teórica bem-sucedida seria aquela que tornasse inteligível cada uma dessas contravisões parciais, enquanto ajudasse a resolver conflitos entre elas. Para o conjunto de problemas discutidos aqui, ela combinaria a visão de contrato e poder há pouco descrita com uma teoria revisada dos direitos e das fontes de obrigações. A ambição não é fechamento e completude, mas a contínua crítica e autorrevisão; não finalidade, mas corrigibilidade.

A contravisão estendida e restrita

O quarto estágio deste modelo de doutrina desenvolve a contravisão descrita no segundo estágio e generalizada no terceiro, estendendo-a aos problemas jurídicos que não geram casos de dificuldade exemplar no direito atual. Considera para esse propósito o direito das relações fiduciárias e a questão do seu lugar dentro do corpo principal de direito contratual.

Um dos atributos mais notáveis da teoria contratual clássica é sua oscilação entre um ideal de altruísmo estrito em um conjunto confinado de situações e a tolerância com o autointeresse irrestrito na grande maioria dos contratos. Assim, nas relações fiduciárias uma parte pode ser demandada a conferir aos interesses da outra parte um peso maior que sobre os seus interesses (ou, em todo caso, ao menos igual ao de seus interesses). No contrato comercial comum, todavia, os interesses da outra parte podem ser tratados como desconsideráveis desde que o titular permaneça dentro da zona de ação discricionária. (Qualificações a esse padrão, como as regras que governam a mitigação de danos, são relativamente desimportantes.) Essa licença apenas reafirma a abordagem da natureza dos direitos e das fontes de obrigações que caracterizam a teoria contratual dominante.

O padrão de solidariedade mais alto, aquele que dá primazia aos interesses da outra parte, é necessariamente excepcional. Qualquer tentativa de insistir sobre isso na generalidade das negociações fugiria tão radicalmente dos padrões pelos quais as pessoas normalmente lidam umas com as outras que meramente encorajaria a evasão e a hipocrisia massivas, acopladas com um sufocante despotismo da virtude. Não segue daí, entretanto, que os contratos e encontros humanos comuns devam ser circundados pela noção de que uma pessoa pode tratar os interesses da outra como se não existissem. Na verdade, as partes de relações contratuais recorrentes ou contínuas, e frequentemente também de transações pontuais, parecem geralmente aderir a um padrão bem mais estrito.

A contravisão recusa-se a aquiescer com a rígida oposição de comunidade como devoção altruísta e contrato como um fazer dinheiro insensível. As ideias teóricas sobre a qualidade dos direitos e as fontes de obrigação que atribuem papel dominante aos contraprincípios implicam um contínuo sombreamento entre contrato e comunidade. Informada por aquelas ideias, a doutrina pode desenvolver uma série de critérios distintivos para caracterizar situações adequadas para a aplicação de uma restrição de solidariedade mais limitada, que demande que cada parte dê alguma força aos interesses da outra, embora menos que a seus próprios.

A necessidade e a justificação para tal padrão intermediário foram já antecipadas pela teoria de dois níveis sobre direitos que a contravisão pressupõe. As circunstâncias adequadas para essa aplicação podem ser selecionadas na base de características que incluiriam intenção expressa, confiança de fato induzida ou mesmo injustificada, disparidade de poder manifesta na maior vulnerabilidade de uma parte a ser prejudicada e o caráter continuado da relação contratual.

A menção desses critérios já sugere uma mudança na técnica pela qual diferentes situações contratuais são sujeitas a diferentes padrões de restrição ao autointeresse. O direito das relações fiduciárias consiste em larga medida em uma lista de circunstâncias especiais, frequentemente definidas por sinais que têm uma conexão apenas oblíqua com os fatos que engendram confiança ou justificam autorrestrição. Considere, por exemplo, a *joint venture*, um acordo que impõe deveres fiduciários sobre suas partes. Ela pode ser definida simplesmente como uma parceria informal de escopo e duração limitados que prevê a divisão de ganhos e perdas entre todos os parceiros.

Um arranjo contratual, no entanto, pode envolver uma colaboração estreita, difícil, de longo prazo, que demande o exercício de uma discricionariedade prudente sem ser dirigida a um lucro incerto. Tal empreendimento pode bem ser visto pelos participantes como um que demande de cada um deles a mais escrupulosa consideração para com a lealdade mútua. Ao contrário, um contrato que visa a uma retribuição indefinida em vez de à troca de prestações predeterminadas pode demandar, e ser entendido como demandando, apenas um mínimo de cooperação real.

Fomos frequentemente lembrados da necessidade de escolher entre uma generalidade pronta, mas rudimentar, e um particularismo sutil, mas diligente e incerto, com sua potencialmente invasiva comprovação dos termos de conduta e nuances de discriminação moral. Frequentemente, contudo, a afirmação desse dilema serve para justificar a recusa em buscar critérios de seleção generalizáveis menos arbitrários. Essa recusa usualmente traz um específico peso ideológico. No caso da *joint venture*, seu ponto é confinar a uma pequena série de situações a ideia do contrato como uma empresa comum animada por lealdade mútua.

O quarto estágio deste modelo de doutrina estende a contravisão a problemas que podem ainda não ser focos de controvérsia. Logo, levanta a questão de quão longe nos ramos correlatos do direito devemos estender a visão da natureza dos direitos e das fontes de obrigação que a contravisão pressupõe. A abordagem do contrato aqui descrita não representa uma teoria dos direitos universalmente aplicável.

O MOVIMENTO DE ESTUDOS CRÍTICOS DO DIREITO:

Não precisamos seguir os juristas do século XIX e seus discípulos, tomando a propriedade unificada e suas contrapartes no contrato como o modelo para todos os direitos. Esse cuidado aplica-se tanto à contravisão quanto à visão que ela quer substituir. O que o programa anterior descreve como direitos de imunidade e suas contrapartes mais limitadas no direito estabelecido pode ser mais bem entendido e protegido por uma teoria dos direitos que tenha apenas uma camada e desenhe uma linha brilhante para cada direito. Tal teoria pode também se adequar a várias circunstâncias nas quais os pressupostos fáticos da teoria de duas camadas estejam enfraquecidos. É preciso lembrar que a contravisão descreve um espectro de circunstâncias. Ela continua a reconhecer a forma clássica dos direitos contratuais como um caso especial.

Quando exatamente esse caso especial ocorre? Um modo de responder é perguntar quando os fatores que justificam maiores expectativas de confiança e padrões de autorrestrição estão presentes. Outra forma é perguntar quando alternativas ao direito de propriedade unificado tradicional são úteis. Em muitas áreas da vida econômica, os acordos podem continuar a ser apostas. Como apostas, feitas entre aqueles competentes em apostar, podem permanecer além do alcance dos contraprincípios. Democratizar a economia de mercado não aboliria as razões para distinguir áreas da vida econômica adequadas aos princípios ou aos contraprincípios contratuais. Levaria, porém, a definir a linha em um lugar diferente. Sobretudo, a linha teria um significado diferente e consequências diferentes.

A contravisão justificada

O quinto estágio deste modelo de doutrina desviacionista poderia também vir primeiro, porque descreve as crenças normativas e empíricas que guiam todo o argumento. A vantagem de colocá-lo por último é sugerir que essas crenças podem ganhar uma forma sistemática e explícita devagar, conforme a doutrina desviacionista progrida. Nenhuma ruptura radical separa os argumentos que as justificam das controvérsias da análise jurídica. O desenvolvimento dessas ideias animadoras pode ser descrito de várias formas, algumas mais fáceis que outras de se reconciliarem com o viés fragmentário e gradualista da doutrina. Seja qual for o método preferido, entretanto, os aspectos normativos e empíricos das concepções condutoras dependem tão estreitamente uns dos outros que os dois dificilmente podem ser distinguidos.

Os temas controladores podem ser internos ao argumento doutrinário. Podem se desenvolver de uma comparação contínua entre os projetos ideais para a coexistência humana que dão sentido e autoridade à doutrina estabelecida e a realidade verdadeira das práticas sociais que o direito e as ideias jurídicas presentes ajudam a reforçar. Dois desses temas desempenharam um papel especialmente proeminente na discussão precedente.

Um desses temas foi a crítica do contraste rígido entre contrato e comunidade. Os pontos iniciais desse contraste são uma concepção de comunidade como o paraíso idílico da harmonia e do contrato como um reino de autointeresse autêntico e puro cálculo. O efeito real do contraste, todavia, é frequentemente aceitar e promover a confusão de lealdade mútua com submissão em um regime de poder pessoal, enquanto são privados de suporte jurídico apropriado os elementos de confiança e interdependência na vida comercial. Os arranjos e ideias capazes de corrigir esses efeitos começam por eclipsar a nitidez da oposição entre contrato e comunidade. Terminam por sugerir uma visão do contrato que pode mais facilmente acomodar tanto um amplo espectro de diferentes tipos de direitos e obrigações quanto uma concepção de comunidade como zona de vulnerabilidade mútua aumentada. Tal concepção oferece uma consideração mais satisfatória do que nos atrai ao ideal comunitário em primeiro lugar.

O outro grande tema de visão moral em minha discussão da teoria contratual foi a busca pelas condições sob as quais um regime de contrato pode evitar tornar-se disfarce de uma ordem de poder sem ser constantemente solapado por correções. À medida que o argumento se desenvolve, o compromisso aparentemente vazio com o contrato termina por ter implicações surpreendentes. Convida à transformação da base institucional da vida econômica e a uma variedade de sucedâneos subversivos, embora em última instância inadequados, para tal mudança.

Os dois temas críticos internos funcionam como sinédoques das duas tradições comandantes da crítica da sociedade moderna que antecedem o surgimento da literatura e da filosofia modernistas. Uma dessas tradições reclama da negação de solidariedade e da falta de variedades de vida comunal que pudessem mediar entre o indivíduo isolado e organizações de grande escala do mundo social. A outra tradição enfatiza a continuidade da dominação de grupo sob formas de prática e pensamento que tanto a dissimulam quanto a reproduzem. O argumento da doutrina desviacionista mostra como as duas tradições podem se fundir em uma linha mais ampla e satisfatória de crítica uma vez que a análise ganhe detalhamento institucional. As soluções práticas e teóricas ao problema da supercorreção e da subcorreção contratual convergem com as implicações da tentativa de amenizar o antagonismo entre contrato e comunidade.

É claro, a inspiração para o argumento doutrinário pode vir do programa institucional abrangente apresentado anteriormente e dos argumentos normativos e empíricos sobre os quais aquele programa repousa. Esses argumentos também podem ser internos, internos à justificação e ao desenvolvimento dos nossos ideais recebidos – concebidos no mais amplo sentido possível – em vez de internos às controvérsias da análise jurídica. O primeiro modelo de doutrina desviacionista mostrou que tais ideias programáticas podem, não obstante, ser relacionadas com sucesso a esses debates sobre o direito.

Agora que o segundo modelo foi completamente exposto, é possível responder a duas questões relacionadas sobre o sentido de sua reivindicação de ser doutrina. A primeira questão é: as concepções dirigentes que determinam todo o curso da análise são de algum modo intrínsecas ao direito, ou são impostas de fora sobre o direito? Os materiais jurídicos disponíveis não suportam inequivocamente estas ou quaisquer outras concepções fundamentais. Todavia, a disputa sobre essas ideias não chega a um impasse quando as pessoas praticam a análise jurídica, ela continua de outras formas, com as oportunidades e limitações específicas ao meio. A discussão dos casos de dificuldade exemplar, assim como das formas alternativas de entendê-los, mostra a invasão da análise jurídica por concepções prescritivas da sociedade mais claramente do que o faz qualquer outra parte deste modelo de doutrina.

Dado que o conflito sobre esses esquemas alternativos de associação humana pode ser silenciado apenas ao custo de se fazer da análise jurídica arbitrária e dogmática, uma questão permanece: quanto pode e deve a doutrina jurídica, especialmente quando operando no contexto judicial, alterar entendimentos jurídicos estabelecidos e as práticas sociais e arranjos institucionais que esses entendimentos reforçam? A questão é colocada mais vigorosamente pela extensão da contravisão a áreas do direito em que a abordagem dominante parece largamente incontestada na doutrina recebida. A resposta a essa segunda dúvida não é determinada, embora possa ser fortemente influenciada, pela resposta à primeira.

Dentro de uma visão que nega qualquer autoridade superior aos atuais arranjos institucionais de governo e, logo, esvazia argumentos de adequação institucional, decidir o que fazer difere apenas modesta e incertamente do entendimento do que pode ser feito. Rupturas doutrinárias não produzirão revoluções na vida social. Não o farão mesmo quando influenciem nosso discernimento a respeito das instituições existentes e ideias reinantes, o curso do debate ideológico e o exercício da autoridade judicial. Quando meu argumento se volta adiante ao movimento de estudos críticos do direito como uma forma de ação política, defenderá que a doutrina expandida tem uma tarefa prática a realizar na sociedade, amplamente, e também na arena menor, subsidiária da jurisdição.

Os dois modelos comparados

O primeiro modelo de doutrina desviacionista começa por analisar os compromissos temáticos maiores de um ramo particular do direito e da doutrina jurídica assim como as categorias específicas que servem a tais compromissos. Então, torna explícitos os pressupostos sobre fatos sociais e ideais sociais sobre os quais repousam essas categorias, e as sujeita à crítica à luz de ideais e entendimentos mais ou menos amplamente aceitos. O encobrimento desses pressupostos é vital para a autoridade persuasiva das ideias jurídicas dominantes; concepções técnicas aparentemente incontroversas comumente dependem de premissas não técnicas altamente controversas. Nesse ponto, o primeiro modelo de doutrina desviacionista é redirecionado a uma visão diferente e independentemente justificada de como a área da vida social com que ela lida deveria ser ordenada. Essa visão implica a reconstrução institucional de grandes aspectos da sociedade atual. Finalmente, o modelo mostra como essa concepção programática pode servir como ideal regulador para o desenvolvimento da doutrina corrente.

O segundo modelo de doutrina desviacionista começa por conceber um amplo ramo do direito como expressão de um sistema de princípios e contraprincípios cuja relação real ou adequada entre si pode ser representada de formas colidentes. Então mostra como essas abordagens rivais aparecem em uma série de casos de dificuldade exemplar. A contravisão desenvolvida pela análise desses pontos focais de controvérsia traz uma compreensão transformada da relação própria entre contraprincípios e princípios. Essa compreensão pode ser esclarecida por meio de generalização em uma teoria jurídica mais abrangente. Uma vez generalizada, pode ser aplicada, e revisada por meio de sua aplicação, a outros ramos correlatos do direito. Finalmente, as justificações e implicações mais amplas dos desenvolvimentos sugeridos podem ser explicitadas.

Ambos os modelos de doutrina partem da mesma visão das relações entre os três níveis do direito e da análise jurídica: regras e precedentes autoritativos, expressos hoje principalmente por leis e decisões judiciais, princípios e contraprincípios organizadores, e esquemas imaginativos da vida social que atribuem diferentes modelos de associação humana a diferentes setores da prática social. A tentativa de reafirmar e reexaminar um conjunto de normas e ideias jurídicas diante de problemas atuais destaca duas fontes de incerteza e conflito permanente, embora muitas vezes latente, e assim demonstra novamente como o esforço para reproduzir uma ordem prática ou imaginativa na sociedade fornece instrumentos e ocasiões para a demolição dessa ordem.

A interpretação de grandes corpos de regras e precedentes precisa apoiar-se, tácita se não explicitamente, em princípios e contraprincípios, e o entendimento de princípios e contraprincípios precisa por sua vez pressupor concepções sobre como as relações entre pessoas podem e devem ser em cada esfera da vida social, mesmo se se diz que essas concepções estão de algum modo incorporadas no direito, e não são importadas para ele de fora. A cada vez um nível mais profundo é exposto, e a exposição produz um duplo efeito desestabilizador. O nível mais superficial (as regras e precedentes em relação aos princípios e contraprincípios, os princípios e contraprincípios em relação aos modelos de associação possível e desejável) prova ser uma realização falha do nível mais profundo, enquanto as crenças empíricas e normativas que constituem esse nível mais profundo são tornadas controversas, se não implausíveis, no próprio processo de serem expostas. Ao lado dessas tensões verticais, entre níveis de análise jurídica, a reconsideração do direito em contextos não tentados gera conflitos horizontais dentro de cada nível. Cada um se revela como palco para uma disputa entre ideais professados e interesses reconhecidos, disputa que se torna mais feroz quanto mais descemos na sequência de níveis.

A doutrina jurídica convencional e as teorias jurídicas que se propõem a refiná-la para melhor sustentá-la tentam suprimir ou minimizar tanto os conflitos horizontais quanto os verticais. A doutrina desviacionista, pelo contrário, quer trazer essas instabilidades à superfície: primeiro, porque tal é a forma que a subversão toma no domínio das ideias jurídicas e, segundo, porque se de fato o discernimento e a justificação podem ser atingidos na doutrina jurídica ou em qualquer outro campo de argumentação normativa, podem sê-lo apenas pela prática repetida dessa subversão, sob seu duplo aspecto de desenvolvimento interno e pensamento visionário.

Embora os dois tipos de instabilidade impliquem e reforcem uns aos outros, um deles pode predominar temporariamente. O primeiro estilo de doutrina enfatiza os conflitos verticais; o segundo estilo, os horizontais. Podemos observar e combinar as duas ênfases de vários modos. Em qualquer um deles, elas carregam uma mensagem de esperança: à impressão de limites intransponíveis e contingência brutal sucede a lucidez sobre nossos poderes de entendimento e transformação.

7

CONCEPÇÕES SUBJACENTES E IMPLICAÇÕES MAIS AMPLAS

PARA ALÉM DO DESENVOLVIMENTO INTERNO: ENTENDIMENTO SOCIAL E COMPROMISSO NORMATIVO

Toda esta argumentação construtiva – o programa institucional e a prática da doutrina desviacionista – equivale a um exercício de imaginação do desenvolvimento interno. Para obter direcionamento, o exercício projeta os resultados de um movimento recíproco entre práticas e ideais que precisa na verdade ser propelido por conflitos sociais e realizado em experimentos coletivos. Para conseguir especificidade, o exercício persegue esse movimento recíproco no reino da doutrina jurídica, um reino do qual profetas e pessoas comuns são banidos de modo que o poder possa ser manejado em silêncio.

Se conseguir evitar os perigos resultantes do idealismo e do elitismo, a tentativa de imaginar o desenvolvimento interno permanece aberta a duas objeções correlatas. Parece apenas um acidente que comecemos em uma tradição em que a prática do desenvolvimento interno leva à direção traçada aqui. Como agentes que podem transcender e criticar as culturas em que nascemos, queremos saber se e por que deveríamos dar peso a esse acidente. Ademais, qualquer tradição é tão rica em ambiguidade que argumentos persuasivos podem ser ofertados para desenvolvê-la em direções alternativas.

Essas objeções mostram por que, em longo prazo, o desenvolvimento interno precisa do pensamento visionário, aquele outro modo de prática normativa, como complemento e corretivo. Quando o pensamento visionário funciona como teoria em vez de como intuição profética, caracteristicamente toma a forma de uma concepção sistemática de sociedade e personalidade (uma implicada pela outra) para a qual clama autoridade normativa. Ao afirmar dogmaticamente os rudimentos de uma teoria social especulativa e então argumentar por sua força normativa, as páginas seguintes esboçam uma resposta às duas críticas que acabaram de ser mencionadas. Essas ideias sobre sociedade, personalidade e normatividade elucidam e suportam o caminho tomado pelos argumentos programáticos e doutrinários desse manifesto.

Em toda sociedade podemos distinguir as atividades e os conflitos repetitivos que absorvem muito do esforço das pessoas em relação à ordem formadora institucional e imaginativa que usualmente permanece não perturbada por essas rotinas e que lhes dá sua forma. As rotinas incluem os limites habituais aos usos do poder governamental, as formas disponíveis de combinar trabalho e capital e os estilos e critérios aceitos de argumentação normativa.

Nos países contemporâneos do Atlântico Norte, o contexto formador institucional incorpora uma ordenação do trabalho que obsessivamente contrasta atividades de definição e tarefas de execução; um sistema de contrato e propriedade que usa a alocação de reivindicações absolutas sobre porções do capital como o meio para a criação de mercados; e uma abordagem da organização governamental e partidária que produz impasse no governo e desmobilização na sociedade pelos mesmos mecanismos com que propõe garantir os cidadãos contra a opressão. As regras jurídicas e direitos que, juntos das relações de poder costumeiras, definem esses arranjos institucionais são tornados inteligíveis e aceitáveis por um plano de fundo de formas possíveis e desejáveis de associação humana. Tal plano apresenta cada setor da sociedade como domínio natural para a realização de um ideal social específico, seja a comunidade privada, seja a democracia liberal, seja a mistura de hierarquia técnica e acordo contratual.

Contextos formadores como esse equivalem a política congelada: emergem e subsistem pela interrupção e contenção da luta sobre os termos básicos da vida coletiva. Havendo emergido, ganham uma realidade de segunda ordem. Servem como premissas para as ideias das pessoas sobre interesses, lealdades e possibilidades. Corporificam uma limitação a que se adaptam os métodos organizacionais e tecnológicos. Oferecem o exemplo do progresso mundano e espiritual que os países mais bem-sucedidos apresentam aos mais atrasados.

Entretanto, tais regimes não são sistemas coesos que precisam permanecer ou cair em bloco. Os elementos que os compõem podem ser recombinados com os elementos de outros regimes. Segue daí que conceitos como capitalismo são espúrios sempre que queiram designar um estágio da evolução da história mundial ou um tipo de uma lista finita de tipos possíveis de sociedade. Não há leis históricas que possam justificar uma teoria de estágios compulsórios ou variedades limitadas de organização social.

Porque um contexto formador institucional e imaginativo define a si mesmo por sua resistência a todas as tentativas de mudar as rotinas que ele suporta, ele também torna algumas linhas de revisão de contexto mais fáceis que outras. Ao lado dessa influência sequencial de curto prazo, uma segunda forma, de longo prazo, também conta na história. Essa força é o efeito cumulativo das vantagens que indivíduos, grupos e sociedades inteiras podem obter enfraquecendo o poder restritivo de uma ordem formadora. Para entender essa fonte de mudança, é importante apreciar uma qualidade surpreendente de tais regimes.

Eles não existem como fatos disponíveis para observação direta, como a estrutura atômica de um objeto natural. Tampouco sua existência depende totalmente de ilusões que um entendimento correto poderia afastar. Em vez disso, eles subsistem e tornam-se entrincheirados ao ganharem imunidade contra o desafio e a revisão no curso da atividade social ordinária. Quanto mais forte tal imunidade se torna, mais nítido é o contraste entre disputas rotineiras dentro do contexto e lutas revolucionárias sobre o contexto.

Capacidade negativa é o empoderamento prático e espiritual, individual e coletivo, tornado possível pelo desentrincheiramento das estruturas formadoras. Desentrincheiramento não implica permanente instabilidade, mas marca estruturas que transformam as ocasiões de sua reprodução em oportunidades para sua correção. É a criação de estruturas da vida social que facilitam sua própria revisão. O movimento em direção ao desentrincheiramento promete liberar as sociedades de sua oscilação cega entre estagnação prolongada e revolução rara e ariscada. A recompensa do desentrincheiramento é a capacidade negativa. Os contextos formadores de hoje impõem limitações desnecessárias e injustificadas ao crescimento da capacidade negativa.

A capacidade negativa, baseada no desentrincheiramento, aumenta nosso poder de produzir mais e melhor, experimentando com a natureza e a cooperação e nos liberando para recombinarmos pessoas, recursos e máquinas sem as inibições de qualquer esquema pré-estabelecido para sua combinação. O desentrincheiramento, resultante em capacidade negativa, permite-nos diminuir o preço da perda de autonomia que precisamos pagar por cada conexão com as outras pessoas. Consequentemente, modera o conflito entre os requisitos para construirmos a personalidade: que nos conectemos com os outros sem nos perdermos para eles. Desentrincheiramento e capacidade negativa permitem-nos engajarmo-nos em um mundo social sem nos rendermos a ele.

A estrutura desentrincheirada diminui a distância entre os movimentos que fazemos dentro dela e os movimentos pelos quais a mudamos. Como resultado, ela respeita a verdade mais importante sobre nós: que excedemos os regimes de sociedade e de pensamento que construímos e habitamos. A capacidade negativa é a transcendência tornada real. O desentrincheiramento é sua condição.

A tese da capacidade negativa pressupõe que, no longo prazo, as vantagens práticas, morais e cognitivas a serem obtidas pelo desentrincheiramento de contextos formadores superam em força e universalidade de seu apelo os benefícios ganhos pelo entrincheiramento sucessivo de tais contextos. As pessoas usualmente perseguem essas vantagens particulares, e não o programa geral do empoderamento pelo desentrincheiramento. Para terem sucesso nessa busca, porém, precisam ter uma compreensão latente ou intuitiva da verdade explicitada pela tese da capacidade negativa. Precisam saber como tirar da recombinação do que parecia incapaz de ser combinado e do afrouxamento do que pareia inexorável o empoderamento que desejam. Assim, o fazimento de estruturas revisoras de estrutura na história frequentemente supera o contraste simples entre ação intencional e inconsciente.

O desenvolvimento da capacidade negativa é muito reversível em seu curso e muito indeterminado em suas aplicações para gerar qualquer evolução unilinear de tipos de sociedade. Não obstante, funciona junto aos efeitos sequenciais de curto prazo como uma grande fonte da mudança histórica. As ordens formadoras que incorporam níveis mais altos de capacidade negativa não são tanto estruturas mais fracas quanto são estruturas com qualidades particulares. Descobrir os arranjos que essas qualidades requerem em certo tempo e lugar está entre as principais tarefas do pensamento programático e da luta política.

O compromisso de desenvolver a capacidade negativa não pode sozinho definir um ideal social, no mínimo porque os aspectos práticos da capacidade negativa podem ser promovidos tanto por um despotismo extremo quanto por uma liberdade fortalecida. A visão da qual surge esse compromisso define, porém, os termos de um ideal social que reivindica autoridade. Descreve as circunstâncias que permitem uma existência crescentemente livre da privação e da labuta, da escolha entre isolamento em relação às outras pessoas e submissão a elas e da identificação idólatra da ordem estabelecida com a necessidade prática ou moral. Ensina a pessoa a mover-se dentro de contextos com a dignidade de um agente transcendente de contextos. Dá uma virada histórica ao comando de que devemos ser nesse mundo sem sermos inteiramente dele.

Alguém poderia objetar que, mesmo se aceitasse a teoria social delineada, não precisaria dar peso normativo a suas conclusões. Ela pode mostrar, esse alguém poderia argumentar, as condições para o desenvolvimento da capacidade negativa, mas não pode dizer se esse desenvolvimento é um bem a ser perseguido, muito menos se pode figurar proeminentemente em um ideal social bem definido e fundamentado. Qualquer tentativa de basear juízos prescritivos em reivindicações fáticas, ele poderia observar, desconsidera um hiato que jamais pode ser preenchido, ao menos não sem subscrever pressupostos metafísicos indefensáveis. Determinar o peso desse argumento é distinguir o uso legítimo da distinção entre *ser* e *dever-ser* dos usos ilegítimos. Considere as diferentes formas de que o crítico pode pretender que sua objeção seja interpretada.

Ele pode querer dizer que uma teoria social como aquela que acaba de ser delineada afirma as condições para a realização de um valor particular ao qual ele prefere outro valor. Tal teoria não pode dissuadi-lo, a argumentação continua de uma preferência oposta, pode apenas explorar as implicações daquela preferência para os arranjos da sociedade. Essa objeção compreende mal a natureza das controvérsias sobre o ideal social. Não podemos nos comprometer com um valor particular sem nos comprometermos com a forma de vida social que dá a esse valor seu significado específico e com as condições que permitem que essa forma de vida surja ou se desenvolva em conformidade com o ideal que a define. Essa é uma tese sobre o caráter das ideias normativas.

Ademais, não nos comprometemos com um esquema de existência social, e agimos por antecipação segundo suas regras, a menos que acreditemos que ele nos oferece um mundo em que podemos mais plenamente reconciliar nossos esforços de autoafirmação, expressos nas vicissitudes do desejo e do encontro, com nossa identidade mais profunda. Essa é uma tese sobre o papel mais durável que a prática normativa desempenha em nossas vidas, superando a apologia dos arranjos existentes e a defesa da moralidade convencional. A tese permanece verdadeira mesmo se, por um paradoxo favorito do pensamento modernista, nós seres humanos vimos a ser o que não é nada em particular.

Ao marcar e rejeitar esses compromissos, tomamos uma posição acerca dos fatos sobre a personalidade e a sociedade. É verdade que esses fatos são multidimensionais e suscetíveis a serem mudados pela visão que temos deles. Como resultado, a escolha entre visões será sempre contestável e será sempre influenciada por pré-compromissos normativos. Essas duas qualificações mostram a inconclusividade da prática normativa, e não sua arbitrariedade.

Alternativamente, o crítico que frisa a distinção entre o fático e o prescritivo pode estar enfatizando a inadequação de uma base secular para o juízo normativo. Qualquer que seja o mérito que esse argumento possa ter, não pode servir em defesa da tradicional distinção entre fatos e valores, pois a característica compartilhada mais impressionante das variedades históricas de pensamento religioso é apresentar um imperativo de vida como inerente a uma visão da realidade última. Sem essa relação antecedente entre visão e imperativo, mesmo a simples ideia de que comandos divinos devem ser obedecidos seria sem fundamento.

A religião reinterpreta (e, diria o crente, aprofunda) em vez de substituir o conflito secular sobre a estrutura adequada da sociedade. A vida social é santificada pela adoção de um sistema particular de divisão e hierarquia que atribui a cada pessoa papéis e responsabilidades bem definidos? Ou é tornada mais divina e aberta ao amor pelo encorajamento e expressão da recusa iconoclasta em atribuir valor absoluto a certas estruturas?

Finalmente, o crítico pode querer dizer que nada no céu ou na terra tem direito de guiar nossas ações. Frequentemente essa visão é exprimida na forma enganosamente inofensiva da ideia de que um postulado normativo precisa repousar sobre outro, uma visão, contudo, que rapidamente leva à conclusão de que tudo precisa se apoiar em uma afirmação sem fundamento uma vez que acabe a cadeia de postulados normativos. Se o crítico então insiste que nada mais poderia ter força prescritiva, não podemos refutá-lo. Mas ele tampouco pode nos oferecer uma razão para deixar de dar peso normativo a nossas concepções básicas de personalidade, sociedade ou realidade última.

Nenhum entendimento do mundo pode nos dizer, de um modo ou de outro, se devemos atribuir certa força a alguns de nossos entendimentos. Em particular não pode fazê-lo quando a prática que tenta superar representa uma parte da nossa história individual e coletiva no mínimo tão íntima quanto qualquer outro modo de investigação ou invenção. O sentido válido do contraste entre reivindicações fáticas e prescritivas é o sentido em que um ceticismo absoluto é irrefutável. O cético normal, o cético que brande a forma padrão da distinção entre fato e valor, quer evitar esse ceticismo terminativo sem aceitar as implicações normativas das disputas sobre a natureza da personalidade e da sociedade. Ele não pode fazê-lo.

Esse contra-argumento ao ceticismo ordinário torna-se mais persuasivo se se considerar a abordagem geral de reivindicações céticas que ele exemplifica. Na avaliação das reivindicações de conhecimento sobre a realidade externa, muitos dos que parecem ser debates sobre ceticismo vêm a ser desacordos sobre se e em que medida uma modalidade de discurso (como o estudo social, as humanidades) pode justificadamente divergir dos padrões de argumentação prevalentes em outra área do pensamento (como as ciências naturais). Tais disputas são na verdade sobre como o mundo é e como a mente pode melhor apreendê-lo. O único ceticismo verdadeiro sobre o conhecimento é aquele radical, tão irrefutável quanto vazio. O ceticismo radical nega que controvérsias sobre verdades particulares possam, alguma vez, revelar algo sobre o mundo senão estratagemas de nosso autoengano ou que elas possam mesmo nos autorizar a perseguir nossos interesses práticos com maior sucesso. Não há por que responder ao cético radical protestando que não há forma de conhecimento que nos seja familiar que possa de algum modo possuir a autovalidação incondicional que ele demanda do conhecimento. Ele simplesmente responderá: "Esse é justamente o ponto".

Assim também a maior parte do que passa por ceticismo normativo representa um ataque a uma forma de argumentação normativa pelos proponentes de outra forma. Por detrás desses ataques provavelmente encontraremos desacordos sobre como a personalidade e a sociedade de fato são e como podemos viver na sociedade como de fato somos. Quando, por exemplo, o radical modernista ou esquerdista critica uma das várias versões diluídas da ideia de que a sociedade tem uma ordem natural, ele é comumente confundido como se estivesse rejeitando a possibilidade do juízo prescritivo. Uma de minhas ambições aqui é mostrar que ele pode na verdade estar trabalhando em direção a uma visão diferente de nossas reivindicações de uns sobre os outros e de nossas esperanças para nós mesmos. O único cético normativo verdadeiro é o maximalista, que nega que o resultado dessa ou de qualquer outra disputa deva guiar nossas ações.

Não podemos excluir a possível existência de um defeito no conhecimento que não possa ser traduzido em desacordo sobre a natureza do mundo para além da mente nem reduzido a uma descrença implacável e irresponsível na possibilidade do conhecimento. Do mesmo modo, não dispomos de uma base segura para desconsiderar a possibilidade de que uma nova abordagem da avaliação e do refazimento de ideais possa mudar o caráter da prática normativa, e mudar a nós nesse processo, sem cair no ceticismo radical. Esse elemento de pura suposição e contingência no argumento adequa-se a um estilo de pensamento especulativo que insiste no estatuto empírico mesmo de suas reivindicações mais corajosas e que se recusa a igualar explicação com apelo à necessidade.

Se o programa crítico e construtivo desdobrado neste livro não demanda em última instância uma defesa para além dos limites do desenvolvimento interno, suas implicações ainda poderiam atingir todas as zonas do pensamento social e reproduzir em cada uma delas muitos dos problemas com que as últimas páginas estiveram preocupadas. As seções seguintes descrevem essas implicações em quatro áreas: os termos da controvérsia ideológica, o método da filosofia política, a visão modernista da liberdade e dos constrangimentos e a agenda da teoria social.

AS IMPLICAÇÕES MAIS AMPLAS

Os termos da controvérsia ideológica

A principal conclusão sobre a controvérsia ideológica a ser tirada do trabalho do movimento de estudos críticos do direito segue diretamente da crítica do objetivismo. É nossa refutação da identificação tácita de empreendimentos institucionais abstratos, como democracia ou mercado, com as formas institucionais concretas que esses empreendimentos vêm a ter no mundo contemporâneo. Ensinamos a nós mesmos a não ver as grandes ordens governamentais e econômicas que agora competem pelo domínio mundial como as opções exaustivas dentre as quais a humanidade deve escolher.

A crítica do objetivismo e sua sequência construtiva têm um esteio mais tangível na defesa dos arranjos institucionais estabelecidos nos países do Atlântico Norte. Considere novamente o regime existente de direitos de contrato e propriedade e o tipo de economia relativamente descentralizada que ele estabelece. Ainda há alguns publicistas conservadores que veem esse regime como diretamente aliado da causa da liberdade, e mesmo como parte da definição necessária da liberdade mesma. Mas a maioria dos defensores pensantes e sensíveis da ordem privada estabelecida reconhecem de bom grado vários fatos que colocam em dúvida essa aliança.

Primeiro, parece claro que esses direitos de propriedade, envolvendo, como de fato ocorre, controle em larga medida ilimitado de porções divisíveis do capital social (ilimitados na sucessão temporal assim como no escopo de uso), criam para algumas pessoas, ou para as posições mais ou menos estáveis que essas pessoas ocupam, um poder de reduzir outras pessoas à dependência. O sistema de direitos privados assim forja um vínculo forte e aparentemente inquebrável entre salvaguardas contra a opressão e mecanismos de subjugação.

O MOVIMENTO DE ESTUDOS CRÍTICOS DO DIREITO:

Segundo, junto ao apelo a imperativos de necessidade técnica, o regime de direitos privados fornece um mandato para o exercício de formas de poder disciplinar que atribuições rígidas de direitos e deveres não podem efetivamente governar. O mandato vale mais claramente para a vida interna de organizações de grande escala e para as relações dentro delas entre superiores e subordinados. Na verdade, a ordem de direitos privados que hoje frequentemente tomamos como definidora de uma sociedade liberal sempre operou em conjunção com um conjunto muito diferente de práticas e ideias que não se conformam à fórmula liberal. Primeiramente esse complemento iliberal foi dado pelos arranjos de uma sociedade corporativista e estamental. Tais arranjos permaneceram importantes mesmo em sociedade que parecem, como os Estados Unidos, haver nascido em plena era do liberalismo. Depois, as formas de controle e comando nas organizações de larga escala forneceram um elemento adicional indispensável. Assim, a cada ponto em sua história, os direitos privados coexistiram com estilos de organização que largamente negaram seu significado social explícito.

Há ainda um terceiro fato que desafia qualquer identificação simples entre a causa da liberdade e o regime atual de contrato e propriedade. É a disponibilidade dentro das democracias de hoje de prerrogativas que não dependem de privilégio proprietário e que, por conseguinte, não fornecem instrumentos de subjugação. Não podem servir como base para formas de controle extrajurídico. Os exemplos mais importantes são os direitos políticos ou civis e os direitos sociais.

Por que o esquema existente de contrato e propriedade deveria parecer defensável mesmo para aqueles que reconhecem a verdade desses três fatos? A resposta tem a ver com a aparente falta de alternativas factíveis e atraentes: as alternativas parecem ser tirânicas, ineficientes ou ambas as coisas. As únicas alternativas consonantes com as circunstâncias e responsabilidades de um estado contemporâneo parecem demandar a transferência da soberania econômica indivisa – o direito de propriedade unificado – sobre ativos produtivos ou a um governo central ou a trabalhadores que ocorrem de trabalhar em uma determinada empresa ao tempo da transferência.

A crítica dos pressupostos subjacentes sobre propriedade e contrato e o desenvolvimento de alternativas programáticas nos autorizaram a atacar esse preconceito negativo: uma economia de mercado pode ser organizada de diferentes formas, suportada por regimes alternativos de controle e propriedade. Nossa concepção recebida de como uma economia de mercado pode e deve parecer depende largamente do preconceito de que tais alternativas não existem.

O método da filosofia política

Nos países anglófonos hoje, a maior parte da filosofia política conforma-se a um único estilo cuja unidade permanece parcialmente escondida por uma série de contrastes superficiais. O mais notório desses contrastes é o conflito entre teorias utilitaristas e contratualistas. Essas visões superficialmente contrastantes compartilham a noção de um escolhedor cujas preocupações podem ser definidas abstraindo-se os mundos sociais concretos a que ele pertence. Esses mundos contam seja como parte do que o método filosófico particular desejará modificar uma vez que seja permitido operar, seja como uma determinante parcial dos desejos e crenças do escolhedor. Em nenhum sentido significativo a própria história torna-se fonte de discernimento moral.

Um resultado prático do método é mostrar que, embora certos atributos da sociedade existente possam ser injustos ou inconvenientes, a ordem social básica merece aceitação explícita ou implícita. (O mesmo não poderia ser dito do programa de Bentham: um plano radical para a reconstrução social, ligado a uma visão da personalidade e da política social.)

A relação do reformismo moderado com os métodos dessa filosofia política não é acidental, embora possa ser frouxa. Essa relação torna-se clara uma vez que se entenda o problema com essa abordagem filosófica: sua dificuldade de oferecer direcionamento, a menos que suportada por ideias e compromissos alheios. Há duas grandes vias de escapar do perigo da indeterminação dentro dessa tradição. A descrição das formas que essas modalidades de esquive tomam tanto na teoria utilitarista quanto na contratualista mostra como nosso trabalho ameaça essa abordagem da filosofia política.

Uma forma de atingir a determinação requerida das implicações é definir restritivamente as vontades ou intuições que constituem o dado primário do método. Precisam ser definidas tão restritivamente que todas as conclusões importantes já estejam incluídas na caracterização dos pontos de partida.

A definição das vontades que servem como matéria-prima do cálculo utilitário precisa estar sujeita a muitas restrições de modo a fornecer ao calculador informação suficientemente precisa. De um lado, a complexidade, especialmente na forma de desejos ambivalentes ou conflitantes, precisa ser mantida sob controle. De outro, a autoridade dos desejos existentes precisa ser tomada como dada, a despeito tanto da grande medida em que as estruturas institucionais estabelecidas possam tê-los causado quanto da relação das vontades de um indivíduo com o que ele imagina possível.

As duas simplificações restritivas se sobrepõem. Uma das fontes mais instigantes de complexidade e ambivalência nos desejos é a experiência de simultaneamente cultivar desejos que tomam certa estrutura institucional como dada e outras ambições, mais obscuras, que pressupõem ou um escape dessa estrutura ou sua transformação. Assim, nos países ricos do Atlântico Norte, hoje, o indivíduo sacia, pelas promessas da alta cultura e da cultura popular, as fantasias de aventura e empoderamento que sua vida ordinária nega.

Nada previne uma versão suficientemente agnóstica e formal de teoria utilitarista de tomar os desejos negadores da estrutura como seus dados. Tais desejos, contudo, provavelmente serão desconsiderados por três razões. Primeiro, são fluidos demais em escopo e conteúdo para poder figurar facilmente em um cálculo utilitário. Segundo, desejos de diferentes indivíduos por conjuntos alternativos de relações sociais irão muito mais provavelmente se contradizer do que vontades de benefícios dentro de um único conjunto. O resultado é piorar as dificuldades de agregação (como somar as vontades de diferentes indivíduos) que ocupam lugar tão extenso na crítica tradicional do utilitarismo. Terceiro, aqueles engajados em criticar um regime social e em propor sua reforma provavelmente não acharão uma modalidade de pensamento tão anistórica útil para seus propósitos.

Técnica similar de restrição pode permitir à teoria do contrato social escapar da indeterminação em que ela de outro modo recairia, embora o dispositivo possa assumir formas mais sutis. O coração da visão contratualista moderna é a concepção de uma situação ideal de escolha. Qualquer decisão sobre os princípios de justiça distributiva e organização social tomada em tal circunstância será justa, porque a circunstância é desenhada para evitar a parcialidade das pessoas em relação a seus próprios interesses ou mesmo a suas próprias visões do bem. Segundo a tradição, essa parcialidade constitui a ameaça principal à justiça.

O principal obstáculo ao desdobramento de uma visão contratualista é, novamente, sua indeterminação. Ou a situação de escolha ideal falha na produção de resultados definidos ou deixa de ser neutra acerca de concepções do bem e princípios de organização social. Obtém poder de direcionar apenas sacrificando a limitação da neutralidade.

O contratualista sutil admite francamente que não pode inferir conteúdo de uma forma vazia. Defende os atributos impostos sobre a situação de escolha ideal como resultado justificado de uma interação anterior entre nossas intuições morais existentes e reflexões críticas sobre elas.

Deveríamos, ele nos sugere, explicitar os princípios gerais implícitos nessas intuições e então descartar ou corrigir as crenças que parecem, depois de meditarmos bem, fora de sintonia com o corpo principal de nossas crenças morais. Os fundamentos decisórios que autorizamos às pessoas na situação de escolha ideal, o conhecimento e as preocupações que lhes atribuímos, podem ser validados como expressões dos resultados desse autoexame moral anterior. A maquinaria contratualista é então rebaixada a desenrolar as implicações de escolhas que têm uma base independente.

A definição das intuições morais que constituem os dados da reflexão moral apresenta a mesma dificuldade que a definição das vontades na teoria utilitarista. Para que o processo de aprendizado moral funcione e atinja determinadas conclusões, o teórico contratualista precisa definir intuições morais tão restritivamente quanto o utilitarista define as vontades, dos mesmos modos e pelas mesmas razões. Ele precisa fazer no estágio anterior de análise o que teria que fazer de outro modo no estágio subsequente: antecipar suas conclusões em seus pontos de partida enquanto reivindica para estes uma autoridade que a antecipação destrói.

Remanesce outra via pela qual a abordagem filosófica que as teorias utilitaristas e contratualistas compartilham pode buscar evitar os perigos da indeterminação. É identificar o método ideal, seja o cálculo utilitário, seja a escolha contratualista, com os arranjos institucionais existentes de democracia e mercado. Esses arranjos tornam-se o procedimento em marcha para definir os ditames do justo assim como o conteúdo de certos direitos: quaisquer decisões que gerem serão justas por definição.

A resposta anterior ao problema da subdeterminação, a definição restritiva de vontades ou intuições, já contém implicitamente um elemento dessa tática: uma desconsideração pelas consequências morais da verdade de que vontades e intuições podem resultar das práticas sociais estabelecidas assim como variar com os pressupostos sobre a transformabilidade dessas práticas. Não obstante, afirmado como solução distintiva e autossuficiente, esse segundo dispositivo tem atrativos. Parece aumentar a qualidade experimental e popular do método. Parece evitar o dogmatismo e o elitismo inerentes ao apelo a uma técnica que reivindica determinar o que é justo independentemente do que a democracia ou o mercado decidam.

Nosso trabalho ajudou a fechar essa segunda via de escape. Fez isso ao apresentar a especificidade institucional das formas estabelecidas de mercados e democracias. O desenho desses arranjos institucionais, nós o mostramos, não pode ser inferido de ideias abstratas de descentralização econômica ou soberania popular. Ademais, tomados em sua inteireza, eles são sistematicamente enviesados em direção a certas direções de mudança social e determinadas constelações de interesses. Esse viés ajuda um plano particular de divisão e hierarquia social a tornar-se menos aberto aos riscos do conflito normal e ao exercício da escolha coletiva. As formas existentes de mercado e de democracia deixam então de ser encarnações críveis do método ideal.

Como resultado, todo o peso da abordagem prevalente dos problemas da filosofia política recai sobre outro estratagema, ainda mais patente e direto, de contenção: a definição inicial restritiva de vontades e intuições. Essa definição restritiva por sua vez perde algo de sua força persuasiva à medida que a influência dos falhos regimes de sociedade e pensamento sob os quais formamos tais intuições e vontades torna-se clara. Nenhum truque filosófico nos exime da necessidade de entender, confrontar e mudar a estrutura real da sociedade.

Liberdade e estrutura na experiência modernista

Para compreender plenamente o significado construtivo das ideias deste livro para a filosofia política e moral, considere sua atitude acerca de uma das questões centrais da experiência e do pensamento modernista. Por modernismo quero indicar o movimento artístico e teórico que, desde as primeiras décadas do século XX, atacou hierarquias de valor e limitações à experiência pessoal e coletiva. Buscou debilitar todas as estruturas de prática ou crença que permanecem impenetráveis à crítica e à reconstrução no curso da vida social normal.

Segundo os modernistas, a liberdade requer, na verdade representa, uma luta contra a compulsão arbitrária. De fato, se se deve acreditar na tradição central do modernismo, nada persiste além dos limites cegos, além do elemento repetitivo e obsessivo na experiência pessoal e coletiva, senão uma confrontação com o sentido vazio e angustiante da liberdade. Cada fuga a esse sentido é uma fuga para dentro da adoção destrutiva da liberdade de um estilo injustificadamente limitado de existência pessoal e social, a prostração da personalidade diante de um ídolo que ela confunde com seu próprio eu indefinido ou mesmo infinito.

Nosso trabalho sugere como a liberdade pode ter um conteúdo? Como pode existir em uma forma de vida social institucionalmente definida e por meio dela sem ser identificado a uma versão arbitrariamente confinada de humanidade. Assim formulada, a solução proposta pode parecer uma contradição em termos ou um jogo de palavras. Uma vez que as concepções-chave hajam sido especificadas e desenvolvidas, no entanto, pode-se mostrar que elas expressam um argumento claro, embora controverso.

A questão embaraçosa para o modernista é: aonde leva a luta contra a compulsão cega? Há duas respostas disponíveis. Ambas vêm a ser insatisfatórias.

A primeira resposta pode ser chamada de aristotélica, categoria em que incluo muitas ideias descomprometidas com ou mesmo opostas à metafísica de Aristóteles. A resposta aristotélica vê o propósito da luta contra limites arbitrários como realização de um ideal objetivo de vida social ou pessoal que permanece no lado além dos limites injustificáveis, aguardando para ser realizado. O principal problema com essa solução é seu fracasso em considerar seriamente as experiências, mais que meros pressupostos teóricos embora menos que descobertas incontestáveis, que deram azo aos apuros modernistas.

A solução aristotélica confere a uma visão particular de sociedade e personalidade – projeções de um único mundo social – autoridade universal que ela não tem. Afora uma realidade extramundana, a única coisa a que a personalidade pode conceder autoridade final é a si mesma, a menos que confira essa autoridade a sua sociedade ou cultura. Mas nenhuma sociedade ou cultura em particular tem a palavra final sobre as ambições ou capacidades desse eu.

A solução aristotélica também reduz a história a um pano de fundo moralmente insignificante da nossa experiência. Na história, porém, descobrimos a medida de nossa liberdade. Nossos julgamentos sobre limites e transformações permitem-nos revisar nossos pressupostos sobre a relação da personalidade com os mundos sociais ou mentais que construímos e habitamos.

A outra resposta disponível à questão sobre o que há do outro lado da limitação arbitrária pode ser chamada de existencialista. É a resposta que os próprios modernistas frequentemente dão e que, na falta de outra alternativa à visão aristotélica, eles devem dar. Ela não vê nada do outro lado senão a experiência negativa da própria liberdade. O objetivo torna-se afirmar a personalidade como liberdade e viver a liberdade como rebelião contra tudo que seja parcial e artificial nas estruturas sociais ou mentais estabelecidas. A posição existencialista parece insatisfatória por suas próprias razões. Deixa de reconhecer que ordens sociais e mentais duradouras podem diferir entre si na medida em que exibem a verdade sobre a liberdade humana. Consequentemente, é também impotente para lidar adequadamente com uma objeção básica: a liberdade, para ser real, precisa resultar em instituições e práticas sociais perenes; não pode se contentar com atos efêmeros de rompimento de contexto.

O ponto em questão tem consequências decisivas tanto para a vida política quanto para a pessoal. A tese existencialista mostra-se em um esquerdismo que se exaure em atos de destruição frenética porque não tem alternativa real aos arranjos governamentais e econômicos a que ele se opõe. Manifesta-se também na crença em que formas sociais instituídas e relações humanas autênticas precisam guerrear entre si. Essa crença contribui decisivamente à perversão mais comum da prática cultural-revolucionária: o sacrifício de solidariedades mais amplas a uma autopreocupação desesperada por parte de pessoas incapazes de conectar seus experimentos pessoais de subjetividade e associação com um refazimento de sua sociedade.

A visão implícita na redefinição do ideal social e do programa construtivo que delineei aproxima-se mais da posição existencialista do que da aristotélica. Carrega o pensamento e a experiência modernista como um de seus pontos de partida. Entretanto, qualifica a tese existencialista tão fundamentalmente que altera a concepção modernista subjacente de liberdade e limitação.

Considere como a abordagem defendida aqui difere da concepção aristotélica. O ideal social proposto e seu desenvolvimento programático não equivalem meramente a uma escolha de um dentre vários ideais pessoais ou sociais do mesmo tipo, o mesmo no mínimo com respeito aos constrangimentos que eles impõem. Uma premissa crucial das ideias construtivas desenvolvidas antes nesta argumentação é que mundos sociais e mentais diferem, entre outras formas, no modo e na medida em que permitem que a pessoa tenha a experiência na vida cotidiana de sua verdadeira liberdade. As dimensões dessa liberdade são aquelas destacadas pelas definições equivalentes do ideal social descritas em minha discussão anterior do resultado construtivo de nossa crítica do objetivismo. Elas incluem o sucesso com o qual um regime disponibiliza, no curso da política e da existência ordinária, os instrumentos para sua própria revisão. Ao disponibilizá-los, tal regime supera o contraste entre atividades dentro de sua estrutura (a reprodução da sociedade) e atividades sobre sua estrutura (a transformação da sociedade).

O conteúdo de tal ideal não é apenas uma visão de como a liberdade deveria ser limitada nem mesmo uma proposta sobre como reconciliar a liberdade com outros fins. É uma análise das condições de vida que tanto tornam a liberdade possível quanto ajudam a moldar seu conteúdo. Assim, leva à busca por iniciativas de reconstrução institucional e prática cultural revolucionária que possam tornar o fim da liberdade mais real. Se é uma visão afirmativa, não obstante, começa na concepção implacavelmente negativa de uma pessoa que descobre a divergência entre suas próprias capacidades transcendentes e as limitações da sociedade e da cultura em que vive. Tal pessoa então luta por todos os meios à disposição para diminuir essa lacuna. Se essa visão parece incompatível com a premissa da irreconciliabilidade entre liberdade e estrutura, tanto pior para aquela premissa. Ela nunca foi crível desde o início. O problema sempre foi rejeitá-la sem recair, por falta de opção melhor, na concepção aristotélica.

A agenda da teoria social

As principais tradições de teoria social abrangente herdadas do século XIX e do início do século XX empregam uma ou outra variação de dois conjuntos de ideias. Um desses conjuntos incluía a concepção de uma sequência de mundos sociais bem definidos, modos de produção, sistemas de conflito de classe, formas de solidariedade social e fases de racionalização. Tudo importante que ocorre na história pode ser entendido seja como resultado das regularidades que distinguem cada um desses estágios fundamentais da vida histórica, seja como incidente na transição conflitiva de um para outro. Essa é a concepção que se provou mais central para o marxismo e para muitas outras teorias sociais menos influentes que forneceram à esquerda seus instrumentos teóricos. O outro conjunto de ideias, mais proeminente em certos aspectos da teoria econômica e organizacional, foi a noção de uma lista de mundos sociais possíveis, cada um dos quais se realiza sob certas condições subsidiárias.

Ambos os conjuntos de ideias compartilham a visão de que a história tem um arco de narrativa coerente e contínua e de que a sociedade se conforma a uma lógica profunda e oculta de imperativos inescapáveis. Esses poderes maiores falam na voz do destino. Em um caso, a narrativa de ordem superior ou o roteiro mais profundo governa a evolução dos tipos de sociedade. No outro caso, determina os limites e identidades dos tipos possíveis e descreve os termos em que cada um deles se realiza.

Essa tradição de pensamento social mistura injustificadamente duas ideias distintas. Uma é o reconhecimento de que a história e a vida social são em algum sentido fundamental estruturadas e descontínuas. Em qualquer tempo determinado, conjuntos correlatos de pré-concepções e arranjos institucionais moldam grande parte das atividades práticas e conceituais rotineiras enquanto permanecem eles mesmos não afetados pelas perturbações ordinárias que essas atividades produzem. Por causa desses contextos formadores, as sociedades diferem de forma significativa.

A história é descontínua: mudanças de estrutura formadora contrastam bruscamente com deslocamentos dentro dela. O reconhecimento dessa qualidade modelada da vida social opõe-se à perspectiva da historiografia ingênua, que simplesmente vê um evento acontecendo depois do outro e inevitavelmente trivializa tanto as posições no conflito social quanto as distinções entre circunstâncias históricas. Todavia, essa tradição de teoria social conjuga a tese da estrutura e da descontinuidade, plausível se indeterminada, com outra reivindicação, esta falsa: a invocação de uma estrutura de ordem superior que governa as estruturas de ordem inferior e estabelece de antemão suas identidades. O recuso a essa hipótese mais ousada pode ser explicado, mas não justificado, pelo medo de que sem ela não haveria modo de entender como e por que as estruturas mudam. Não haveria base para a unidade entre os elementos constitutivos de cada uma delas nem, mais geralmente, fundamento para uma "ciência" da história ou da sociedade. Como resultado, o caminho estaria aberto para um retorno ao ponto de vista da historiografia ingênua.

A teoria social e as ciências sociais contemporâneas são frequentemente consideradas como se já houvessem rejeitado a ideia meta-estrutural: a crença na narrativa superior ou na lógica mais profunda. Na verdade, contudo, as formas mais ambiciosas de pensamento social continuam a viver em um submundo de rebelião inconclusiva contra aquela ideia. Uma prova dessa hesitação é o uso carregado de conceitos como capitalismo ou economia de mercado como se eles designassem um mundo social, uma estrutura ou um sistema bem definido, cujos elementos todos pressupõem uns aos outros e permanecem ou caem em bloco. Tais conceitos não fazem sentido fora de uma visão mais ampla que apresente cada um desses regimes sociais supostamente integrados como estágio de uma sequência ou como opção em uma lista enumerável de sociedades possíveis. Outro sinal de que o pensamento social contemporâneo continua a viver à custa de versões diluídas dessa tradição intelectual é seu fracasso em reconhecer claramente como seu próprio problema central o enigma a que a rejeição mais completa do pressuposto meta-estrutural conduz.

Nossa crítica do objetivismo e a sequência construtiva a essa crítica ataca em sua raiz a concepção de tipos institucionais, que repousa sobre pressupostos teórico-sociais dos quais seus expoentes reivindicam estar libertos. Juntadas a ideias paralelas em outros campos do pensamento social, as implicações do nosso trabalho sugerem uma reformulação mais básica das premissas da teoria social. Essas ideias paralelas na sociologia histórica e na história sociológica desacreditam a tese de que a divisão de trabalho na sociedade tem uma dinâmica autônoma. Os mesmos níveis de capacidade tecnológica aparecem em configurações organizacionais nitidamente diferentes. Estilos similares de organização florescem contra um amplo leque de panos de fundo sociais e governamentais.

Assim, por exemplo, o desenvolvimento de economias industrializadas na Europa e ao redor do mundo, em vez de haver apresentado um meticuloso conjunto de estágios ou alternativas, exibiu uma lista aberta de variações. Estilos desviantes emergiram repetidamente. Formas dominantes atingiram sua primazia por meio de vitórias na política de poder e na cultura. Não podemos explicar tais triunfos na base de qualquer sistema de constrangimentos determinantes e manifestos, incluindo as limitações da vida material.

Quando essas descobertas teórico-sociais convergem com as implicações críticas e construtivas do nosso trabalho, o efeito conjunto é um ataque amplamente baseado e explícito à forma de pensar sobre sociedade e história que pareceu até agora ser a única alternativa coerente à historiografia ingênua. Colocamos no topo da agenda da teoria social o problema seguinte. De um lado, há estruturas práticas e imaginativas que ajudam a moldar a atividade política e econômica ordinária enquanto permanecem estáveis em meio às perturbações que essa atividade causa. De outro lado, contudo, nenhuma ordem de nível superior governa a história dessas estruturas ou determina suas possíveis identidades e limites. Dizer que não há lista enumerável ou sequência pré-estabelecida de formas de organização social é reconhecer que os elementos constitutivos de cada uma dessas formas não precisam permanecer ou cair em bloco. A relação desses dois conjuntos de ideias – o reconhecimento do caráter modelado da vida social e a negação de uma meta-estrutura – tornou-se agora o eixo ao redor do qual as controvérsias mais fundamentais da teoria social devem girar.

Esse deslocamento nos pontos de partida da teoria social pode parecer um ato de autodestruição intelectual. Afinal, as maiores tradições teóricas que serviram a esquerda até agora, como o marxismo e o estruturalismo, repousaram pesadamente na ideia de leis da história, seja em sua variante da sequência compulsória, seja na variante dos mundos possíveis. Não obstante, esse aparente suicídio intelectual autoriza a intenção e o método fundamentais do pensamento social crítico a triunfarem sobre ideias que apenas imperfeitamente aplicam o método e expressam a intenção.

Desde o começo, a intenção foi entender a sociedade como feita e imaginada, em vez de meramente dada em um processo autogerador que se desdobraria independentemente da vontade e da imaginação e que condenaria as pessoas constantemente a reencenarem um drama que elas não seriam capazes de parar nem de entender. O método do pensamento social crítico espelha essa intenção. É um método que, interpretando os contextos formadores institucionais e imaginativos da vida social como política congelada, traça cada um de seus elementos à história particular e à medida de limitação sobre o conflito transformador que o elemento representa. Tal método deve fazer guerra perpétua contra a tendência a tomar o funcionamento de um mundo social particular como se ele definisse os limites do real e do possível na vida social.

8

OUTRA POLÍTICA

O movimento de estudos críticos do direito exemplifica uma forma de ação transformadora. Oferece resposta original a uma experiência de limitação e desapontamento que se tornou cada vez mais comum. Para clarificar e suportar essa reivindicação, sugiro os diferentes cenários e sentidos em que embarcamos em um curso de ação transformadora, identifico os atributos restritivos da situação histórica à qual nosso movimento representa uma resposta tanto prática quanto teórica e descrevo, à luz desse entendimento da situação, o tipo de política que nossa resposta exemplifica. Essa análise ilumina o relacionamento entre o movimento como teoria e o movimento como prática. Mostra por que fomos além da conexão frouxa e esporádica entre teoria (como a crítica do formalismo e do objetivismo) e prática (como o uso meramente instrumental do direito e do pensamento jurídico para fins esquerdistas) que marcou os movimentos progressistas no direito.

OS CENÁRIOS DA ATIVIDADE POLÍTICA

A primeira área de nossa atividade transformadora é a contribuição das nossas ideias substantivas ao refazimento democrático da vida social. A crítica do objetivismo e seu desenvolvimento construtivo contestam os termos estabelecidos da controvérsia ideológica. Rompem a conexão tácita entre o conjunto disponível de alternativas institucionais e qualquer esquema subjacente de imperativos práticos ou morais. Ampliam o sentido de possibilidade coletiva e tornam mais controversas e mais precisas as concepções ideais que ordinariamente servem como os pontos de partida do argumento normativo.

Ao mesmo tempo, a luta sobre a forma de vida social, por meio da doutrina desviacionista, cria oportunidades para inovações institucionais na direção dos ideais que defendemos. Nossas ideias implicam que podemos substituir os elementos de uma estrutura formadora institucional ou imaginativa peça por peça, em vez de uma vez por todas. Entre a reforma conservadora e a revolução (com sua combinação implícita de insurreição popular e transformação total) há o expediente da reforma revolucionária, definida como a substituição de um dos elementos constitutivos de um contexto formador.

Apenas uma mudança real nas formas recorrentes das atividades rotineiras, de produção e troca, ou do conflito sobre os usos e o domínio do poder governamental, pode mostrar se a substituição de algum componente do contexto formador de fato ocorreu. Ao remodelar o exercício do poder governamental, a doutrina desviacionista programaticamente inspirada pode prover oportunidades para a mobilização coletiva. O efeito transformador de tais esforços pode ser direto ou indireto: direto se informarem mudança institucional; indireto se ajudarem a inspirar e informar contraimagens dos arranjos estabelecidos. Tais oportunidades podem favorecer, direta ou indiretamente, a reforma radical: a revisão parte por parte, mas cumulativa, do quadro institucional e ideológico.

As oportunidades abertas pela doutrina expandida podem deixar de ser percebidas. Se percebidas, as tentativas de tirar vantagem delas pode chegar a lugar nenhum. Recairíamos no erro que criticamos em nossos adversários se imaginássemos nossas atividades conceituais como substituto, ou mesmo como fonte substituta de discernimento, para o conflito e a invenção prática. O que quer que seja obtido, contudo, no pensamento assim como na prática, pode servir para inspirar outro futuro.

Outro cenário paralelo de atividade transformadora é nossa concepção e exercício da técnica profissional. A visão recebida apresenta a prática do direito como defesa de interesses individuais ou grupais dentro de um quadro institucional e imaginativo que, pelo menos para os propósitos dessa defesa, precisa ser tomado como dado. A única alternativa aparente apela a uma ideia de bem coletivo, ou de interesse público, que não tem qualquer conteúdo preciso e parece ser a mera denegação de serviço aos interesses privados. O significado teórico dessa alternativa é afirmar, por sua falsidade e negatividade, a ordem de que ela pretende escapar. Seu significado prático é justificar formas menos mercenárias de prática jurídica como um adendo expiatório – nas atividades da ordem dos advogados, senão nas carreiras de juristas individuais – às rotinas da advocacia principal.

Para nós, a prática do direito deve ser, e em certa medida sempre é, a defesa jurídica dos interesses individuais ou grupais por métodos que revelam a especificidade do regime institucional e imaginativo subjacente, que o sujeitam a uma série de pequenas perturbações capazes de ganhar escala a qualquer momento e que sugerem formas alternativas de definir interesses coletivos, identidades coletivas e pressupostos sobre o possível. Os mesmos pontos poderiam ser levantados, com as devidas adaptações, a respeito de todas as formas de conhecimento profissional. Mais geralmente ainda, os dispositivos para a reprodução da sociedade sempre contêm dentro de si as ferramentas para a disrupção social. Essas ideias informam uma abordagem distinta da prática do direito. É a visão da prática como orientada à relação entre a doutrina desviacionista e a desestabilização social que apresentei antes.

À medida que a análise jurídica se aproximasse da doutrina desviacionista e a sociedade viesse a executar o programa institucional descrito antes, o caráter do conhecimento profissional no direito mudaria. O contraste entre juristas e leigos declinaria. Se a doutrina jurídica é reconhecida como sendo contínua com outras modalidades de pensamento normativo, se o plano institucional que ordena a existência de um judiciário distinto ao lado de apenas um ou dois outros poderes do estado é reconstruído, e se muito antes de tal reconstrução a crença em uma lógica de papéis institucionais existentes é abandonada, a especialidade jurídica pode sobreviver apenas como uma vaga coleção de diferentes tipos de discernimento e responsabilidade. Cada tipo combinaria elementos do profissionalismo jurídico atual com formas alegadamente não jurídicas de conhecimento e experiência especial, assim como com variedades de representação política. Essa desintegração forense poderia servir como modelo para o que ocorreria, em uma sociedade mais democrática e menos supersticiosa, com todas as reivindicações de monopolizar um instrumento de poder em nome do conhecimento especializado.

O cenário mais imediato da nossa atividade transformadora é também, à primeira vista, o mais modesto: as faculdades de direito. A natureza da nossa tarefa na academia jurídica é mais bem mostrada por nossa resposta aos nossos estudantes; a situação deles revela ainda mais inequívoca e imediatamente que a nossa própria ou a de nossos colegas a qualidade moral da circunstância que compartilhamos. A conjunção de uma abordagem biográfica e um desapontamento intelectual define para esse propósito o apuro de um estudante de direito sério.

Para ele, chegar à faculdade de direito frequentemente significa colocar de lado, em nome da realidade, uma fantasia adolescente de reconstrução social ou criação intelectual. Ele não quer meramente ter um emprego. Ele aceita a autoridade espiritual daquele ideal característicamente moderno e mesmo modernista: afirmar seu valor, em parte, tentando mudar algum aspecto da estrutura estabelecida da sociedade e da cultura. Você cria sua identidade afirmando de modo tangível sua habilidade de permanecer à parte de qualquer posição particular dentro daquela estrutura. Mas você precisa também assumir uma posição na sociedade, tanto para encontrar uma versão realista do compromisso transformador quanto para se proteger de seu fracasso.

A cada passo adiante, contudo, as oportunidades para o desvio parecem mais estreitas e os riscos, maiores. Na troca pela equação de realismo com submissão, a ordem social promete uma série infinita de recompensas. Nada parece justificar a recusa a esses prêmios: as alternativas realistas não parecem inspiradoras e as que são inspiradoras parecem irrealistas.

Um indivíduo que haja viajado tal itinerário espiritual não pode facilmente recobrar a fé em um mundo em que a justificação vem de um desempenho de boa-fé de papéis bem definidos. Tal sistema de papéis pode servir como a manifestação exterior de uma ordem moral e social autoritativa. Sem aquela fé ou sua substituição bem-sucedida pela ideia de uma vocação transformadora, o trabalho parece uma mera necessidade prática, desprovida de maior significado ou efeito. Além dos prazeres da complexidade técnica e da solução de enigmas, torna-se não mais que um meio para o conforto material e um incidente, se você for sortudo, para a felicidade doméstica ou a diversão pessoal.

Nas faculdades de direito, os alunos ouvem que serão ensinados um vigoroso método de análise. Esse método destina-se a ser aplicado a um corpo de direito apresentado, em medida limitada, mas significativa, como repositório de propósitos, políticas e princípios inteligíveis, e não como coleção de decisões vacilantes em uma guerra sem fim pelos favores do governo. Mas a mensagem real do currículo é desacreditar essa pretensão, uma mensagem explicitada em nossa crítica do formalismo e do objetivismo. Essa lição implícita difere da nossa explícita por sua negatividade cínica. Ela ensina que uma mistura de habilidades de baixo nível e altas técnicas sofísticas de manipulação argumentativa é tudo o que há, e tudo o que pode haver, para a análise jurídica. Por conseguinte, é tudo o que pode haver para os vários métodos pelos quais a especialidade profissional influencia o exercício do poder estatal.

A abordagem biográfica e a insinuação intelectual têm o mesmo efeito moral sobre estudantes e professores parecidos. Adulam a vaidade o melhor possível para ferir o autorrespeito e elevam suas vítimas apenas para torná-las mais dóceis. Sua lição comum é que o regime estabelecido de pensamento ou de sociedade é contingente e, apesar disso, para todos os propósitos práticos, impossível de mudar. Pregam uma distância íntima da realidade cujo jugo não acreditam poder quebrar. Distraem as pessoas seduzindo-as na tentativa absurda de se arranjarem em uma hierarquia de sabichões.

O discernimento psicológico que fornece o início da nossa resposta é a consciência de que o sentido de viver na história serve como prelúdio indispensável a todo impulso generoso capaz de se estender para além dos vínculos pessoais mais próximos. Viver na história significa, entre outras coisas, ser um participante ativo e consciente no conflito sobre os termos da vida coletiva, com o conhecimento de que esse conflito continua em meio ao técnico e ao cotidiano. Ensinamos essa verdade ao levar as lições negativas ao ponto extremo em que começam a se tornar discernimento construtivo. Sustentamos a imagem de uma forma de atividade conceitual e prática que exemplifica uma forma de viver na sociedade civil sem capitular a ela.

O nosso parece um terreno estreito sobre o qual desenvolver e defender um ensinamento tão importante. Entretanto, parte da lição é que nenhum ideal de conduta ou forma de reflexão vale até que tenha penetrado campos especializados de conduta e pensamento. Uma vez penetradas, as áreas separadas vêm a apresentar analogias significativas. Assim, a resposta tem uma pertinência que supera o pequeno e privilegiado domínio da prática profissional e da vida acadêmica com que mais proximamente lida. Tem uma aplicação mais ampla em um mundo de sonhos interrompidos e monotonia, de abstrações que há muito deixaram de ser teoria viva. Uma vez rotinizadas e mutiladas, tais abstrações viram os princípios diretores ou lemas vazios de formas de prática social a que emprestam a aparência espúria de sentido, autoridade ou necessidade.

REIMAGINANDO A POLÍTICA TRANSFORMADORA

A atividade transformadora levada a efeito nesses diferentes cenários pode ser entendida como uma reação distinta e mesmo exemplar a uma circunstância histórica particular. Para compreender o que a reação exemplifica, precisamos relembrar os elementos da situação.

Um dos elementos é a quebra do mecanismo imaginado, e o desaparecimento das ocasiões reais, da transformação revolucionária. O conceito convencional de revolução combina a noção de mudança básica se não total no contexto formador da vida social rotineira com a ideia de amplo engajamento no refazimento de uma ordem social que o estado temporariamente deixou de controlar. Nas tradições dominantes da teoria social histórica e crítica e nas crenças vulgares que essas tradições inspiraram, a revolução aparece como a melhor esperança para a verdadeira mudança social: a única alternativa clara à reprodução sem fim da sociedade por meio de ajustes reformistas. Nessa imagem herdada, o mecanismo central da revolução é a aliança entre uma elite dissidente e uma massa oprimida.

Nas democracias industriais ocidentais, no entanto, com suas formas de política de partidos de massa, sua extrema segmentação da força de trabalho e sua linguagem mais ou menos compartilhada de uma cultura que combina atributos da alta cultura e da cultura popular, os contrastes hierárquicos simples que esse mecanismo pressupõe foram irremediavelmente confundidos. Ademais, os casos de manual de revolução moderna invariavelmente dependeram da ocorrência de um estreito espectro de condições de possibilidade. Uma dessas circunstâncias favoráveis foi a paralisia do aparato repressivo e coordenador do estado na esteira de guerras e ocupações. Outra foi a influência dos compromissos transformadores daqueles que tomaram o governo no curso de uma luta nacional contra a tirania brutal. Mas as guerras em nossa própria circunstância histórica dever ser muito limitadas ou muito terríveis para ter de criar essa possibilidade, e tiranias brutais não existem no ocidente industrializado. Como os mecanismos e ocasiões para a revolução desapareceram, parece que fomos deixados com nada além dos pequenos bate-bocas da política rotineira.

Um segundo atributo da situação mais ampla é a estranha coexistência, nos países ricos do Atlântico Norte, de uma revolução constante na esfera das relações pessoais com a repetição e a deriva na luta sobre os usos do poder governamental e sobre a estrutura institucional da sociedade. Sugeri antes uma visão dos significados e intenções dessa prática de revolução cultural. Sua ambição é liberar as relações práticas e passionais entre as pessoas do efeito limitador de um plano de fundo de divisão e hierarquia social, e recombinar as experiências e oportunidades associadas às diferentes categorias sociais ou de gênero. Na medida em que se torna destacada do conflito prático ou imaginativo sobre a estrutura institucional, como ocorreu nas sociedades ocidentais avançadas, a prática da revolução cultural sofre uma perversão: a busca infeliz por satisfação e autorrealização toma precedência sobre todas as outras formas de subjetividade ou solidariedade.

Uma terceira característica da nossa circunstância histórica é a lacuna entre o espaço social homogêneo de cidadãos e proprietários retratado pela teoria liberal clássica e a organização presente da vida social. Toda a sociedade parece uma vasta exibição de conjuntos de prerrogativas sobrepostos, mas ainda assim discrepantes. Essas prerrogativas, apenas parcialmente definidas pelo direito, estabelecem um sistema de posições sociais. Cada lugar no sistema é definido simultaneamente por sua relação com todos os outros lugares e pelo grau e caráter de seu acesso ao favor governamental. Tais favores incluem tanto a distribuição direta ou indireta de recursos materiais quanto a criação de regras jurídicas que transformam vantagens transitórias em direitos adquiridos. Cada lugar no esquema de posições sociais serve como um refúgio dentro do qual uma forma de vida distinta pode florescer.

A política, estritamente compreendida como a disputa sobre o controle do estado, pode ser praticada como luta entre grupos de interesse mais ou menos fragmentários. Esse processo, contudo, deixa de expressar o caráter subjacente da sociedade. Em vez disso, ajuda a explicar por que a sociedade, como uma divisão de trabalho relativamente estável, deve ser tão diferente da política. Aqui está um novo *ancien régime*. Seu feito é haver estendido às massas de homens e mulheres trabalhadores comuns a experiência da titularidade de direitos, ou ao menos da titularidade de direitos que não são apenas elos em uma cadeia de dependência pessoal. Seu defeito mais impressionante é haver ficado aquém: não haver desenvolvido a titularidade de direitos em empoderamento ativo sobre os termos da vida social. Fracassou em superar a disparidade entre a organização da política, como disputa entre grupos de interesse e partidos de opinião fragmentários e entrecruzantes, e a organização da sociedade, como sistema de divisões e hierarquias fixas. Tal sistema deixa o indivíduo cativo de uma posição mais ou menos rigidamente definida dentro de uma divisão de trabalho mais ou menos estabilizada.

Um movimento capaz de agir transformadoramente na circunstância que descrevi deve rejeitar os falsos dilemas de reforma conservadora ou revolução de manual. Deve encontrar formas de superar o contraste entre a política de relações pessoais e a política da estrutura institucional de larga escala. Deve tirar vantagem do caráter altamente segmentado da vida social, de sua fragmentação em cidadelas de prerrogativa hierarquicamente ordenadas, o máximo para experimentar com formas de vida social capazes de superar as oposições – entre titularidade de direitos e empoderamento, ou entre a qualidade da grande política e a realidade da experiência social prática – que essa segmentação ajuda a fortalecer.

O MOVIMENTO DE ESTUDOS CRÍTICOS DO DIREITO:

Nosso movimento exemplifica, de modo incipiente e imperfeito, tal atividade. Faz isso ao distinguir oportunidades e limitações que advêm de trabalhar por meio do e em meio ao pensamento e à prática do direito.

Um grupo age em um dos abrigos institucionais ou posições sociais do sistema de prerrogativas. Em seu canto do mundo social, desbrava contramodelos ao esquema dominante de vida social. Apropriadamente revisados, esses contramodelos podem ser estendidos a outros aspectos da sociedade. Ao mesmo tempo, usa os recursos materiais e conceituais à sua disposição de modos que ajudem a sacudir essas outras áreas e abri-las ao conflito sobre as formas de poder e coordenação. Um atributo especial de nossa própria versão pretendida dessa prática transformadora é que seu objeto imediato, a definição dos direitos, ajuda a moldar todas as áreas da prática social.

Um grupo que trabalha da maneira que acabo de descrever derruba a fronteira entre a política das relações pessoais e a política dos grandes poderes da sociedade. Lida com fragmentos detalhados do regime institucional que configura os termos nos quais as pessoas fazem reivindicações umas às outras. Altera essas relações, coletiva e deliberadamente, de modos que prefiguram ou encorajam uma mudança parcial da ordem institucional. Por sua própria natureza, a definição dos direitos preenche a lacuna entre a macroestrutura e a microestrutura da vida social.

Esse esforço transformador não pode estabelecer seus próprios objetivos. Requer direcionamento: a direção fornecida por um exercício de desenvolvimento interno ou discernimento visionário. O método é, não obstante, intimamente conectado com o objetivo: a visão programática esboçada antes tem como uma de suas ambições tornar a vida social permanentemente mais hospitaleira a uma atividade transformadora que, como a agora descrita, também represente uma forma de empoderamento. O cumprimento dessa ambição realizaria parte do programa de tornar cada atributo crucial da ordem social efetivamente visível e vulnerável à controvérsia, ao conflito e à revisão.

Nossas ideias informam uma abordagem da reconstrução da sociedade, passo por passo, mas de longo alcance. Se essa abordagem é gradual e fragmentária, pode, não obstante, ser revolucionária em seu resultado. As ideias fornecem a oportunidade para uma prática de definição de direitos que constantemente faz emergirem de novo os problemas centrais de como as relações entre pessoas deveriam parecer em diferentes esferas da existência social. Mais especificamente, a oportunidade é a luta que toma lugar sobre as categorias e prerrogativas jurídicas que definem as formas institucionais do mercado e da democracia. As ideias fornecem o método: o desenvolvimento interno controverso de um sistema recebido de ideais e arranjos que a doutrina desviacionista ilustra. As ideias geram a visão animadora de uma sociedade que eclipsou o contraste entre lutas revolucionárias sobre a ordem estabelecida e acordos de rotina dentro dela. Como resultado, tal sociedade liberou mais plenamente as trocas, a produção e os vínculos pessoais da força viciante da dominação e da dependência e das compulsões de um sentido não examinado de possibilidade.

CONCLUSÃO

AS LIÇÕES DA INCONGRUÊNCIA

A principal objeção a esta visão do movimento de estudos críticos do direito talvez seja o hiato formidável que ela sugere entre o alcance de nossos compromissos intelectuais e políticos e as muitas limitações severas em nossa situação. Precisamos decidir o que fazer a respeito desse hiato.

Primeiro, há a desproporção entre nossas ambições transformadoras e a paz social estabelecida. Não buscamos, nas decepções de uma teoria social e jurídica que pretende triunfar sobre a política, consolação para nossos desapontamentos políticos. Cercados por pessoas que implicitamente negam a transformabilidade dos arranjos cuja contingência eles também declaram, recusamo-nos a confundir os pilares periclitantes dessa era pós-guerra com desígnios da providência moral ou do destino histórico.

Assim enfrentamos o contraste entre o escopo de nossas preocupações teóricas e o domínio relativamente limitado em que as perseguimos. Cada movimento radical, radical tanto como esquerdista quanto como transformador dos fundamentos, deve rejeitar a antítese entre o técnico e o filosófico. Deve insistir em ver seu programa teórico realizado em determinadas disciplinas e práticas, se é de fato para realizar aquele programa.

Finalmente, há a disparidade entre nossas intenções e a forma social arcaica que elas tomam: um empenho comum de intelectuais descontentes e facciosos no alto estilo do radicalismo burguês do século XIX. Para todos os que participam desse empreendimento, a desarmonia entre intenção e presença deve ser causa de inquietação. Nem suprimimos essa inquietação nem lhe autorizamos a última palavra, porque nos recusamos a dar a última palavra ao mundo histórico que habitamos. Construímos com o que tivemos à mão e de bom grado pagamos o preço pela inconformidade da visão com a circunstância.

A academia jurídica que adentramos demorava-se em mais uma variante do perene esforço para representar poder e preconceito como justiça. Dentro e fora das faculdades de direito, a maioria dos juristas olhou com indiferença e até mesmo desdém os teóricos do direito que, como as escolas dos direitos e princípios ou do direito e economia, haviam se voluntariado para salvar e recriar as tradições do objetivismo e do formalismo. Esses mesmos céticos sem problemas, contudo, também rejeitaram qualquer alternativa à visão formalista e objetivista.

Havendo fracassado em persuadirem a si mesmos por todas as versões do credo herdado, fora as mais equívocas, eles, não obstante, agarraram-se às suas implicações e descaradamente propagandearam seu fracasso como triunfo da sensatez mundana sobre o entusiasmo intelectual e político. O estudo da história, eles degradaram em racionalização retrospectiva de eventos. A filosofia, rebaixaram a um compêndio de desculpas para truncar a análise jurídica. As ciências sociais, perverteram em fonte de estratagemas argumentativos pelos quais se pode conferir a discussões de políticas, arbitrárias embora estilizadas, a bênção da autoridade capciosa.

Quando viemos, eles eram como sacerdotes que haviam perdido a fé, porém mantido os empregos. Postavam-se, entediados e constrangidos, diante de altares frios. Viramos as costas para aqueles altares, e encontramos, na revanche do coração, a oportunidade da inteligência.

UM ANEXO

A HISTÓRIA UNIVERSAL DO PENSAMENTO JURÍDICO[*]

APRESENTAÇÃO DO PROBLEMA

1.

A história do pensamento jurídico em todas as principais tradições jurídicas apresenta uma constância surpreendente. Em cada uma delas, três conjuntos de ideias estão presentes: os dois primeiros, de modo explícito, e o terceiro, em boa parte, apenas implícito. No ocidente, tanto no *civil law* quanto no *common law*, esse conjunto universal de ideias persiste com clareza e continuidade desconcertantes. É, portanto, ainda mais surpreendente que tenha sido tão pouco observado.

Seu estudo vai além do interesse histórico. A partir dele, esperamos obter uma melhor compreensão dos limites da doutrina jurídica e da teoria jurídica. Esperamos, ainda, encontrar pistas para a superação desses limites.

O primeiro elemento nesse padrão universal de pensar o direito é a ideia do direito enquanto ordem imanente: uma ordem moral latente na vida social, que é revelada e refinada pela atividade doutrinária e jurisprudencial (*legal doctrine*). Os defensores dessa concepção do direito são os profissionais especialistas em direito. Os juristas organizam seu trabalho em torno da concepção de que a atividade doutrinária e jurisprudencial constitui a expressão e o desenvolvimento, no material pormenorizado das leis, de um esquema inteligível e justificável da vida social. No direito vigente, os juristas encontram, além das ações arbitrárias de poder, uma abordagem hesitante, falha e, todavia, cumulativa de uma ordenação abrangente da vida social. Tal ordenação é descoberta e desenvolvida com o tempo, por meio da elaboração justificada do direito. No tempo histórico, o direito *"works itself pure"* (se autopurifica). No mínimo, é aperfeiçoado. É liberado de ser a expressão de uma competição brutal entre interesses poderosos e aproximado de seu papel de visão defensável da vida social.

[*] Este texto, escrito em 2010, sob o título, *The Universal History of Legal Thought*, jamais foi publicada, embora disponibilizada no *site* www.robertounger.com Destina-se a fazer parte de obra futura a respeito do direito.
Tradução de Thalia Simões Cerqueira

O MOVIMENTO DE ESTUDOS CRÍTICOS DO DIREITO:

A ordem imanente pode ser representada como a forma institucionalizada da vida de um povo, de acordo com uma fórmula cara a Hegel e aos historicistas alemães do século XIX. Alternativamente, pode ser defendida como o exemplo local de um sentido universalmente autoritativo para a humanidade. Seja o alcance de sua autocompreensão nacional ou cosmopolita, ela representa o fruto de um esforço coletivo, realizado no tempo histórico. Os juristas cumprem o seu dever, não como meros servos daqueles que momentaneamente detêm o poder, muito menos como pensadores isolados e independentes, mas como partícipes em uma comunidade de discurso vinculada a uma determinada sociedade e a uma tradição jurídica.

O segundo elemento no repertório histórico mundial do pensamento jurídico é a concepção do direito como a vontade do soberano. O soberano é o Estado ou quem quer que detenha o poder governamental. Assim, o direito como vontade do soberano também representa o direito desejado pelo Estado e imposto à sociedade pelo Estado. Os adeptos dessa visão são os teóricos políticos e filósofos do Estado, bem como os pensadores jurídicos que desejam se ver livres daquilo que consideram ilusões dos juristas práticos.

A concepção do direito como a expressão da vontade política pode ou não incorporar um compromisso com a democracia. O processo legislativo democrático é simplesmente uma variante da ideia mais geral do direito enquanto instrumento de vontade política. Hobbes e Carl Schmitt, Hans Kelsen e H. Hart, nesse aspecto, estão todos do mesmo lado.

De acordo com essa visão, o direito é o que o soberano, democraticamente legitimado ou não, quer que ele seja. A posse do poder soberano é, em primeira instância, um fato, corroborado pela prática da obediência costumeira e reforçado pelo poder de punir a desobediência. O direito, enquanto emanação da vontade do soberano, não deveria ser simplesmente uma intervenção seletiva do príncipe, adaptando às circunstâncias e ao propósito político um conjunto de leis estável, legitimado pelo costume, pela tradição ou pela autoridade divina. Ele é, por esse motivo, toda a fonte da lei. O que quer que componha o corpo do direito vigente, mas não resulte da escolha ativa e explícita do soberano, dependerá, ainda assim, para a sua força, da disposição do soberano para não o afetar.

Não precisa haver nada de intrinsecamente revolucionário ou autoritário nesta proposição. Para os teóricos da democracia constitucional, todo o direito deve, sem exceção, encontrar a sua fonte nas decisões das instituições constitucionalmente legitimadas, ou, mais uma vez, por meio do seu consentimento às leis recebidas, ou herdadas, de outras fontes.

2.

Essas duas concepções do direito — o direito como ordem normativa latente e o direito como vontade do soberano — por si só explicam o vasto predomínio de ideias sobre o direito que têm sido influentes não só no Ocidente, mas, guardadas as devidas proporções, na história mundial do direito. O que essas concepções deixaram de lado foram os sistemas de direito sagrado, em particular aqueles associados com as religiões de salvação semitas. No entanto, dependendo da orientação teológica subjacente, esse direito sagrado poderá, ele próprio, ser representado como variante de uma ou das duas concepções. Em um dos casos, a ordem imanente é a que ajuda a fomentar nossa participação nos atributos da divindade. No outro, o soberano cuja vontade produz direito é Deus.

Considere dois fatos sobre essas duas visões e a relação entre elas. Tomados em conjunto, esses fatos já começam a sugerir o principal enigma apresentado pela história do pensamento jurídico. Eles também geram implicações para a tarefa da teoria jurídica atual.

O primeiro fato é que, embora abordem o mesmo objeto — o direito — essas duas concepções são incompatíveis. Elas se contradizem em suas visões a respeito do que é o direito e, portanto, sobre como ele pode e deve ser desenvolvido. Inexiste uma maneira clara de conciliá-las, embora sejam feitas, por inúmeros mecanismos, para coexistirem o tempo todo. Desses mecanismos, o de longe mais conhecido é o expediente de associar cada uma das duas concepções de direito a um quadro institucional distinto: o direito enquanto vontade do soberano com a produção do direito, na legislação e na política, e o direito enquanto busca pela ordem imanente, com o esforço interpretativo dos juristas, especialmente quando esse esforço é realizado no cenário de aplicação do direito. No entanto, a contradição não desaparece com a troca de cenários, ora descartando um conjunto de pressupostos sobre o direito, ora outro, de acordo com a circunstância institucional e o agente.

O segundo fato sobre os dois pontos de vista e a relação entre si é que cada um deles é radicalmente incompleto. Nenhum dos dois funciona sem a introdução de um elemento adicional. Esse elemento adicional, no entanto, sem o qual cada uma das duas visões falha por si só, não consiste na outra abordagem; não se trata da concepção do direito como ordem imanente em prol do esforço de representar o direito como a vontade do soberano, tampouco o último em prol do projeto de fazer avançar o primeiro. Trata-se, surpreendentemente, de um tema totalmente diferente e, em grande medida, não reconhecido. O terceiro elemento na história universal do direito é a referência implícita à real estrutura da sociedade, incluindo a sua organização institucional, bem como suas hierarquias de vantagem e suas divisões de experiência.

Em qualquer tempo, mesmo o mais poderoso soberano, autoritário ou democrático, ao abrigo de todos os regimes institucionais previstos até então, encontra-se reduzido a intervir num contexto social não inventado pelo soberano: os regimes e as rotinas herdadas pela sociedade e pela cultura. A pretensão de que a subsistência dessas rotinas e regimes, e de toda a distribuição de vantagens e desvantagens resultantes deles, subsiste exclusivamente por causa do consentimento do soberano é pouco mais que ficção. Na realidade, o soberano não tem o poder de mudá-los, exceto superficialmente, ou quando uma crise — geralmente sob a forma de guerra ou colapso econômico — abre espaço para a mudança.

O uso do produto da atividade doutrinária e jurisprudencial para representar o direito como uma aproximação imperfeita, porém gradual, de um plano da vida social sofre de uma incompletude similar inextirpável. Tome os princípios e categorias enunciadas em qualquer instância do direito, no âmbito de qualquer tradição jurídica, inclusive o direito das sociedades contemporâneas. É quase impossível imaginar, com base no discurso dos juristas, qual o verdadeiro significado de suas palavras grandiloquentes quando inseridas no contexto, ou qual significado e efeito prático a atividade doutrinária e jurisprudencial teria associado às realidades da ordem estabelecida na sociedade. Caso não pertencêssemos àquela sociedade e cultura, seriam necessárias informações independentes sobre aquela ordem. A atividade doutrinária e jurisprudencial pode tentar descrevê-las e, até mesmo, alterá-las superficialmente. No entanto, não conseguirá refazê-las do zero.

Tanto a abordagem do direito como ordem imanente quanto a concepção do direito enquanto vontade do soberano depende de uma terceira percepção: o direito enquanto real estrutura da sociedade. Ao contrário das duas primeiras concepções, no entanto, a terceira permanece na penumbra; sua relação capacitadora com as outras duas concepções, negada ou disfarçada. Com base na relação do direito enquanto estrutura real da sociedade com o direito como ordem imanente e vontade do soberano surgem todos os problemas mais críticos da teoria do direito. Repensar essa relação na teoria e depois auxiliar sua mudança na prática é a tarefa mais urgente do pensamento jurídico atual.

3.

Um obstáculo intimidante para a execução dessa tarefa é que agora carecemos de uma maneira confiável de compreender como é feita e refeita a estrutura real da sociedade na história. Ambas as concepções do direito — como ordem imanente e como vontade do soberano — devem contar com uma concepção da estrutura real da sociedade. Porém, inexiste concepção dessa natureza.

A disposição dos elementos da sociedade já não nos parece natural, necessária ou sacrossanta. Reconhecemos sua contingência e suas falhas, embora não saibamos de que forma ocorre a mudança estrutural na história, e sofremos, em parte por conta disso, de uma imaginação empobrecida das alternativas institucionais. A confiança não reconhecida e não debatida das duas abordagens predominantes do direito em uma concepção da real estrutura da sociedade é, portanto, sua maior dificuldade.

A história da teoria social nos últimos duzentos anos explica como chegamos a tal situação aflitiva. Essa história, enquanto sustentada na situação fundamental do pensamento jurídico, pode ser resumida em poucas palavras.

A tradição da teoria social, que surgiu com Montesquieu e Vico e encontrou sua expressão mais radical e ambiciosa na obra de Karl Marx, antes de renascer como as tipologias históricas comparativas de Max Weber e Emile Durkheim, desenvolveu maneiras de pensar sobre a estrutura de sociedade. Ela reconheceu que essas estruturas são criações nossas. Ela nos ensinou a fazer a distinção, em cada circunstância histórica, entre os arranjos institucionais de formação e os pressupostos ideológicos e as rotinas práticas ou discursivas forjadas por esses pressupostos e arranjos. Ela nos muniu de ferramentas intelectuais com as quais podemos explorar o caráter descontínuo da mudança histórica.

Essas percepções revolucionárias — revolucionárias enquanto modos de compreensão e revolucionárias enquanto bases para a reforma da sociedade — foram contaminadas, em nenhum outro lugar de modo tão evidente quanto nos próprios escritos de Marx, por ilusões deterministas. Uma dessas ilusões é que existem, na história, sistemas institucionais pequenos e fechados (a ilusão da lista fechada). A história é supostamente o registro da descoberta e promulgação desses sistemas. Uma segunda ilusão é que cada um desses sistemas — as opções institucionais da humanidade — equivale a um tipo indivisível, cujas peças ficam de pé ou caem juntas (a ilusão tipológica). A política deverá, portanto, preocupar-se com a gestão, a defesa e a melhoria de tal sistema indivisível (reformismo), ou com a sua substituição por outro (revolução).

De acordo com a terceira ilusão (a ilusão das leis históricas), há leis de mudança (por exemplo, o eventual fracasso das relações de produção em acomodar o máximo desenvolvimento possível das forças de produção). Na ausência de tais leis, há ao menos tendências, direcionais e irresistíveis (por exemplo, burocratização, racionalização, especialização funcional e integração) que regem a sucessão dos sistemas institucionais indivisíveis na história. A História diminui, quando não elimina por completo, qualquer espaço para a imaginação programática; é a história que fornece, não obstante nossas intenções, o programa que importa.

Tais ilusões de falsa necessidade tornaram-se cada vez mais difíceis de compartilhar. Ao rejeitá-las, no entanto, as ciências sociais positivas, que se consolidaram no século XX, também descartaram as percepções com as quais essas ilusões haviam sido combinadas. Elas produziram uma visão da sociedade e da história que tendia a reivindicar a naturalidade, a superioridade, ou até mesmo a necessidade de arranjos dominantes. Elas cortaram o vínculo essencial entre a percepção do real e a imaginação do possível.

Em consequência, fomos abandonados sem um modo confiável de pensar sobre como muda a estrutura — em especial a estrutura institucional — da sociedade e, consequentemente, sem qualquer explicação sólida do que venha a ser isso. Oscilamos entre o agnosticismo e a superstição: o agnosticismo se apresenta como desespero de compreender a natureza da sociedade e sua transformação; a superstição, como a identificação de nossos ideais professados e de nossos interesses reconhecidos com as formas habituais de sua representação em instituições e práticas estabelecidas. Um exemplo importante de tais superstições é a crença, agraciada com inúmeras vidas no cerne da economia prática, de que a economia de mercado possui uma única forma jurídico-institucional natural ou necessária. Um mercado é um mercado; um contrato é um contrato; e uma propriedade é uma propriedade.

A solução para os problemas apresentados pela história intelectual que acabo de relatar é resgatar e radicalizar as lições da teoria social clássica sobre os efeitos decisivos e a história descontínua dos arranjos institucionais formativos e os pressupostos ideológicos (as estruturas), combinados à eliminação da mancha da superstição determinista dessa compreensão.

A dependência do direito enquanto ordem imanente e da lei enquanto vontade do soberano em uma concepção pré-teórica da estrutura real da sociedade não é um advento novo na história do pensamento jurídico. Eles sempre contaram com tal concepção. As crenças sobre a estrutura real da sociedade, as quais recorrem, sempre possuíram caráter supersticioso ou mesmo idolatrado. O que é novo é a oscilação entre a superstição e o agnosticismo: a consciência de que a imaginação que fazemos da estrutura, da descontinuidade e das alternativas é confusa e deficiente. Neste sentido, a nossa posição é superior e nos dá bases para termos uma esperança intelectual e, também, política.

A estrutura universal do pensamento jurídico consiste na convivência duradoura de três ideias acerca do direito: o direito como ordem normativa imanente, o direito como vontade do soberano e a real estrutura da sociedade, à qual tanto a ordem imanente quanto a vontade do soberano devem adaptar-se, e da qual a prática jurídica deve extrair grande parte de seu conteúdo. Os dois primeiros elementos são explícitos. O conflito entre eles e a tentativa de conciliá-los tem sido a eterna preocupação da teoria do direito.

O terceiro elemento é um segredo, um segredo aberto, que começa em rendição e termina em confusão. A relação dos dois primeiros elementos entre si já surpreende: eles são inconciliáveis. No entanto, há centenas de anos, em todo o mundo, em todas as grandes tradições jurídicas, eles têm coexistido, como se fossem equivalentes a aspectos parciais e complementares de uma verdade mais abrangente e ambígua.

O terceiro elemento introduz, no entanto, uma ordem inteiramente maior de complicação e enigma. Ele concentra-se sobre a relação entre nossas ideias sobre o direito e as nossas crenças sobre a humanidade e a história.

Ao longo deste ensaio, exploro cada um dos três elementos na história mundial do pensamento jurídico. A análise conduz a uma visão sobre a mais importante missão do direito e do pensamento jurídico. Guiados por essa perspectiva, podemos começar a entender como o direito contemporâneo, estudado sem os antolhos de estilo agora dominante da análise jurídica e das teorias jurídicas que o sustentam, pode auxiliar no fornecimento de meios para o cumprimento dessa missão.

A imperfeição das concepções do direito enquanto ordem imanente e do direito enquanto vontade do soberano é incorrigível. Suas imperfeições não podem ser corrigidas por meio da reconciliação entre essas concepções. Ambas as concepções devem dar lugar a uma visão do direito enquanto autoconstrução da sociedade, promovida por meio da reforma institucional das sociedades contemporâneas em todos os departamentos da vida social. Tal projeto requer, para sua distinção, uma perspectiva da estrutura real da sociedade e de sua transformação: uma perspectiva que resgate as descobertas da teoria social clássica das ilusões que as corromperam e respeite o vínculo entre a compreensão do real e da imaginação do adjacente possível.

O DIREITO ENQUANTO ORDEM MORAL IMANENTE

4.

Se há uma abordagem que tem sido predominante entre os juristas de uma ampla variedade de tradições jurídicas, ao longo do espaço e tempo da história, é aquela evocada pelo termo doutrina jurídica (*legal doctrine*) ou, na tradição civilista, dogmática jurídica. Antes de enumerar seus atributos e de explorar sua relação com a ideia do direito enquanto ordem imanente, eu a coloco em um contexto histórico elementar para melhor revelar a maneira de pensar que a distingue. Para nós, filhos da civilização europeia, suas expressões mais familiares são a teoria romana do direito clássica e a teoria do direito do *common law* inglês.

Os romanos consideravam o seu pensamento sobre o direito como uma das maiores expressões de sua genialidade, como o alicerce do seu poder e como o ramo do pensamento com a mais forte pretensão de ser alçado à posição suprema. Quando, após muitos séculos de despotismo imperial e de perversão de seus ideais republicanos, o Digesto de Justiniano define o estudo e a teoria do direito como "a ciência de todas as coisas humanas e divinas", ele expressa uma reverência que foi cultivada desde os primórdios da história do Estado.

No período em que os romanos mais tarde consideraram como o apogeu do ofício das suas práticas jurídicas — do fim das Guerras Púnicas até as guerras civis, que acabaram na queda da República, a doutrina jurídica (*legal doctrine*) não era traduzida como sistema teórico, nem como interpretação literal da legislação adotada por suas assembleias legislativas. Ela era constituída por ideias gerais. No entanto, o objetivo dessas ideias nunca foi o de transformar, de forma cumulativa, a compreensão do direito em um sistema de proposições hierarquicamente organizadas, com as abstrações mais gerais no topo e as decisões mais concretas na base.

Muitas leis foram votadas nos conselhos da República, que eram investidos da autoridade de legislar. No entanto, esses episódios legislativos equivaliam a intervenções localizadas ou adaptações a um corpo de leis sobre o qual nenhuma assembleia já havia deliberado. O direito romano e a doutrina jurídica *(legal doctrine)* haviam se desenvolvido, ao longo do tempo, de forma lenta e persistente, por meio das decisões de magistrados especiais, responsáveis por esclarecer, desenvolver e aplicar a lei em casos específicos. Ademais, havia sido construído pelos pareceres dos famosos especialistas jurídicos (jurisconsultos), convocados para assessorar partes em litígio ou os titulares de cargos públicos.

O direito preexistiu e ultrapassou as leis, muito embora as leis tenham modificado o direito. As leis promulgadas lidavam com fragmentos da vida social, em que algumas circunstâncias e crises o requeriam ou quando algum interesse poderoso demandava iniciativa. O direito lidava com tudo. O tudo com que lidava foi a forma institucionalizada da vida em comum: a proclamação e a reorganização da vida coletiva como uma série de obrigações e prerrogativas entrelaçadas, apropriadas a cada papel social, estação ou atividade, da compra e venda de terrenos ou de mão de obra, o exercício da paternidade ou maternidade, até as guerras.

O pressuposto fundamental dessa ideia de direito foi que os arranjos da sociedade, embora irredutíveis a um sistema simples, passíveis de serem traduzidos como uma pirâmide de proposições cada vez mais gerais e abstratas, foram constituídos por conceitos morais convenientes. Tais ideias definiram uma textura fina de responsabilidades recíprocas e de direitos. Elas equivaliam à visão corporificada sobre a forma da vida social.

Assim como tal visão não podia ser deduzida de um pequeno conjunto de axiomas, tampouco podia ser simplesmente descrita como um conjunto arbitrário de compromissos ou imposições. As leis, por outro lado, poderiam ser descritas apenas como tais imposições ou compromissos. Elas foram votadas, muitas vezes em circunstâncias tensas e conflituosas, sob o incitamento de grupos ansiosos em obter uma mudança local e definitiva das regras. O direito, no entanto, não foi, de acordo com esse ponto de vista, tão artificial e circunstancial como as leis. O direito foi a história transformada em instituições, sustentado por uma visão compartilhada. Foi o resultado do desenvolvimento do modo de vida que fez os romanos aquilo que eram traduzido num plano minucioso de vida em comum em todas as instâncias de sua existência.

As mentalidades implantadas nessa elaboração do direito foram aquelas do raciocínio analógico, da fidelidade histórica e do juízo sensato.

O MOVIMENTO DE ESTUDOS CRÍTICOS DO DIREITO:

A concepção norteadora foi a de um ordenamento da vida social que, embora irredutível a um sistema de axiomas e inferências dedutivas, permitiu-se expressar como um conjunto de ideias práticas vagamente conectadas. Forçar o direito em um sistema conceitual de proposições hierarquicamente ordenadas teria violado a sua natureza e ameaçado gerar resultados absurdos.

Sustentada pela experiência e corrigida por uma longa conversa, assim acreditavam os juristas, tal elaboração do direito, em seu contexto de aplicação caso a caso, ajudaria a preservar e melhorar a maneira romana. Isso aproximaria as práticas do povo de suas crenças. Isso refinaria as suas crenças à luz da sua experiência. Da dialética entre prática e crença, nos detalhes do direito interpretado e aplicado, surgiria a articulação compreensível de uma forma de existência coletiva.

Por meio dessa visão do direito, a teorização, a orientação enciclopédica e a fomentação de normas do período imperial, conduzidas sob a dupla influência do despotismo burocrático e da filosofia grega, representavam uma degeneração em vez de um aprimoramento. A doutrina jurídica (*legal doctrine*) não era um ramo da filosofia aplicada nem um lustro colocado na obra e nem decisões de poder. Não era um satélite de alguma outra atividade intelectual ou política. Ela estava no centro de um universo conceitual e prático, e falou em voz própria, voz irredutível, sem desculpas ou disfarces.

Essa autocompreensão do *civil law* manteve-se viva desde então, modificada, mas não descartada na era da democracia e dos códigos. A única obra mais influente do *civil law* moderno — Da vocação de nosso Tempo para a Legislação e a Jurisprudência do Savigny — afirma esse ponto de vista. O cerne do direito não reside no direito codificado, escrito em códigos. Encontra-se na elaboração doutrinária de uma forma de vida social, irredutível às abstrações da filosofia política ou da teoria social. É inseparável do projeto histórico de um povo, agora representado no novo léxico de nação.

O tratamento de códigos como a principal fonte do direito é, nesta perspectiva, característica da senilidade do pensamento jurídico e da decadência ou derrota da aventura de se construir uma nação. Os códigos, para essa visão do direito, são em algo parecidos com o que foram as Consolidações do Direito (*Restatements of Law*)[1] para o direito

---

1 N. do R. O termo *Restatement of the law* indica uma série de consolidações apresentadas por juízes, professores e advogados do *American Law Institute*.

norte-americano do século XX: um conjunto de regras gerais e práticas a serem compreendidas e usadas como um resumo conveniente da doutrina jurídica (*legal doctrine*) preexistente. Algumas leis específicas continuaram a ser observadas segundo a compreensão jurisprudencial clássica, como intervenções pontuais em um corpus doutrinário em evolução, transmitidas em confiança ao cuidado dos juristas.

É uma visão que entra em conflito com as reivindicações da democracia e, em sentido mais amplo, com a autoridade política, democrática ou não. O soberano pode querer fazer a lei, tanto quanto seja possível. Caso o soberano vista o manto da legitimidade democrática, essa vontade de legislar deve ser ainda mais forte. Entre os significados fundamentais da democracia está a sujeição dos termos da vida social, incluindo os arranjos institucionais da sociedade, à autodeterminação coletiva.

As instituições que até agora representaram a democracia foram instrumentos inadequados a esse compromisso: elas continuam a inibir a transformação da sociedade por meio da política. Elas renovaram o poder dos mortos sobre os vivos. Elas colocaram a mudança à espera da crise. É incompatível com a democracia que a organização da sociedade seja imposta por forças, interesses, preconceitos ou tradições, sem legitimação democrática ou, até mesmo, inventividade democrática.

Cada conjunto de arranjos constitucionais que existiu na história da democracia até então falha ao não submeter a estrutura real da sociedade aos processos de deliberação que ela estabeleceu. No entanto, cada regime constitucional falha de maneira diferente. A tradição constitucional dos Estados Unidos, por exemplo, falha ao associar, como se fossem naturais e necessariamente conectados, um princípio liberal de fragmentação do poder (realizado por meio da multiplicação e da divisão de poderes) e um princípio conservador do abrandamento da política (obtido no sistema madisoniano de freios e contrapesos).

A ambição de submeter a ordem social à decisão democrática sempre ultrapassou sua forma institucional. Na história dos Estados dos últimos séculos, a democracia tornou-se a base mais amplamente aceita para o desejo de legislar. Nos países do *civil law*, nomeadamente a França, em que a tradição revolucionária estabeleceu-se com mais vigor, a antiga concepção civil foi colocada na defensiva e subordinada a uma visão que reconhecia a legislação, na prática judiciária e na teoria política, como

---

O objetivo é indicar os princípios e regras do *common law* extraídos dos casos concretos.

a principal fonte do direito. Mesmo assim, a ideia clássica permaneceu viva na mente e na obra dos juristas.

Eles continuaram com o papel principal de escrever as leis, em especial o corpus fundamental do direito privado. As leis que eles não escreveram, os civis continuaram a interpretar, derrubando, por meio de doses sucessivas de construção legal (*statutory construction*), o contraste entre a lei e a doutrina. Mesmo quando os juristas falhavam em elaborar as leis, eles trabalhavam para introduzir o material legislativo, por meio da obstinada construção legal, no mundo ideal da doutrina, como para se dissolver e incorporar o enxerto externo.

Assim, o espírito civil foi permanentemente reaceso, mesmo quando a organização e os princípios da política pareciam contradizer os seus pressupostos e métodos. Até os dias atuais, a tentativa de representar o direito como um ordenamento compreensível, inteligível e defensável da vida social, econômica e política, continua a ser a tarefa que os juristas delegam a si próprios. A concepção dessa tarefa sobrevive, apesar de sua relação conturbada e contraditória com a democracia e, não obstante, a sua oposição aos vieses epistemológicos e metodológicos do pensamento contemporâneo. O crescente poder assumido pelos juízes, sob o disfarce de interpretação, em muitas jurisdições do direito civil, tem fornecido maior apoio à sobrevivência desse ideal, uma vez que os juízes rebelam-se contra o papel de servidores passivos e literais do legislativo e retornam para aquilo que sempre foi natural aos juristas.

Essas observações sobre o *civil law* aplicam-se, com pouquíssimos ajustes ou ressalvas, ao *common law* anglo-americano. De fato, um advogado do *common law*, treinado para considerar o *civil law* como o "direito baseado em códigos", poderá, erroneamente, supor que era apenas ao *common law* que elas se aplicavam. A diferença nos papéis relativos dos juristas e juízes nas tradições do *civil law* e da *common law* obscurece a semelhança fundamental de suas atitudes com a prática da doutrina jurídica (*legal doctrine*). Mais uma vez, há a visão de uma prática de aprimoramento casuístico do direito, por meio do qual, nas palavras de Lord Mansfield, *"the law works itself pure"* (o direito se autopurifica). Mais uma vez, o direito positivo é considerado uma série de intervenções focadas contra um pano de fundo de um corpus doutrinário que, renovado e revisto pela jurisprudência, continua a definir muitos dos arranjos mais fundamentais de cada parte da vida social. Mais uma vez, os juristas encaram com desdém os esforços de redução desse corpus doutrinário a um compêndio de normas (como nas Consolidações do Direito (*Restatements of Law*) ou nos tratados dos juristas acadêmicos), considerando tais esforços como um feito menor e uma simplificação grosseira do conteúdo da doutrina. Mais uma vez, as reivindicações feitas em nome da doutrina jurídica *(legal doctrine)* entram em conflito com as prerrogativas da democracia, havendo a soberania parlamentar desempenhado na Inglaterra uma versão mais fraca do papel que a democracia revolucionária desempenhou na França. Mais uma vez, a doutrina jurídica (mesmo se elaborada por meio da jurisprudência) abdicou de sua primazia apenas no direito público. No direito constitucional norte-americano, no entanto, a doutrina jurídica *(legal doctrine)* manteve o papel principal, uma vez que a Constituição norte-americana foi alterada com mais frequência encontrando-se novo significado para as palavras inalteradas da Constituição do que as alterando completamente.

Os debates americanos sobre o ativismo judicial e a autocontenção judicial simplesmente apresentam essas tensões por meio do prisma das controvérsias sobre o papel dos juízes, uma vez que os juízes foram os que, no direito anglo-americano, executaram algumas das funções que o *civil law*, na maior parte de sua história, atribuía aos juristas que não ocupavam nenhum cargo judicial.

O que pode ser dito do *civil law* e do *common law* pode se dizer, também, da maior parte das grandes tradições jurídicas da história mundial. Para um corpus doutrinário, como a teoria islâmica do direito, que reivindica para si uma fonte de revelação divina e que busca moldar, com base nisso, toda vida social, a autoridade e a independência da doutrina poderá ser ainda maior do que em uma ordem jurídica secular como o *civil law* e o *common law*. Deus permanece mais distante do que se encontra o príncipe ou o legislativo; sua providência para à sociedade, portanto, torna-se mais suscetível a se passar pelo que os juristas-teólogos afirmam que ela seja.

A persistência de uma concepção semelhante sobre a natureza e a ação da doutrina jurídica *(legal doctrine)* em tantas tradições jurídicas diferentes e ao longo de uma diversidade de tempo e espaço históricos tão somente torna o enigma ao redor do tema ainda mais significativo e impressionante. Do que se trata a doutrina jurídica *(legal doctrine)* se ela não é a interpretação limitada dos decretos de um soberano (mesmo uma legislatura soberana, legislando sob restrição constitucional), tampouco a aplicação de uma filosofia política ou moral à vida social? Quando um civil explora as fontes da obrigação ou a tipologia dos contratos, uma vez que os civis, ao fazê-lo, tiveram, por séculos, e ainda têm, a impressão de auxiliar a dar um sentido e formato justificado a uma determinada forma de vida social, o que ele está fazendo senão se rendendo a um platonismo jurídico ilusório e perigoso? Quais são o tema e a obra dessa prática universal?

A obra é a representação e a reconstrução do direito, testado com casos e circunstâncias específicos, como um ordenamento da vida social que os participantes de uma determinada sociedade podem entender e abraçar, à luz dos interesses que eles reconhecem e dos ideais que eles professam. A alquimia a ser realizada pela doutrina jurídica (*legal doctrine*) é, portanto, a revelação ou a transmutação daquilo que, de outro modo, seria o fato bruto do modo como as coisas são, em uma ordem que pode ser o tema e o resultado de um discurso. O discurso concerne as formas que a associação humana pode e deve tomar em diferentes domínios da vida social.

Não é uma conversa que precisa começar do zero. Ela sempre já terá tido início. No centro dessa obra, encontra-se a relação entre os ideais ou interesses e as instituições ou práticas. A ambição característica da doutrina jurídica (*legal doctrine*) é a de reconhecer e apoiar o casamento desses no material pormenorizado do direito recebido, e torná-lo, pouco a pouco, uma união mais perfeita.

Os métodos pelos quais a doutrina pretende cumprir essa tarefa variam de acordo com os compromissos conceituais, bem como com os compromissos políticos, que possam prevalecer em cada local e período. O elemento comum desses métodos é o serviço que a doutrina jurídica (*legal doctrine*) presta à reconstrução do direito vigente, como um plano inteligível e defensável da vida em sociedade. Tal plano deve ser capaz de ser compreendido por qualquer participante em um mundo social particular e historicamente situado, e não apenas por um jurista acadêmico.

O tema é, portanto, a ordem imanente que deverá ser revelada e desenvolvida pelo trabalho da doutrina. As categorias doutrinárias são simplesmente as fórmulas residuais ou expressões da visão prática promulgada.

O problema é que nenhuma sociedade real é produto de tal visão. Nenhum corpus de doutrina jurídica (*legal doctrine*) poderá funcionar sem se acomodar a uma estrutura real que a doutrina não inventou e não poderá, por força de sua alquimia, recriar. Antes de explorar a natureza e as implicações desse problema, discuto alguns dos pressupostos dos quais o trabalho da doutrina jurídica (*legal doctrine*) depende. Esses pressupostos fazem com que essa atuação entre em conflito com as formas de pensamento que se tornaram ortodoxas. Eles transformam doutrina jurídica *(legal doctrine)* em anomalia e enigma.

5.

A verdadeira característica da doutrina jurídica *(legal doctrine)* permanece indefinida, apesar de sua persistência e recorrência em um vasto conjunto de épocas e tradições. Ela não se conforma aos pressupostos metodológicos e epistemológicos que há muito predominam nas altas culturas das sociedades ocidentais. Os preconceitos que prevalecem em relação à investigação e à autoridade são tão estranhos ao espírito doutrinário que uma prática enraizada por centenas, até milhares de anos, no auge das altas culturas da civilização mundial, ameaça tornar-se um mistério quase impenetrável. No entanto, a prática da doutrina jurídica *(legal doctrine)* não foi apenas compreendida, mas reverenciada como exemplo das maiores responsabilidades da linguagem e do pensamento. Era o lugar onde se acreditava que as realidades do poder encontravam as aspirações do espírito: se ao menos parte dessas aspirações portasse a marca da ortodoxia.

Isso não quer dizer que a doutrina jurídica *(legal doctrine)* é imutável ou eterna, apenas que vem usufruindo de um poder de permanência e influência muito maior e mais universal do que estamos dispostos a reconhecer. Aos nossos olhos, impressionados com as ortodoxias discursivas dos últimos séculos, o esforço doutrinário pode parecer tão desesperadamente arcaico e tão dependente de reivindicações contra as quais se rebelam nossas crenças pré-estabelecidas, que sua sobrevivência pode parecer desconcertante. Somos tentados a traduzi-la em formas que a tornem mais aceitável às nossas devoções ao método. Ao fazê-lo, no entanto, corremos o risco de não compreender a sua natureza e suas consequências, bem como sua relação com a abordagem contrária ao direito, como a vontade do soberano.

A melhor maneira de entender o que tem sido a doutrina jurídica *(legal doctrine)* no decorrer da história é colocá-la ao lado de outros dois casos diferentes, mas semelhantes de doutrina: a teologia e a gramática. Desses dois exemplos, no entanto, o primeiro tem uma ligação e uma semelhança muito mais estreita com a doutrina jurídica *(legal doctrine)* do que o segundo. A doutrina jurídica *(legal doctrine)*, a teologia e a gramática estão em contraste com o estudo social e cultural do direito, com o estudo social e cultural da religião e com a linguística (como a ciência da linguagem).

Essas disciplinas doutrinárias compartilham certos atributos conectados. Em primeiro lugar, o seu discurso é constitutivo do assunto; não se trata de discorrer sobre e nem de se discorrer internamente. Isso não quer dizer que o conteúdo é criado exclusivamente pelo discurso, pois tem muitas fontes. Deve-se registrar que o discurso auxilia na elaboração do conteúdo. Ao contrário da sociologia do direito, da sociologia da religião e da linguística, a doutrina jurídica *(legal doctrine)*, a teologia e a gramática ajudam a formatar o direito, a religião e o idioma. Elas o fazem não como um efeito não intencional, mas como um de seus objetivos explícitos e organizadores.

Um dos corolários desse atributo da doutrina é o de desafiar, nessa relação com seu próprio objeto de estudo, o contraste entre descrição e prescrição. A doutrina procura conferir o melhor aspecto possível ao material que ela interpreta e elabora. Isso não surpreende: ela é sua coautora. O esforço de se dar o melhor relato possível — aquele que se mantém fiel ao compromisso, ou compromissos, incorporado nos fatos — tem, como seu oposto, a luta contra o erro, a heresia e a perversão.

Outro corolário do mesmo atributo é que os elaboradores da doutrina estão envolvidos, como partidários interessados, na luta com o futuro da tradição discursiva ou simbólica da qual participam. A postura dos cientistas desinteressados ou dos observadores entra em conflito com a natureza da doutrina.

Um segundo atributo da doutrina é que, embora nenhuma linha evidente a separe de seu objeto, o assunto em si mesmo é internamente dividido ou bidimensional; trata-se de um campo de atividade humana simbólica ou intencional. O material textual ou verbal deve ser interpretado à luz de um projeto (na doutrina jurídica), de uma mensagem (na teologia) ou da visão de um uso canônico (na gramática). Nesse sentido, igualmente, a doutrina recusa-se, de forma clara, a distinguir a análise do juízo normativo; ambos se encontram na elaboração engajada à qual se dedica a doutrina.

Esses dois primeiros atributos da prática doutrinária são complementares: cada um infere e reforça o outro. Juntos, eles distanciam a doutrina do estudo dos fenômenos naturais. No entanto, eles também fazem movimentos metodológicos e reivindicações epistemológicas desprovidas de uma base segura ou conhecida nas visões que prevalecem sobre argumento e conhecimento. Do ponto de vista da ciência social positiva, eles podem parecer antiquados e suspeitos, ao empregar a superstição e a confusão a serviço do consenso e da autoridade. A partir da perspectiva deles, no entanto, a ciência social positiva é que está desorientada, oscilando entre o tratamento dos fatos sociais como se fossem estados da natureza (conforme recomendado por Durkheim e praticado em grande parte da ciência social empírica e extremista) e a descrição da vida social e cultural, voltada à interação entre o significado intencional ou aceito e a causalidade bruta (conforme recomendado, mas nem sempre praticado, por Max Weber e pela linha principal da antropologia moderna).

Essas duas características da doutrina ajudam a explicar uma terceira: cada argumento doutrinário implica uma reivindicação ao exercício do poder. No caso da doutrina jurídica *(legal doctrine)*, trata-se do poder do Estado, envolvido na ação do cumprimento da lei. No caso da teologia, trata-se do poder da comunidade religiosa, atuando, por meio de qualquer organização eclesiástica que tenha se estabelecido, em nome da autoridade divina. Para a gramática, é o poder da comunidade do discurso, ou das pessoas dentro dessa comunidade, que reivindicam o discernimento, a proteção, ou a exemplificação do cânone do uso apropriado.

O poder que a doutrina jurídica *(legal doctrine)* e a teologia reivindicam é imensamente maior do que qualquer poder ao qual a gramática possa aspirar, ainda mais quando a doutrina jurídica *(legal doctrine)* e a teologia se unem, como já o fizeram tantas vezes, no comando de muitas das principais culturas e Estados do passado. Elas assim o fizeram, com mais frequência, nos impérios agrário-burocráticos que eram, até relativamente pouco tempo, as principais entidades políticas da história mundial.

A pretensão de influenciar o exercício do poder confere ao trabalho da doutrina jurídica *(legal doctrine)* e religiosa seu caráter sóbrio e fatídico. Seu trabalho deve ser realizado em clima de esperança e apreensão: a cada uso indevido do poder pode se dar força para um ciclo decadente de injustiça ou pecado.

Esse é o mundo das ideias do qual a prática da doutrina depende. Na ausência de uma prática discursiva e teorizada com essas características, a ideia do direito como ordem imanente não faria sentido. O emprego desta prática, no entanto, prontamente sugere aos juristas a razoabilidade e a praticidade dessa concepção do direito. A prática repetida do método vai, com o tempo, fazer mais do que identificar os diferentes elementos fragmentados e contraditórios de um plano social de vida inteligível e defensável nos elementos do direito. Ela irá, paulatinamente, auxiliar na reformulação desses elementos até que pareçam incorporar tal plano, de maneira mais plena. Em seguida, a ideia de uma ordem imanente vai retrospectivamente reivindicar os pressupostos e as assertivas da prática doutrinária. Os dois juntos — o método e a ideia — fizeram do pensamento jurídico o que ele tem sido em boa parte de sua história.

A doutrina sofre muitas variações históricas. Atualmente, a diferença mais significativa no método doutrinário é a diferença entre o formalismo ou conceitualismo, que associamos ao século XIX, e o estilo declaradamente pós-formalista e intencionalista da análise jurídica, representada no léxico da política e do princípio, que veio a prevalecer, cada vez mais, no século XX. As continuidades entre esses estilos de prática doutrinária, bem como entre seus pressupostos políticos e objetivos, obscurecem totalmente suas diferenças. O estilo pós-formalista exemplifica cada um dos atributos da doutrina tanto quanto seu antecessor formalista o fez.

6.

O objetivo permanente e central da doutrina jurídica *(legal doctrine)* tem sido o de representar e reconstruir o direito como ordem imanente. É na análise da ideia de ordem imanente, pressuposta no trabalho da doutrina jurídica *(legal doctrine)*, que me debruço agora.

A sociedade existe na mente e nas rotinas externas observáveis de conduta e interação. Nenhuma prática social ou instituição pode funcionar sem ser trazida ao abrigo de uma concepção compartilhada por muitas mentes. Não há práticas sociais que podem ser reduzidas às rotinas compulsivas que a antiga etologia animal costumava chamar de instintiva: ou seja, o comportamento regulado por guias geneticamente determinados que não requerem representação conceitual do campo da ação.

Na verdade, a distinção convencional entre os conceitos de prática e de instituição baseia-se neste requisito. Uma instituição é um conjunto de regras e crenças, que molda um conjunto de práticas, que é conhecida pela concepção de como as pessoas em determinado setor da vida social, podem e devem lidar umas com as outras. As práticas modeladas já são mediadas por representações; elas nunca são não mediadas por ideias. Ao falar de instituições, chamamos a atenção para a relação entre representações e regras na transmissão de uma dada ordem a uma forma de vida social; os conjuntos de práticas que são as instituições conferem a todas as formas de vida social seu caráter estruturado e descontínuo. As instituições equivalem a pontos focais de ordem e significado.

Chame essa mediação de instituições e práticas legalmente expressas por ideias e ideais da associação humana de fato da representação. Seu significado e efeitos só podem ser entendidos tendo em conta a sua relação com dois outros fatos sobre a sociedade e sobre o direito, que chamarei de fatos de legitimação e de incompletude.

Nenhuma ordem social poderá ser estável se falhar em ser representada de forma a ser atraente àqueles que dela participam. As representações que inflam as práticas e instituições de vida e significado devem fazê-las parecer uma solução aceitável aos problemas da vida social. Não é suficiente que elas façam o possível para compreender essas práticas como a expressão de uma visão da sociedade. Elas também devem fazê-lo em termos que instruam a aprovação e obediência.

Trata-se de um requisito minimalista e de uma exigente tarefa. O requisito minimalista é o de que a sociedade não seja vista como um pesadelo de força bruta, em que aquele que triunfa escraviza os que se rendem, e onde o medo da morte, ou a perda da esperança, torna-se o principal motivo para o conformismo. Uma abordagem à explicação das práticas e instituições estabelecidas que as descreva simplesmente como efeito de causas não relacionadas com as preocupações dos agentes humanos vivos, que devem habitar a ordem e aproveitá-la ao máximo, não satisfaz esse requisito minimalista.

Tomemos, por exemplo, a ideia de que uma hierarquia de classes depende da estabilidade dos arranjos e pressupostos que são relativamente isolados do desafio e da mudança. De acordo com essa visão, tal hierarquia, por sua vez, possibilita a extração coercitiva de um excedente econômico, requerido, por sua vez, para o desenvolvimento das forças produtivas da humanidade. Esse desenvolvimento pode ter valor para a espécie. A grande maioria dos indivíduos, no entanto, encontra-se fadada por essa história do papel de coadjuvantes infelizes e involuntários, em uma narrativa de empoderamento coletivo e escravização pessoal. A genealogia causal da ordem institucional da vida social não é suficiente para mudar tais fatos, se ela lança o indivíduo como agente dos interesses coletivos de longo prazo, incapaz de transferir-se à dimensão inflexível do tempo biográfico.

A visão de Marx da ideologia como a representação dos interesses de classe como interesses universais não é suficiente para atender até mesmo esse teste minimalista, se os interesses universais só podem ser alcançados no tempo histórico das espécies, e não no tempo biográfico do indivíduo. Não vivemos como representantes das espécies, mas como organismos mortais, dentro dos limites de toda uma vida.

O MOVIMENTO DE ESTUDOS CRÍTICOS DO DIREITO:

A árdua tarefa é fazer com que a concepção viva menos como um sistema teórico do que como um discurso que evidencie uma visão das relações das pessoas entre si em diferentes áreas da vida social. Tal concepção pode ser livremente organizada. Ela pode ser capaz de se expressar e de se desenvolver em diferentes variações. Entre essas variações, poderá haver vários tons de ênfase e até mesmo contradições completas. O que as pessoas devem umas às outras em virtude da ocupação de determinados papéis, em relação a seus companheiros, deve ser entendido no contexto de uma compreensão mais abrangente da vida social: compreensão que é, ao mesmo tempo, normativa e descritiva.

A ideia de sociedade é indeterminada, mesmo quando é idealizada. Nenhuma ordenação especial da vida social é natural ou necessária. Ninguém goza de uma autoridade incontestável. Cada um deve conquistar sua autoridade. Uma das maneiras possíveis de fazê-lo é parecendo ser natural e necessário: a tradução das possibilidades indeterminadas da vida social em necessidades do dia, resultado de uma longa coevolução, ou até mesmo em justificativa da providência divina nas realidades profanas do mundo histórico.

A ideia abstrata de sociedade deve ser traduzida em uma série de esquemas de associação humana conectados: uma visão prática e contextual do que podem e devem ser as relações entre as pessoas em cada setor da vida social. Em cada um desses campos, o modelo (ou modelos) de associação humana será ao mesmo tempo descritivo e prescritivo. Eles se conectarão, em um plano inferior, ao discurso sobre o que as pessoas devem umas às outras, em especial o que devem umas às outras em virtude da ocupação de certas funções; se conectarão em um plano maior de vida social que pode ser retido mentalmente, ao menos de modo implícito, e servir de base à inferência de nossas obrigações para com o outro.

Esse plano equivalerá a um repertório de formas de associação humana. Nenhuma afirmação lhe dará um conteúdo definitivo e exclusivo. Será o que a teoria cultural do século XX chamou de mentalidade ou forma de consciência, com um teor temático característico e uma elasticidade limitada. Ele permitirá alguns modos de conceber as formas possíveis e adequadas de associação humana em domínios específicos da vida social, e excluirá outros.

Considere, por exemplo, um modo de conceber nossas relações uns com os outros no ambiente de atividade econômica. A ideia abstrata de uma economia de mercado pode ser identificada com um determinado conjunto de arranjos institucionais para a organização do mercado, manifesto em regimes específicos de contratos e de propriedade. Da mesma forma, em cada domínio da vida social, uma ideia pode ser estabelecida com base em uma dupla referência: a aspirações incipientes, valores e significados e a arranjos específicos.

Faz parte da prática histórica de tais visões da associação humana fingir que as aspirações e os arranjos estão unidos de forma insolúvel. Não estão. O abandono do faz de conta sempre ajuda a história da sociedade a dar uma meia volta.

Agora, recue um passo. Os arranjos de uma sociedade e de uma cultura correspondem a uma política paralisada. Eles tomam forma como resultado da interrupção de nossa luta prática ou visionária com os termos de vida social. À medida que eles se isolam do desafio e da mudança, eles podem aparecer para nós como se fossem fenômenos naturais, parte da mobília do universo, em vez de artefatos humanos que são. Todos os nossos interesses mais fundamentais se opõem a essa naturalização das ordens da sociedade e da cultura: nosso interesse material no desenvolvimento de nossos poderes práticos (com base na mais ampla gama possível de recombinação e experiência); nosso interesse moral no levantamento da grade de divisão e de hierarquia social que pesa sobre as nossas relações uns com os outros; e nosso interesse espiritual em ser capaz de participar de um mundo social e cultural, sem se render a ele.

No entanto, temos também um interesse que segue em direção oposta. Exaustos pelas lutas do passado e temerosos de novas batalhas, intimidados pela força da ordem estabelecida e impressionados com as suas crenças, que incessantemente nos apresentam nossas ansiedades e anseios na linguagem de suas doutrinas e compromissos, nós determinamos tirar o melhor proveito da situação. Criamos a ideia de maquiar a situação, na esperança de melhorá-la. Começamos a vê-la como uma aproximação imperfeita e fragmentada de um plano inteligível e defensável da vida social, manifesta em uma série de modelos soltos descritivos e prescritivos a respeito de como as relações entre as pessoas podem e devem ser em diferentes áreas da vida social. Mobilizamos todos os recursos da alta cultura, incluindo as do pensamento jurídico, nesse esforço. Chame a persistência desse movimento ao longo da história de fato de legitimação.

Os fatos de representação e de legitimação fazem parte do pano de fundo para a concepção do direito enquanto ordem imanente. Eles falham, no entanto, em formar todo o pano de fundo. A razão é que há, ao lado dos fatos de representação e de legitimação, um fato de incompletude. Nenhuma concepção do direito enquanto ordem imanente, nenhuma visão do que devemos uns aos outros em virtude das funções que desempenhamos, nenhum repertório de imagens da associação humana prescritivas e vinculadas ao contexto explica como a realidade de uma sociedade específica é e como é viver dentro dela. Há uma história real de imposição material e desejo insaciável, de luta e rendição, e de cooptação e resistência. Essa história real é repleta de contradição e obscuridade, de falsos começos e de alternativas nunca completamente suprimidas, e, portanto, também de futuros alternativos.

Nessa história real, a interrupção ou a contenção do conflito com os termos da vida social, que permite que as estruturas da sociedade e da cultura tomem forma definitiva, e que até mesmo ganhem uma aparência de naturalidade ou de necessidade, nunca é completa. O conflito com esses termos é sempre renovado pela combinação de dois fatores.

Uma primeira fonte para sua renovação é a persistência, em qualquer sociedade, de arranjos e crenças que não reflitam as forças dominantes e as ideias dos vitoriosos. O acordo institucional e ideológico que resulta da suspensão ou diminuição parcial dos conflitos práticos e visionários sempre é menos um sistema do que um compromisso. Descrevê-lo como se fosse um plano concebido por uma única mente e vontade é desconsiderar a sua natureza enquanto resultado de um conflito surpreendente entre diversas mentes e diversas vontades.

Uma segunda fonte da renovação da competição em meio à gestão e reprodução pacífica do acordo é a relação ambígua de interesses reconhecidos e de ideais professados à ordem institucional estabelecida. Há sempre maneiras de definir e defender esses interesses e ideais que admitem a ordem como fato consumado e inquestionável. Por exemplo, aqueles que representam os interesses da força de trabalho industrial organizado, estabelecida na indústria de produção em massa, podem hoje optar por definir e defendê-los de maneira que pressupõem a continuidade das atuais formas de organização industrial, travando uma campanha defensiva contra os efeitos perturbadores da inovação tecnológica e da globalização econômica.

Tais formas institucionalmente conservadoras de definir e defender interesses identificam os grupos que estão mais próximos na divisão social e técnica do trabalho como rivais e adversários: por exemplo, trabalhadores terceirizados ou temporários, ou trabalhadores em países estrangeiros, que são mais propensos a se beneficiar da terceirização da produção nacional. Abordagens desse tipo de definição e defesa dos interesses dos grupos são, portanto, socialmente excludentes e institucionalmente conservadoras.

No entanto, sempre há também maneiras de defender e definir os interesses e ideais que tomam como premissa a reorganização, incluindo a organização institucional, de alguma parte da vida social. Elas abandonam, por exemplo, a tentativa de prolongar a sobrevivência da forma atual da indústria de produção em massa, como a base econômica da classe operária industrial. Elas o fazem em favor de um esforço tanto para acelerar quanto para reorientar a mudança, já iniciada, nas práticas de produção industrial, bem como nos arranjos jurídicos do trabalho, em todo o mundo.

A forma predominante da atual mudança é o caminho de menor resistência: aquele que cause o menor prejuízo à estrutura dominante de vantagem e de opinião. Ela deixa as formas avançadas e pós-fordistas de produção de quarentena em setores de vanguarda que falham em incluir a maior parte da força de trabalho, até mesmo a força de trabalho industrial. Além disso, é acompanhada por uma mudança na organização jurídica do trabalho. Para cada trabalhador que trabalha em grandes unidades produtivas, sob a égide de grandes corporações, há agora um número crescente de trabalhadores que, no melhor dos casos, pertencem a uma rede de relações contratuais, contribuindo com alguma parte do produto final, sob outra égide, e em um lugar distante. O resultado é o ressuscitar, em novo formato, uma forma de organização da produção que era comum na Europa ocidental anterior ao século XIX: o trabalho organizado como uma rede descentralizada de relações contratuais, ainda que sob o comando de um "capitalista" ou uma corporação.

Os líderes da classe trabalhadora industrial poderão muito bem concluir que a melhor oportunidade para os interesses que eles representam reside em abraçar, em vez de resistir, a mudança nas formas de produção industrial e na organização jurídica do trabalho. No entanto, essas oportunidades são aceitáveis somente se aplicadas de forma a abrir os portões de acesso econômico e educacional às formas avançadas de produção. Além disso, tais oportunidades também necessitariam desenvolver um corpo de leis e de ideias jurídicas, que impeçam que a mudança resulte na generalização da insegurança econômica, disfarçada de flexibilidade econômica.

Tal projeto não pode avançar sem uma combinação de inovações institucionais e alianças inclusivas. Entre as inovações, podem estar mecanismos que regem a forma de coordenação estratégica entre governos e empresas. Esses arranjos poderão prover um tipo de coordenação que seja descentralizada, pluralista, participativa e experimental. Ao fazê-lo, poderão garantir uma alternativa à presente escolha entre a regulação extensa das empresas pelo governo (como nos Estados Unidos) e a formulação de uma política comercial e industrial unitária, imposta de cima para baixo pelo Estado (como no modelo praticado pelas economias do nordeste asiático do final do século XX). A questão não seria selecionar setores vitoriosos a priori, com todos os perigos inerentes ao favoritismo e dogmatismo; seria ampliar o acesso ao exercício e aos recursos das práticas avançadas de produção. Entre as alianças estariam aquelas com os mesmos grupos — como, por exemplo, trabalhadores temporários e terceirizados — os quais os interesses convencionais e conservadores dos trabalhadores normalmente consideram como rivais ou ameaças. Tal abordagem da definição e defesa de um interesse de grupo é institucionalmente transformador e socialmente inclusivo; sua inclusão social é apenas o lado inverso do seu viés em favor da mudança estrutural.

Há, portanto, sempre uma dualidade de formas de se definir ou defender um interesse ou um ideal. Embora alguns desses caminhos sejam institucionalmente conservadores e socialmente excludentes, outros são socialmente inclusivos e institucionalmente transformadores. Esta segunda família de abordagens para o avanço de um interesse desafia os limites, e incentiva a revisão, do acordo institucional e ideológico estabelecido, e a distribuição de poder e de vantagens apoiada por esse acordo.

A verdadeira natureza desse acordo, suas origens em uma história incerta de inovação e restrição, de conflito e cooperação, seu resultado em compromissos que desafiam sua redução a fórmulas racionalizantes, e sua ligação íntima com a distribuição de poder e de vantagens, tudo isso constitui parte central de uma realidade inimaginável desse acordo, na obra doutrinária dos juristas, e irredutível às suas ideias sobre ordem imanente na sociedade. No entanto, trata-se de uma realidade à qual essas ideias devem se adaptar, e que devem, na prática, pressupor, para que a doutrina jurídica *(legal doctrine)* faça o seu trabalho.

Um simples experimento mental esclarece e confirma o fato de incompletude. Suponha que, como um estranho a uma sociedade, vindo de um lugar distante no tempo e no espaço, desinformado sobre sua história e características individuais, você possa decifrar seu idioma e ter acesso a todos os seus textos jurídicos e de doutrina jurídica *(legal doctrine*), mas a nenhum outro texto. Você seria incapaz de inferir, a partir dessas fontes, a organização real da sociedade e da economia.

Se, por exemplo, você conhecesse o direito romano da escravidão e da alforria do final da República, no sentido de ter, diante de seus olhos, as fontes estritamente jurídicas e doutrinárias desse direito, e soubesse, sob as mesmas restrições, o direito das obrigações e o direito comercial, você poderia ficar confuso. Você não teria a menor ideia do verdadeiro significado das normas e doutrinas: do modo como conviveram o trabalho livre e o escravo; das vidas dos escravos e dos libertos, e das ideias que constituem a essência do direito. As próprias palavras seriam quase mistérios impenetráveis para você, com significados tênues e ambíguos, desprovidos que seriam do contexto que lhes dá vida e corrige o seu significado.

A compreensão e a elaboração da doutrina dependem de um contexto sobre o qual se permanece regularmente em silêncio. A ilusão criada pela perspectiva interna é a de que as categorias da doutrina carregam um significado próprio, independente dos absurdos e acidentes da história. Elas não carregam.

A doutrina jurídica *(legal doctrine)* carrega um significado para os que fazem parte da sociedade e torna-se um guia para a aplicação prática do direito, porque eles entendem e elaboram suas categorias de forma que se curvem à estrutura real da sociedade. Eles ajustam as abstrações às realidades. Caso contrário, a doutrina pareceria aos juristas como parecem a um estranho, não conhecedor de seu contexto histórico. Com o reconhecimento desse fato, no entanto, surge a contradição central subjacente à prática da doutrina jurídica *(legal doctrine)*: ela deve expressar uma concepção inteligível e defensável da vida social, reduzida ou não a um sistema de regras e proposições, devendo adaptar-se a uma estrutura real da sociedade, forjada nas realidades da história, e não nas mentes dos juristas. Como pode a doutrina ser, ao mesmo tempo, a incorporação de tal conceito e uma adaptação a essa estrutura? Como a razão jurídica (se por razão jurídica entende-se a prática antiga e universal da doutrina) pode estabelecer a paz com a história jurídica? A concepção doutrinária de um plano inteligível e defensável da vida social, incorporada, embora de forma imperfeita e fragmentada, no direito, difere de modo tão incisivo dos conflitos e compromissos brutos da experiência histórica em que jamais se esperou a existência da convergência espontânea entre a razão jurídica e a história jurídica.

O MOVIMENTO DE ESTUDOS CRÍTICOS DO DIREITO:

As ideias, as categorias, o próprio texto da doutrina jurídica *(legal doctrine)* devem ser entendidos de forma que se adapte à concepção de ordem imanente à estrutura real da sociedade, visto que aquela estrutura surgiu do mais recente acordo institucional e ideológico. Com esse propósito, a concepção deverá ser sempre formulada de maneira que sejam suficientemente ambíguas e elásticas para tornar tal acomodação possível. Não há síntese fácil entre a crença idealizada e a circunstância recalcitrante. Se for um casamento, será forçado, sob a mira de um revólver.

O que torna este casamento forçado viável, por uma questão de método e convicção, é a incompletude da concepção, confirmada pelo experimento mental descrito anteriormente. O direito trata dos detalhes da vida social; ele define, em textura fina, a forma institucional da vida de um povo. As ideias da doutrina não são, exclusiva ou principalmente, consolidadas *ad eternum* por um processo semelhante ao que a escolástica tomista rotulou de determinação (em contraposição à dedução): o refinamento progressivo de uma concepção abstrata. A estrutura da sociedade flui de forma ascendente, em direção à peneira solta, e fornece o conteúdo que, de outro modo, estaria faltando.

No entanto, a doutrina não conseguiria desempenhar o papel descrito em minhas observações sobre o fato da representação, e isso não levaria convicção nem a seus próprios praticantes, se tivesse elasticidade ilimitada: ela poderia ser usada para redescrever qualquer prática social. A doutrina deve ser vista como estando em constante tensão com elementos distintos da estrutura real da sociedade. Quanto mais a prática da doutrina sucumbir à tentação da abstração e da construção do sistema, em conflito com os métodos que tanto os civis quanto os advogados versados no *common law* reverenciam como clássicos, maior o risco de agravamento da tensão entre a concepção e a prática. Caso a tensão aumente demais, a doutrina deixa de ser doutrina; ela transforma-se na crítica política da sociedade, realizada em nome de um programa filosófico ou político.

No pensamento jurídico e político das democracias contemporâneas, a expressão mais importante do casamento forçado entre a doutrina jurídica *(legal doctrine)* e a estrutura real da sociedade é a coexistência de dois léxicos distintos e contraditórios sobre o direito, ambos convencionais e sem ameaças.

O primeiro é o léxico da política dos grupos de interesse. Ele representa o direito como o resultado de um conflito regulado e de um compromisso, realizado de acordo com as regras básicas estabelecidas pelos arranjos constitucionais. Sua essência é a legislação: a elaboração do direito na política partidária. Cada grupo representa seus interesses (como os vê) na linguagem do interesse público. No entanto, esses discursos públicos sobre direitos, sejam concebidos ou não em sistemas de normas e princípios, concorrem entre si tanto quanto com os principais interesses que costumam promover.

Para levar a sério os pressupostos deste primeiro léxico, espera-se que o direito seja o repositório não do sistema, nem mesmo de um que seja incipiente e esteja em desenvolvimento (o direito "se autopurificando"), mas de uma série de compromissos não reduzíveis a fórmulas específicas às circunstâncias históricas em que foram cunhados. Essa maneira de se falar sobre o direito não mapeia a real estrutura da sociedade. Ela, no entanto, revela, com pouco disfarce, as competições fervilhantes, em níveis inferiores, que acompanham a reprodução rotineira de qualquer acordo institucional e ideológico.

Se o primeiro léxico é prospectivo, o segundo é retrospectivo: ele é implantado de modo a representar o direito após ter sido elaborado pela política legislativa. Sua essência é de adjudicação. Somente quando o direito for jurisprudencial (*judge made*), esse segundo léxico ficará sozinho, em vez de compartilhar o espaço do discurso convencional com o léxico do conflito e do compromisso regulamentado. Na cultura jurídica pós-formalista de hoje, ele representa o direito como o repositório de políticas e princípios associados, fragmentos de um esquema convincente para a vida em sociedade. Na cultura jurídica do século XIX, ele expôs o direito como a revelação progressiva do teor pré-determinado de um tipo de organização política, econômica e social. Outras culturas jurídicas, em diferentes momentos e tradições, exemplificaram outras variações sobre o mesmo tema.

A coexistência pacífica dos dois léxicos nas culturas jurídicas e políticas das democracias contemporâneas é tão misteriosa e desconcertante quanto à relação da pesquisa doutrinária em busca da ordem moral imanente para a estrutura real da sociedade. Na verdade, o primeiro mistério é uma expressão menor e derivada do segundo. A solução tanto para o enigma fundamental quanto para o derivado reside na incompletude da concepção da ordem imanente que a doutrina jurídica (*legal doctrine*), em todas as suas versões, sempre abraçou, e na acomodação inexplicável e não discutida da doutrina à estrutura real da sociedade.

7.

A incompletude indelével da doutrina jurídica *(legal doctrine)* lhe permite adaptar-se não somente à real estrutura da sociedade, mas também ao direito elaborado pelo soberano. Esses dois tipos de acomodação, no entanto, são de uma ordem totalmente diferente. A dependência na real estrutura da sociedade é, em grande parte, não reconhecida e praticada sem qualquer esforço em justificá-la na história do direito e do pensamento jurídico. Até o surgimento dos Estados fundamentados no direito e, sobretudo, os Estados democráticos, dos últimos séculos, a transformação limitada do direito pela vontade do soberano foi explícita. Tal fato foi também justificado abertamente: o soberano faz alterações limitadas no direito, a fim de lidar com os problemas que o direito estabelecido, representado na doutrina, não consegue resolver. Ele atende a emergências práticas, uma após a outra. Ele não reformula o direito como um todo.

Uma visão particular da relação entre o direito enquanto ordem moral imanente e o direito enquanto vontade do soberano tem prevalecido, sob diversas variações, por meio de amplo leque de tradições jurídicas e de períodos históricos. De acordo com essa visão, os juristas, ou os juristas-teólogos (em sistemas de direito sagrado), ao invés dos príncipes (para designar os detentores do poder principal do Estado), são os principais guardiões do direito. O direito, nesse mesmo ponto de vista, é um conjunto de regras, normas e ideias, fundadas no costume e na tradição social e jurídica sobre as necessidades práticas da vida social confirmadas pela experiência, e, ocasionalmente, mediante revelação divina. No entanto, o direito existe nos Estados, e os governantes desses Estados também legislam. O direito legislado por esses detentores do poder assume a forma de intervenções pontuais e centradas em vez de um ordenamento abrangente da vida social.

Essa característica focada e esporádica de elaboração de leis pelo soberano é mais do que uma teoria; é um resumo do que tem sido a realidade na maior parte da história jurídica. O príncipe intervém para exigir algumas ações e proibir outras, ou para tirar de alguns para dar a outros, mas, ele, ao contrário, não interfere no instituto estabelecido do *common law*. (Aqui, recorro ao termo *common law* para descrever tanto o direito comum anglo-americano quanto o *jus communis* que foi, por muito tempo, o principal objeto e produto da doutrina para os civis.) É o *common law*, modificado apenas nas margens por decretos do príncipe, e visto como a encarnação imperfeita e corrigível da ordem moral imanente, que a doutrina jurídica *(legal doctrine)* compromete-se a revelar e desenvolver.

Uma característica dos projetos de construção do Estado que se tornaram predominantes no mundo, nos últimos séculos, é o despertar de uma ambição, cuja natureza inovadora e revolucionária muitas vezes não conseguimos reconhecer. A expressão "Estado de Direito" (*rule of law*) conota ambos os lados desta ambição. Um de seus lados é o compromisso de trazer toda a vida social sob a governança do direito. O outro lado é a submissão de toda a atividade do Estado à disciplina do direito, e expressar essa atividade como lei.

A implicação da ambição dos dois lados é que o direito torna-se o que o soberano, ao atuar dentro dos limites do direito, especialmente dentro dos limites do direito sobre o ato de legislar, diz o que ele é. O *common law*, protegido pelos juristas (juízes ou não) pode continuar a regular grande parte da vida social. No entanto, de acordo com a pretensão da ideia de Estado de Direito, esse direito perdurará apenas enquanto o soberano consentir com sua perpetuação, renovando sua validade segundo a sua vontade.

O compromisso com o Estado de Direito, nesse duplo sentido, equivale a uma revolução na organização da vida política, que perde apenas para a criação dos Estados nos primórdios da história da civilização. A revolução foi tão radical que até mesmo os impérios agrário-burocráticos a alcançaram apenas em estágios de sua história e hesitaram em sustentá-la. Em grande parte da história desses Estados, manteve-se um programa apenas parcialmente implementado dos governantes mais ambiciosos e dos regimes mais bem estabelecidos: os que haviam chegado a um acordo com a fraqueza de uma autocracia desestabilizada pelo direito. Ele assumiu o seu valor e tornou-se a doutrina quase universal dos governos somente na história recente da humanidade, sob a pressão da obrigação de competir, econômica e militarmente, com os estados que já o haviam adotado.

Uma consequência da ideia do Estado de Direito é a criação de uma ameaça e uma tarefa para o projeto de doutrina jurídica *(legal doctrine)* e para sua concepção de ordem moral imanente. A ameaça é que o soberano do Estado de Direito, até mesmo o soberano democrático do Estado de Direito, não se contentará em intervir episodicamente, na forma convencional dos príncipes antes da ascendência do Estado de Direito ideal. Ele poderá insistir em exercer sua prerrogativa de refazer toda ou grande parte do direito. A tarefa, para aqueles que resgatariam a ideia de doutrina, é encontrar uma maneira de se submeter à vontade do soberano, sem abandonar a busca doutrinária ou seu compromisso norteador com a representação do direito como ordenamento da vida social que esteja em conformidade com a concepção, ou uma série de concepções associadas e em evolução.

Para que a prática da doutrina, como é tradicionalmente compreendida, sobreviva, o que quer que o soberano deseje como direito, deve ser reconstruído racionalmente em um dos muitos léxicos pelos quais os juristas têm trabalhado tais concepções: por exemplo, o léxico do século XIX para os conceitos jurídicos e os sistemas de normas e direitos que representam o conteúdo embutido de um tipo de organização política, social e econômica, ou o léxico do século XX das políticas e princípios impessoais que supostamente fundamentam, constituem e justificam as leis.

O cenário mais comum em que os juristas devem realizar essa tarefa é a relação deles com a legislação, no momento em que as leis sejam elaboradas e, mais importante, no momento em que, uma vez promulgadas, elas sejam interpretadas e aplicadas, caso a caso, problema a problema.

Napoleão, o autocrata pós-revolucionário, tão comprometido com o Estado de direito quanto intolerante a qualquer limitação imposta a seu poder, decide dar à França um código. Para redigir o código, ele chama os líderes civis. Ele e seus capangas, soldados e conspiradores estão ocupados demais e são demasiado ignorantes para fazer o trabalho sozinhos. Os beneficiários do poder delegado por Napoleão adaptam, de uma só vez, o corpus doutrinário civil pré-existente às ideias morais e políticas da época, e não aos poucos, como costumavam fazer antes da revolução. Para o mundo inteiro de não juristas, o direito civil pré-codificado agora foi substituído pelo direito do código. Os juristas sabem que o direito do código equivale às consolidações (*restatement*), com ajustes superficiais do direito anterior ao código.

Em seguida, o código civil deve ser esclarecido nos livros de direito, ensinado nas escolas, e aplicado nos tribunais. A cultura civil vai trabalhar assimilando o novo estatuto do sistema civil, sob a forma de defesas de um organismo que se adiantam para isolar, dissolver e absorver um corpo estranho alojado em seu interior. Esse processo ocorre em um país que, de todas as sociedades europeias, é aquele em que a ideia do direito como a vontade do soberano, reforçada pela tradição republicana revolucionária, havia tomado, e tomaria, sua forma mais assertiva, em conflito com as antigas pretensões doutrinárias. A mesma história viria a repetir-se em inúmeras variações, onde quer que o Estado de Direito ideal se tornasse primordial.

Dois fatores, no entanto, diferentes e distintos agravam o conflito entre o Estado de Direito e a devoção da doutrina jurídica *(legal doctrine)* à reconstrução racional do direito. Um desses fatores é uma prática constitucional relacionada a uma ideia política: a democracia. O outro fator é uma ideia sobre o direito com implicações para a organização do trabalho legislativo: a visão do direito como a vontade do soberano.

Um significado essencial da democracia é que os termos da vida social, estabelecidas no direito, sejam escolhidos de acordo com os procedimentos constitucionais que garantam a regra da maioria, sujeitos aos direitos e privilégios das minorias, além de garantir à minoria política sua oportunidade de se tornar uma maioria política. Os termos da vida social não devem ser definidos por força dos costumes ou da autoridade não democrática, salvo sejam confirmados por decisão democrática. Um exemplo de autoridade não democrática é a autoridade dos juristas em explanar e desenvolver o direito, embora sob o pretexto da reconstrução racional e em nome da sabedoria coletiva e da tradição nacional.

Os ansiosos em atenuar a tensão entre a doutrina e a democracia poderão levar o insucesso da democracia para desafiar e alterar o direito que o governo democrático não conseguiu fazer como sinal de consentimento a esse direito: *qui tacet consentire videtur*. No entanto, o apelo recorrente a essa suposição reduz a reivindicação democrática sobre o direito em uma farsa.

O segundo fator que agrava o conflito entre a doutrina e o ideal do Estado de Direito é a teoria do direito como a vontade do soberano. Essa teoria tem sido a maior adversária à visão do direito enquanto ordem moral imanente na sociedade. Haverá muito a dizer sobre a rivalidade entre essas visões sobre o direito: é o tema mais importante na história mundial do pensamento jurídico.

8.

A incompletude da concepção de ordem moral imanente, bem como a sua dependência não reconhecida da estrutura real da sociedade, torna-se inconfundível no curso de um esforço para compreender como essa concepção se desenvolve, pode, ou deve se desenvolver. Nenhuma cultura jurídica já imaginou que essa concepção seria estática. No entanto, ninguém jamais trabalhou uma visão do seu desenvolvimento que faça justiça à relação entre a história da consciência e a história das instituições. O direito, no entanto, é apenas isso: o encontro das instituições e da consciência em uma forma de vida social.

O MOVIMENTO DE ESTUDOS CRÍTICOS DO DIREITO:

A tentação permanente dos juristas é a de imaginar que as ideias jurídicas e políticas, nas quais expressam um plano inteligível e defensável da vida social, possuem uma dinâmica interna que os impulsiona adiante. Em determinado momento, seu plano em evolução encontra-se repleto de lacunas e inconsistências, eles podem facilmente ceder. Em determinado momento, é provável que ele seja desonrado por muitas transgressões e práticas sociais isoladas. No entanto, acreditam, ele evolui ao trabalhar para superar essas lacunas e inconsistências. Ele se autopurifica.

Na história da filosofia ocidental, há uma obra que apresenta como filosofia a ideia secreta dos juristas: Fenomenologia do Espírito, de Hegel. O conceito norteador desse trabalho é a necessidade do homem, na sociedade, em levar sua vida ao abrigo de uma concepção, cujas contradições, consigo mesmas e com sua experiência, tornam-se o motor da mudança. Elas impulsionam o espírito adiante, até que, finalmente, toda a contradição é superada e o espírito sente-se em casa nesse mundo. Se colocarmos de lado o desenlace da conciliação final, essa visão contém, elevado ao mais alto nível de generalidade, todos os elementos da compreensão dos juristas sobre sua própria atividade. Ele exemplifica cada um dos fatos convocados por sua busca pela ordem moral imanente: o fato da representação, o fato da legitimidade, e, até o último capítulo da narrativa de Hegel sobre a ascensão do espírito, o fato da incompletude.

A falha nessa autoconcepção da doutrina e do espírito foi o que motivou a crítica de Marx à fenomenologia de Hegel a partir de todo o seu sistema filosófico. A vida real da sociedade e da humanidade não pode ser devidamente explicada por uma história interna das nossas concepções dominantes e de seu casamento imperfeito com as práticas e as instituições da sociedade.

O homem pode ser espírito, no sentido de transbordar os contextos institucionais e conceituais que ele constrói e habita. No entanto, ele é um espírito incorporado e situado, não um anjo incorpóreo. Ele não se encontra algemado, sem indulto, à sua circunstância histórica, nem livre para escapar por obra do pensamento puro e da vontade. Há um histórico de forças, estruturas e limitações, e das hierarquias de vantagem que recebem seu apoio, que nossas concepções, mesmo sendo influentes e apoiadas pelo Estado, apenas penetram de modo imperfeito. As concepções devem contar com a realidade recalcitrante desses fatos sociais e históricos, devendo ser mudadas tanto por sua resistência quanto por qualquer dinâmica interna. Nunca poderemos discernir seu significado e efeito e compreender suas possibilidades de desenvolvimento, em determinado momento, simplesmente examinando-os por conta própria, como se fossem a fonte de nossa experiência coletiva.

O problema é que a crítica de Marx à narrativa hegeliana exige uma teoria da fabricação descontínua das estruturas institucionais e ideológicas que configuram as relações das pessoas entre si em qualquer sociedade real. As percepções revolucionárias da teoria que ele oferece são desfiguradas pelas superstições necessárias anteriormente enumeradas: a visão de que há uma lista fechada e pré-determinada dessas estruturas na história humana e que cada uma delas constitui um sistema indivisível, mudando tudo de uma vez ou quase nada, e que as leis irresistíveis de mudança histórica conduzem a sucessão entre os sistemas: na teoria de Marx, os modos de produção.

A descrença nessas superstições, até mesmo pelos próprios seguidores de Marx, não deu lugar, em grande parte, a um conceito alternativo das estruturas e da sua reconstrução: alguém que poderia aprofundar as ideias fundamentais eliminando delas a mácula do equivocado determinismo. Ela foi seguida, de modo geral, nas ciências sociais positivas, pela negação dessas percepções e pela consequente naturalização dos arranjos previstos e dos pressupostos dominantes da sociedade. Como resultado, a autocompreensão dos juristas foi deixada sem correção legítima.

O DIREITO ENQUANTO VONTADE DO SOBERANO

9.

O direito é a vontade do soberano. O soberano é aquele que tem o poder de fazer a lei. Essa fonte suprema do direito normalmente é um conjunto de instituições e de papéis institucionais, definidos pelos arranjos constitucionais.

De todos os critérios que elevam os arranjos ao status de constitucionais, o mais importante é que eles definem quem faz a lei. Que eles sejam invulneráveis, e requeiram para a sua revisão maiorias qualificadas e procedimentos rigorosos constituem um significado constitucional menos, pois não são universalmente observados. A vontade do soberano é também a vontade do Estado: é o controle final e eficaz do poder governamental, manifesto no poder de fazer a lei, que no final define quem ou o que o soberano é. Assim, a visão de que o direito é a vontade do soberano está ligada à ideia de que a sede do direito é o Estado. O Estado de Direito ideal, segundo o qual tanto as atividades do Estado quanto os arranjos da sociedade devem ser regidos por lei, torna essa visão explícita.

O MOVIMENTO DE ESTUDOS CRÍTICOS DO DIREITO:

A ideia do direito como a vontade do soberano, feito pelo Estado, é a principal adversária, a única grande adversária na história do pensamento jurídico, à ideia do direito enquanto ordem moral imanente, descoberta e aperfeiçoada pelos juristas, tendo como única exceção a ideia do direito sagrado, que representa a vontade de Deus.

Essas duas ideias sobre o direito conflitam entre si. Elas fazem suposições e produzem consequências, que nunca foram, e não podem ser, conciliadas no âmbito de qualquer teoria jurídica consistente. No entanto, elas coexistem na prática. Elas surgiram e persistem, em circunstâncias semelhantes: as circunstâncias das grandes civilizações e das tradições jurídicas que existem até os dias atuais. Em muitos sentidos, essas ideias são interdependentes, mesmo quando contraditórias. A relação delas entre si e com a estrutura real da sociedade é o problema central em compreender o que o direito tem sido e o que poderá se tornar.

10.

Em 1942, o ditador Getúlio Vargas concedeu entrevista a um jovem jornalista, no Palácio Presidencial do Catete, no Rio de Janeiro. O corajoso jornalista fez-lhe uma série de perguntas capciosas sobre o porquê de o ditador não fazer isso ou aquilo, um extenso leque de iniciativas as quais o jornalista estava convicto de que Vargas, como governante absoluto, poderia implementar de imediato, caso assim o desejasse. Vargas, que em quase nada acreditava, referiu-se descaradamente a si mesmo como ditador, e orgulhoso no extremo da sua desilusão, desdenhou das perguntas e exibiu um sorriso sarcástico de arrepiar.

Em seguida, disse, com seu sotaque gaúcho, dando tapinhas no ombro do jovem: "Você é jovem. Acredita que um ditador pode fazer tudo. Há muito pouco que um ditador possa fazer".

Tome esta conversa como uma alusão ao paradoxo central da ideia do direito como a vontade do soberano. Os defensores mais radicais dessa ideia foram intolerantes a qualquer limitação do direito do soberano de fazer leis, além das limitações que resultam dos arranjos constitucionais. Esses arranjos podem conferir ao chefe de governo ou de Estado poderes quase absolutos, como fez a Constituição brasileira de 1937, sob a qual Vargas governou. Ou, no extremo oposto, podem estabelecer o governo da maioria, limitado pelos direitos de minorias, especialmente a minoria política aspirante ao poder. O soberano, então, será o povo, mas apenas na aparência e sob as restrições da ordem constitucional.

O soberano, constitucionalmente limitado e organizado, continua a ser o soberano, e o sinalizador predominante de sua soberania é o fato de que ele — ou a soberania — faz a lei. A força das democracias constitucionais é enfraquecida ou esvaziada quando os arranjos atuais da vida social não conseguem ser o objeto de deliberação e escolha coletiva, sendo simplesmente deixadas em paz até outro dia.

Os proponentes radicais da ideia do direito enquanto vontade do soberano (Thomas Hobbes e Carl Schmitt os primeiros dentre eles) se rebelaram contra todas essas limitações, em nome não apenas da sobrevivência, mas da vitalidade, coletiva e individual. O indivíduo melhora a vida participando de uma forma distinta de vida, que precisa ser colocada sob a proteção de uma organização política armada, para prosperar no mundo, diante de seus inimigos externos e internos. Seus rivais externos são os outros Estados, que poderão declarar guerra contra ele, subtraindo-lhe os meios de se defender e desenvolver uma forma distinta de vida. Seus adversários internos são os poderes intermediários ou indiretos que buscam influência sem responsabilidade.

Nos impérios agrário-burocráticos, esses adversários internos costumavam ser, principalmente, os proprietários de terras magnatas. Agora eles são os "interesses especiais", organizados como grupos de interesse comum, sindicatos, partidos políticos, ou qualquer outro sem número de organizações da sociedade civil. Se tivessem chance, eles iriam saquear o Estado, banqueteando-se com a carne do Leviatã.

Para que o direito seja, na prática e na teoria, a vontade do soberano, o Estado deve conter esses inimigos internos e externos. Deve fazê-lo a serviço do maior objetivo de fomentar o desenvolvimento de uma forma distinta de vida. Nela, o indivíduo, em um mundo sem lógica, pode encontrar um fundamento.

A forma radical da ideia expõe, ainda mais dramaticamente do que a forma moderada, o paradoxo do soberano-legislador relativamente impotente. O soberano pode travar uma guerra contra os poderes intermediários, bem como contra outros Estados soberanos. A experiência da história, no entanto, nos mostra que é provável que ele permaneça relativamente impotente na imposição de sua vontade, não a determinados indivíduos (que ele pode condenar à morte) ou a situações particulares (em que ele pode interferir de forma agressiva), mas à própria organização da vida social, em defesa e pelo desenvolvimento do que a soberania declarou em primeiro lugar.

A vida social não pode ser alvo da vontade, sendo cristalizada em uma estrutura particular, como apoia a versão moderada da ideia da vontade do direito do soberano, ou esvaziada por qualquer estrutura discriminante, até que o soberano esteja cara a cara com seus súditos, como defende a versão radical da ideia. O direito que o Estado não faz, e não consegue fazer, alcança o que, de acordo com a visão do direito enquanto vontade do soberano, representa a sua principal missão.

11.

A variante moderada da ideia do direito enquanto vontade do soberano encontrou apoio, na história das teorias do direito, em diversas concepções teóricas. Uma delas, no entanto, superou todas as outras no rigor e na clareza de sua formulação, bem como no alcance de sua influência intelectual. Denomina-se teoria analítica do direito.

A variante radical da ideia de direito como a vontade do soberano, pelo contrário, teve somente uma única expressão teórica importante, notavelmente constante, por séculos, em suas afirmações centrais. Denomina-se teoria do direito baseada no conflito (*fighting theory of law*).

A ideia do direito enquanto ordem moral latente sempre foi uma construção dos juristas. Raramente foi articulada como teoria. A ideia do direito como a vontade do soberano foi a descrição dominante do direito em grande parte da história da teoria jurídica, e tem sido regularmente adotada pelos juristas, apenas de forma vaga e limitada, que esconde e atenua a sua incompatibilidade com a concepção do direito como plano inteligível e defensável da vida social. A diferença no modo de expressão das duas concepções — uma como crença em boa parte implícita, amplamente compartilhada por juristas práticos; a outra, como teoria, apresentada por pensadores isolados, ainda que em nome de ideais amplamente professados e do realismo cabeça-dura — ajuda a explicar como a divergência conceitual mais importante e universal da história mundial do pensamento jurídico pôde ter sido tão pouco compreendida e discutida.

O maior exemplo da teoria analítica do direito — a versão analítica da visão do direito enquanto vontade do soberano — é a Teoria Pura do Direito, formulada por Hans Kelsen, o jurista mais influente do século XX. A teoria do direito, de Herbert Hart, foi o seu homólogo nos países anglófonos. O objetivo aqui não é o de interpretar as doutrinas distintas desses e de outros teóricos do direito; é entender o que está em jogo na ideia do direito enquanto vontade do soberano, considerando a defesa e o desenvolvimento dessa ideia na teoria jurídica. Isso é motivo suficiente para tratar essas e outras visões como espécies da mesma abordagem básica.

Interpreto e critico a teoria analítica do direito, como o farei, mais tarde, com a teoria do direito baseada no conflito (*fighting theory of law*).: primeiro apresentando sua ideia primordial e, em seguida, abordando seu programa metodológico e político.

A teoria analítica do direito propõe uma forma de pensar sobre o direito que distingue claramente o jurídico do moral ou do político. O direito é melhor representado como um sistema de normas, cuja aplicação é apoiada pelo poder do Estado. A questão jurídica não é se uma norma é certa ou errada, mas se ela é uma lei vigente. Será uma lei vigente se for feita de acordo com os procedimentos definidos por outras normas de nível superior ainda em vigor. Tal sistema pressupõe, como construção analítica, uma norma fundamental ou uma regra de reconhecimento que o encerra, garantindo a existência de uma fronteira entre o jurídico e o não jurídico.

As relações sistemáticas de validade, no entanto, não são suficientes. Há um atributo extra, crucial: o direito assim organizado deverá, de modo geral e de fato, ser obedecido. O fato da obediência habitual, garantido por qualquer combinação entre coerção e consentimento que se faça necessária, demonstra que lei é lei, e não a tentativa de um soberano enfraquecido de impor a sua vontade sobre a sociedade. Uma vez alcançado o limiar da obediência habitual em relação ao direito como um todo, somente as relações formais de validade entre os componentes do direito importam nos questionamentos: o que é o direito e como o direito deveria ser representado?

A norma fundamental ou a regra de reconhecimento serve, na teoria analítica do direito, como representantes impessoais da ideia controversa de soberania. O soberano torna-se um sistema. Desta forma, a teoria analítica procura dissociar as suas preocupações das realidades sociais e psicológicas de comando e obediência, que se mantiveram proeminentes numa versão mais primária dessa abordagem sobre o direito, como a teoria do direito de John Austin.

O sistema de normas, no entanto, confere o poder de legislar àqueles que possuem cargos definidos no Estado. Tal visão não é, portanto, uma alternativa à ideia de direito enquanto vontade daquele soberano. É essa ideia, adaptada às restrições do governo constitucional e do Estado de Direito, no duplo sentido anteriormente descrito, e inspirada pelas ambições metodológicas e políticas, que discutirei agora.

O objetivo metodológico da teoria analítica do direito é separar a representação técnica do que o direito é de todas as questões sociológicas sobre as causas e consequências das leis, bem como de todas as considerações políticas e morais sobre a justiça das leis. Dessa forma, o teórico analítico do direito espera estabelecer, de uma vez por todas, um discurso sobre o direito que esteja imune, em sua pureza e rigor, a disputas sobre a causalidade (o que faz com que as leis sejam o que são e quais as consequências à sociedade das leis serem o que são). De forma mais ambiciosa, tal discurso também deve ser à prova de discussões sobre o certo e o errado das leis (sua conformidade com concepções de justiça definidas de forma independente).

A hipótese de trabalho do teórico analítico do direito é que, enquanto sucumbimos à tentação de confundir nossa representação do direito com nossas ideias causais e normativas, não podemos esperar estabelecer uma visão do direito que nada mais é que a continuação das disputas ideológicas, ou da nossa pauta contraditória de investigação sócio-científica, por outros meios. Tal confusão prejudica, acredita ele, alguns dos mais elevados interesses de uma sociedade livre. Tais interesses supostamente exigem uma compreensão do direito, bem como do significado de partes específicas do direito, que se recusa a repercutir e reforçar as visões sectárias do dia. Aqui, o esforço metodológico da teoria analítica cruza seu projeto político.

Ao fazer essa afirmação, no entanto, o teórico analítico do direito deve negar um pressuposto definidor do objetivo doutrinário e da sua ideia de direito como ordem imanente: a visão de que a doutrina, pela própria natureza do seu trabalho e de sua missão, nunca poderá dissociar completamente a questão do que é, em dado momento, o direito, da questão do que o direito deveria ser. Ele também deve desconsiderar os atributos mais importantes do direito: aqueles que o tornam fundamental para a sociedade.

O direito é, na realidade, a forma institucionalizada da vida de um povo. É o local, acima de todos os outros, em que definimos e desenvolvemos nossas instituições e práticas, à luz dos ideais e interesses com os quais damos sentido a eles. Não podemos compreendê-lo ou desenvolvê-lo de dentro, sem tomar uma posição na luta sobre a melhor forma de manter esse casamento de instituições e práticas com os nossos interesses reconhecidos e ideais professos.

No cerne da teoria analítica, reside a esperança de invulnerabilidade à controvérsia explanatória e normativa. O outro e único exemplo mais importante dessa estratégia intelectual na história do pensamento moderno é, de longe, o mais influente da economia marginalista e pós-marginalista. Pois foi o destaque da revolução marginalista na economia propor uma forma de analisar os fenômenos econômicos que resgataria a economia das controvérsias causais e normativas: um instrumento puro de análise que iria trabalhar com o material de conjectura causal ou compromisso prescritivo, que lhe é fornecido a partir do exterior.

O reverso da pureza analítica, na teoria analítica do direito, assim como na economia, que teve início na revolução marginalista, é o vazio intelectual. Ele paga por sua invulnerabilidade desejada à controvérsia causal e normativa com a impotência explicativa e o agnosticismo prescritivo. É o método de Pôncio Pilatos; suas campanhas começam e terminam com o lavar das mãos. Essa pretensa ciência paga por sua relativa invulnerabilidade à controvérsia causal e normativa, pela interrupção, ou enfraquecimento, da dialética vital entre a análise teórica e descoberta empírica, bem como entre a compreensão do real e do imaginário do possível adjacente.

A economia pós-marginalista que conduziu as teorias de equilíbrio geral do século XX, e a sua prática reduzida e rotineira, como a microeconomia das décadas seguintes, consegue efeito explicativo e programático somente ao relaxar seu alardeado rigor. Ela poderá convidar, pela porta dos fundos da teoria implícita, a psicologia aquisitiva simples, individualista que ela havia expulsado pela porta da frente. Alternativamente, ela poderá superar sua impotência explicativa e prescritiva ao igualar a eficiência de alocação à ideia abstrata de um mercado e, em seguida, continuando a identificar essa ideia com um conjunto particular, historicamente específico e contingente de arranjos, incluindo regimes particulares de propriedade e contrato. Tal estilo de análise econômica deve escolher, o tempo todo, entre a pureza estéril e o poder comprometido. Ao menos, ele tem uma escolha.

Onde, no entanto, a teoria analítica do direito deve encontrar alívio parecido para o fardo do seu vazio? Seu conteúdo residual é o referente implícito da norma fundamental ou da regra de reconhecimento: a vontade do soberano. Nessa teoria, no entanto, o poder político, manifesto no poder de fazer a lei, permanece escondido atrás da tela de um sistema analítico deliberadamente oco. Essa evasão de compromisso controverso tem um propósito tanto político quanto metodológico.

Seu objetivo político é o de constituir um discurso público sobre o direito, capaz de alcançar acima ou além de todos os interesses partidários e programas sectários. Essa impessoalidade e neutralidade relativas são necessárias, e assim acreditam os juristas analíticos, para apoiar o trabalho do direito como uma estrutura impessoal de convivência civil à qual os adeptos de diferentes interesses e visões poderão permanecer leais. Aqui, no entanto, o jurista analítico enfrenta, ainda, outro problema intratável.

O MOVIMENTO DE ESTUDOS CRÍTICOS DO DIREITO:

Houve duas propostas principais da história do pensamento jurídico nos últimos duzentos anos, para a realização de tal neutralidade e impessoalidade. Nenhuma delas, no entanto, é aceita pelos teóricos analíticos do direito, dado os seus compromissos metodológicos. A primeira proposta foi a do formalismo e conceitualismo do século XIX. Seu cerne é a ideia de que existam vários tipos de social e econômico, cada um com o seu conteúdo jurídico, inerente e predefinido. A segunda proposta foi a com o objetivo de direcionar, idealizar e sistematizar o discurso jurídico do final do século XX e início do século XX: a visão do direito como repositório de ideais conectados, descrito na linguagem da política e princípio impessoais.

Ambas as propostas retornam à ideia do direito enquanto ordem moral imanente, à qual procuram dar nova vida e um novo sentido, em vez da ideia do direito como a vontade do soberano. Ambas também contradizem as ambições metodológicas da teoria analítica: sua tentativa de se libertar de afirmações empíricas e normativas controversas e de ver direito sem ilusões. Por essas razões, nenhuma das duas é aceitável à teoria analítica.

Sua solução para o problema do uso do direito na fundação de um discurso público compatível com a paz cívica e com o Estado de Direito surge em duas partes. A primeira é uma visão da elaboração das leis; a segunda, um relato da aplicação ou elaboração da lei no contexto. Ambas são insustentáveis. O significado de seu fracasso é revelar a contradição entre os compromissos metodológicos e políticos da teoria analítica de direito.

A principal característica da visão da elaboração das leis é o seu procedimentalismo radical. O direito organiza um sistema de decisão coletiva, designando os poderes e fornecendo o modo de composição de cada agente no processo de legislar. A validade jurídica de uma decisão significa que ela foi feita de acordo com essas limitações processuais. Então, desde que seja seguida, a guerra civil abre caminho para a paz cívica e diferenças radicais de visões poderão coexistir.

Essa abordagem procedimental possui dois defeitos fatais. O primeiro é o de não lidar com as implicações da tendenciosidade de qualquer quadro processual. A esse respeito, ela compartilha o erro da distinção liberal clássica entre o certo e o bom, segundo a qual o direito deve ser neutro entre opiniões conflitantes sobre o bem. Cada conjunto de arranjos políticos para o ato de legislar incentiva algumas formas de experiência e desestimula outras, é mais hospitaleiro para algumas visões sobre o bem do que para outras. O objetivo ilusório de neutralidade fica no caminho de uma meta realista a que se assemelha superficialmente: para garantir que os arranjos para o ato de legislar incorporem e avancem uma virtude mais ampla dos arranjos institucionais da sociedade: não somente para que fiquem abertos a uma ampla gama de experiências (sem, no entanto, buscar ou fingir neutralidade), mas também para que seja facilitada a sua própria revisão à luz dessa experiência. A possibilidade de correção, em vez de neutralidade, torna-se uma preocupação decisiva.

Os arranjos do processo legislativo não podem ser comparados ao sinal de trânsito verde ou vermelho; eles lidam com instituições políticas fatídicas, e não com as convenções arbitrárias ou equivalentes de coordenação. Isso não quer dizer, no que diz respeito a eles, que o seu conteúdo específico importe menos que sua clareza. Assim como todo o restante do direito, eles representam o resultado contingente de lutas entre interesses e visões, como a teoria do direito baseada no conflito (*fighting theory of law*) reconhece. Esse conteúdo importa porque os seus efeitos no curso da vida política são suscetíveis a ser de grande alcance. A abordagem procedimental do direito esquiva-se do significado desses fatos.

O segundo defeito crucial desse procedimentalismo é sua falta de realismo político na visão do papel que o direito desempenha na coesão de uma sociedade. Nenhuma ordem social poderia sobreviver, a menos que o conflito de visões ou valores fosse contrabalançado pela predominância de compromissos compartilhados e densamente definidos (por vezes caracterizada na filosofia política anglo-americana contemporânea como um "consenso sobreposto") ou pela ascendência na consciência nacional de algumas visões de associação humana sobre outros.

A noção característica do século XIX para o teor jurídico inserido em cada tipo de organização social, política e econômica e seu resultado no século XX, na visão do direito como repositório de ideias conexas de política e princípio, deturpam essas realidades sócio-jurídicas. Eles assim o fazem a serviço de sua tentativa de justificar a reconstrução racional do direito enquanto sistema e de defender, em novo formato, a busca doutrinária da ordem imanente. A meia-verdade que eles expressam é, contudo, a meia-verdade negada pelo procedimentalismo da teoria analítica.

Como resultado, a teoria política da teoria analítica do direito não poderá fazer contribuição alguma à compreensão nem ao desenvolvimento de uma dialética entre consenso e dissenso. É com essa dialética que qualquer discurso público real deve contar.

A visão da aplicação da lei complementa essa abordagem do processo legislativo e compartilha suas deficiências. Os teóricos analíticos do direito não podem aceitar o conceitualismo e o formalismo da prática canônica, do século XIX, da doutrina jurídica *(legal doctrine)*. Não somente porque que eles sejam incapazes de escapar à influência do ceticismo do século XX sobre os significados fixos das palavras e sua correspondência com as coisas. É que, além disso, o seu agnosticismo causal e normativo os impede de comprometer-se com a concepção que serviu à versão da doutrina jurídica *(legal doctrine)* do século XIX como seu espírito-guia: a ideia de uma lista de tipos possíveis de organização social, política e econômica, muitas vezes representada como se substituindo umas às outras, em uma sequência pré-ordenada, e de posse, cada uma delas, de um teor jurídico pré-determinado, cuja revelação é missão da ciência jurídica.

Nenhuma delas, porém, faz com que o agnosticismo dos juristas analíticos permita-lhes abraçar a visão da interpretação jurídica que tem servido como sucessora mais influente dessa ideia: a de que o direito deve ser interpretado de uma forma dotada de propósito, com referência aos objetivos que atribuímos como parte do direito; essa atribuição de objetivo depende do envolvimento em um contexto, de uma vida e da experiência comum, ou de um projeto nacional, bem como de uma comunidade profissional de discurso; e tal objetivo norteador da interpretação deverá ser elaborado na linguagem de políticas sensíveis ao interesse público ou de princípios impessoais da justiça.

O apelo a tais normas e princípios é motivado pelo projeto de reconstrução racional do direito: o direito é tanto representado quanto corrigido ou refinado como aproximação a um plano inteligível e defensável da vida social. Embora esse plano possa ser falho, é suscetível de melhoria contínua. Uma das principais maneiras de melhorá-lo é apresentar o direito à luz mais favorável possível. Espera-se que o discurso de norma e princípio forneça essa luz.

Das três partes dessa visão da interpretação do direito, a primeiro — a confiança na finalidade ou interesse — não apresenta nenhuma dificuldade para o teórico analítico do direito. A segunda parte — a dependência da interpretação orientada a objetivos de engajamento em um contexto compartilhado é aceitável, desde que seja expurgada de qualquer visão desse contexto compartilhado enquanto descoberta cumulativa da verdade moral ou política, confirmada por uma convergência progressiva às mesmas crenças. A terceira parte — o compromisso com a reconstrução da racionalização do direito enquanto incorporação de um sistema normativo de associação humana — constitui, no entanto, um anátema para o teórico analítico do direito; ele entra em conflito com a visão desiludida e realista do direito, como a vontade do soberano, e não como a busca pela ordem imanente.

O que, então, o teórico analítico do direito tem a oferecer como teoria da interpretação jurídica, se não pode recorrer a qualquer visão de interpretação que são manchadas por sua ligação com a tarefa doutrinária de busca da ordem imanente? Ele deve fazer o que, na realidade, tem feito: tornar distintos, no trabalho de interpretação, a parte fácil e a parte difícil. A parte fácil é a confiança nos significados simples e não contestados, fixos, não porque deixam de depender da atribuição de objetivo, mas porque a atribuição de objetivo permanece incontestada. A parte difícil é o trabalho de interpretação na área em que a atribuição de objetivo é contestada, pois os problemas em questão são aqueles em que existe um conflito não resolvido de visões ou de interesses.

Assim, para um dos teóricos analíticos do direito (H. Hart), há uma distinção a fazer entre esses conflitos de interpretação que lidam com um núcleo de significados aceitos e uma penumbra de significados contestados. Para outro, Kelsen, a comparação a ser feita é aquela entre a escolha racionalmente justificada da regra ou do sistema de decisão em questão e a escolha política discricionária de uma ou outra maneira de entender e aplicar essa regra para o assunto em questão.

É claro que essa visão de interpretação falha. A distinção entre a parte fácil e a difícil, entre o núcleo e a penumbra, entre o sistema e o seu conteúdo, não é só móvel, mas também ilusória. Não existe distinção clara entre a interpretação de uma regra e a definição do seu âmbito de aplicação. Significados simples são simples apenas na medida em que o teor e o objetivo possam ser dados como certos.

Além disso, a invocação de uma área de arbítrio e controvérsia não norteados representa um convite a transformar a interpretação do direito em uma continuidade da política por outros meios: um jogo de interesses e de visões sobre o qual a teoria analítica, dado os seus pressupostos de autonegação do método, pode não ter nada a dizer. A esperança de se confinar essa luta sem limites a uma área limitada (a penumbra de significados obscuros e casos difíceis, a construção de uma regra particular após haver sido escolhida como pertinente a uma circunstância particular) está condenada à frustração, caso as distinções sobre as quais ela se baseia sejam relativas e inseguras.

O MOVIMENTO DE ESTUDOS CRÍTICOS DO DIREITO:

As falhas da teoria analítica do processo legislativo e da aplicação da lei mostram que a teoria analítica é incapaz de pôr em prática os seus objetivos políticos. A raiz dessas falhas é o conflito entre a metodologia e os objetivos políticos da teoria analítica. Ela não pode avançar com seu projeto sem sacrificar o último em detrimento do primeiro ou o primeiro em detrimento do segundo.

Desprovido de seu complemento político, o programa metodológico da teoria analítica se transforma em uma caixa vazia, destituída até mesmo da vantagem conquistada pelas versões mais puras e impotentes da economia pós-marginalista pelo seu casamento com a matemática. O jurista prático deve colocar de volta na caixa alguns dos conteúdos — de interesses, de ideais, de imagens prescritivas de associação humana — que o teórico analítico retirou, quando reduziu o direito a um conjunto de relações aparentemente lógicas de validade entre as normas jurídicas. Destituído de sua configuração metodológica, o programa político da teoria jurídica analítica perde qualquer razão ou direção clara. A pobreza de sua concepção do direito, da sociedade e da política torna-se patente.

A teoria analítica atrai pela sua simplicidade, clareza e contenção, mas afasta pela sua vacuidade e por suas contradições. Ela tem-se revelado incapaz de fornecer uma explicação adequada à noção do direito enquanto vontade do soberano: a principal adversária, na história mundial do pensamento jurídico, à visão do direito como ordem moral imanente.

12.

Há, no entanto, outra tradição teórica segundo a qual a noção do direito como vontade do soberano surge sem disfarces e em toda a sua plenitude. Chamando-a de teoria do direito baseada no conflito (*fighting theory of law*), procuro enfatizar sua visão do direito e sua atitude com a missão do pensamento jurídico. Ela vê o direito como uma luta: a luta levada a um fim, sempre temporário, pela consolidação do poder em uma vontade. O direito resulta da cessação ou contenção da luta pela organização da sociedade e pelos termos de nossas relações recíprocas. O soberano é o poder que faz com que a luta cesse, muito embora apenas por um momento e até certo ponto. A sociedade é, então, remodelada, momentânea e irregularmente, de campo de batalha, literal e metafórico, para projeto de vida.

A teoria do direito baseada no conflito (*fighting theory of law*) põe de lado todo o subterfúgio e sentimentalismo contidos nessa concepção do direito e da política. O bem que ele considera fundamental, e a que espera servir ao expressar a verdade sobre o poder, é a vitalidade, cuja sobrevivência e segurança são apenas as formas mais básicas de habilitação.

A vitalidade é um atributo tanto do individual quanto do coletivo. A vitalidade do coletivo goza da primazia causal sobre a vitalidade do indivíduo. A paz coercitiva, na qual a luta dá lugar ao direito permite à sociedade tomar uma forma definida: desenvolver os poderes e possibilidades da humanidade em uma direção particular. Como resultado da paz, um poder estabelecido que possa defender uma determinada forma de vida contra seus inimigos internos e externos. Chamamos a isso de poder do soberano ou do Estado.

Apenas como participante de um mundo dessa natureza, o indivíduo poderá, por sua vez, florescer. Ele poderá satisfazer suas necessidades básicas de segurança e sustento. Poderá conduzir sua vida, apesar do pano de fundo de um contexto denso que dá pistas aos seus desejos, mesmo quando produz os meios com que satisfazê-los.

Os inimigos da ordem estabelecida, pelo bem da vitalidade, pela vontade do soberano, não são simplesmente aqueles que minariam abertamente a ordem interna ou que a atacariam pelo lado de fora. Eles também constituem os poderes intermediários ou indiretos — as organizações entre o Estado e o indivíduo.

As duas figuras definidoras desta versão da ideia de direito como a vontade do soberano são Thomas Hobbes e Carl Schmitt. Seus enunciados são, no entanto, simplesmente os mais claros e os mais intransigentes sobre uma visão, que possuiu muitas expressões semelhantes, embora mais limitadas ou ecléticas, da história do pensamento jurídico e político do Ocidente (por exemplo, von Jhering, Holmes, em sua "jurisprudência dos interesses", da década de 1920). Fora do Ocidente, no entanto, encontramos grandes tradições, como a da escola Fa Chia, na China, ou a tradição de arthasastra, na Índia antiga, que são tão abrangentes e intransigentes em suas asserções quanto os ensinamentos de Hobbes e Schmitt.

A teoria do direito baseada no conflito (*fighting theory of law*) é uma teoria sem teóricos jurídicos que fizeram justiça a sua significância. É a versão mais coerente da única e mais importante alternativa da história universal do pensamento jurídico para a busca doutrinária da ordem imanente. No entanto, nunca foi formulada de forma que lhe permitisse corresponder às expectativas do papel para o qual fora escalado por essa história. Ela atraiu a simpatia de alguns dos pensadores jurídicos mais influentes do período moderno, como, por exemplo, Jehring e Holmes. Nenhum desses juristas, no entanto, conferiu à essa visão uma forma abrangente e concluída, que lhe teria permitido viver tanto como teoria do direito quanto prática da análise jurídica e, assim, antecipar a racionalização retrospectiva do direito no léxico idealizador da política e do princípio. É em Hobbes e Schmitt, e não em Jhering e Holmes, que temos de procurar as expressões mais profundas e radicais da teoria do direito baseada no conflito (*fighting theory of law*).

Hobbes apresentou um programa filosófico muito mais amplo do que Schmitt. No entanto, uma vez tendo vivido antes que o Estado de Direito ideal passasse a ser aceito tanto como condição quanto um instrumento para o funcionamento da vontade do soberano, ele não propôs nenhuma explicação detalhada sobre o direito. Uma vez que seus escritos são anteriores a Montesquieu, Vico e os teóricos sociais modernos, ele não nos deixou nenhum relato da criação e reconstrução das ordens institucionais que representam a mais importante criação do legislador.

Em Schmitt, o projeto metafísico do aprimoramento da vitalidade permaneceu, em grande parte, implícita em um argumento político em favor de um soberano forte, em um Estado forte. Schmitt enfatizou o uso da vontade do soberano para criar um espaço para a asserção e defesa de uma forma — uma forma vigorosa — de vida social, sob a égide do Estado-nação. Somente em tal espaço poderia o indivíduo encontrar fundamento em um mundo infundado e compartilhar a vitalidade coletiva. Hobbes, ao debater vários séculos antes de Schmitt, e enfrentar uma série de problemas totalmente diferentes, havia conferido lugar de destaque ao limite de sobrevivência e segurança do indivíduo, a ser subscrito pelo soberano do processo legislativo. Tanto a paz armada da sociedade quanto a contenção do conflito sobre a finalidade e o curso da vida dependiam, para ele, do que seria denominado, em outro país, em momento posterior, de "ditadura do direito".

O que permanece constante nessa tradição de Hobbes a Schmitt, embora mais frequentemente expresso nas versões moderadas e qualificadas que exerceram maior influência nos últimos dois séculos, é um pequeno número de temas que se sobrepõem. Esses temas compreendem a experiência da falta de fundamento, a ameaça de desordem e desorientação, a afirmação revolucionária do direito como a vontade do soberano, e o bem primordial do aumento da vitalidade coletiva e individual. O enfoque prático desses temas é a vontade de usar o poder para promover a ordem pelo direito. Essa é a mais moderna e atualizada estrutura e a consideração dominante sobre uma noção do direito que tem sido quase tão universal em sua presença quanto à noção de ordem moral imanente.

A força metodológica da teoria do direito baseada no conflito (*fighting theory of law*) enquanto vontade do soberano reside em sua valorização implícita do fato mais importante sobre as estruturas da sociedade: que nós a construímos e, uma vez as tendo construído, podemos reconstruí-las. Elas resultam da contenção ou interrupção de nossas lutas práticas e visionárias pela organização da sociedade. Um corolário não desenvolvido desse pressuposto — não desenvolvido em todo o pensamento social, bem como na abordagem da lei, como a vontade do soberano — é que as estruturas sociais, ao contrário dos fenômenos naturais, têm um grau variável de existência.

A natureza pode sofrer transformações radicais. Tais transformações podem ser locais, como as que são descritas pela física das transições de fases. Ou podem ser globais, como na noção cosmológica de que um universo muito precoce, denso e quente carece de muitas das características do universo arrefecido, incluindo uma estrutura fixa e distinta da natureza dos ingredientes rudimentares. No entanto, os fenômenos naturais ou existem ou não existem; eles não existem mais ou menos.

Estruturas sociais, no entanto, existem mais ou menos. Quanto mais estão arraigadas contra o desafio e a revisão, mais assumem uma aparência de necessidade natural. Elas não assumem tal aparência simplesmente se beneficiando das ilusões da falsa necessidade. Elas o fazem, também, ao negar aos que as repensam e as reconstroem os meios e oportunidades institucionais e discursivos com os quais mudá-las. É de nosso interesse material e moral fazer com que os arranjos da sociedade, definidos em detalhes pelo direito, parem de aparecer para nós como uma realidade não humana diante da qual devemos nos curvar.

Aqueles que ensinam que a lei é a vontade do soberano, no entanto, têm falhado diversas vezes na tentativa de desenvolver a compreensão, pressuposta e sugerida por sua própria teoria, da natureza construída dos arranjos sociais. Como resultado, eles também falharam em dar prosseguimento a essa ideia na conjectura adicional da relação variável entre agência e estrutura. O que forneceram, alternativamente a essa explanação, foi o naturalismo psicológico sobre o poder, em vez de uma visão abrangente da construção e da reconstrução das ordens institucionais na história.

Esse naturalismo reverte a circunstância, à qual a vontade do soberano responde, aos fatos brutos do perigo, do conflito e do medo, sem o auxílio da luz fornecida por uma visão mais abrangente das interações entre o Estado e a sociedade (a visão adotada por James Harrington à época de Thomas Hobbes e que Max Weber adotou à época de Carl Schmitt). Similarmente, reduz-se o processo legislativo ao exercício da vontade, quando, pelos mesmos motivos, tudo gira em torno das transações entre a vontade legislativa e a estrutura limitadora da vontade. A história do direito e a história do Estado compõem as duas faces de uma mesma realidade.

13.

Assim como a ideia do direito enquanto ordem moral imanente, a concepção do direito como vontade do soberano é radicalmente incompleta. Em qualquer circunstância histórica real, dados os arranjos institucionais que têm sido adotados, o direito construído pelo soberano, até mesmo pelo soberano democrático sob um regime de soberania parlamentar, nunca foi mais que uma série de intervenções episódicas em uma estrutura real. A maior parte dessa estrutura sempre foi deixada intacta. Grande parte dela ainda nem adentrou o campo de visão do soberano — ou da nação. No entanto, mesmo em suas expressões mais ambiciosas e bem-sucedidas, a noção do direito enquanto vontade do soberano tem sido deficiente na imaginação das limitações estruturais e das alternativas estruturais.

A consequência tem sido a de prejudicar a capacidade dessa visão do direito de contribuir para a consecução de seu objetivo anunciado ou implícito. Esse objetivo não é nem o poder do Estado nem a coesão, ou a unidade da sociedade; esses constituem meios para um fim maior, em vez de um fim em si mesmo. O fim é a vitalidade individual e coletiva. O lado coletivo é o desenvolvimento de uma forma distinta e vigorosa de vida social, sob a égide do poder do Estado. O lado individual é a formação, em tais mundos, de um povo solidamente delineado, não subjugado, insubmisso, destemido. Segurança é apenas a exigência de limite da vitalidade, e está para ele assim como o engatinhar está para o ato de caminhar.

A tese persistente dos filósofos da teoria do direito baseada no conflito (*fighting theory of law*), de Hobbes a Schmitt e além, tem sido a de que o principal obstáculo à afirmação do poder de legislar do soberano, a serviço do bem supremo da vitalidade individual e coletiva, reside na ameaça representada pelos poderes intermediários ou indiretos na sociedade. Quanto mais controlados forem esses poderes, melhor. Essa visão revela uma incapacidade de compreender a relação entre o Estado, e, portanto, o direito que o Estado faz, e a sociedade, e a de entender as exigências da vitalidade coletiva e individual. A destruição de todos os poderes intermediários e indiretos pode fortalecer o Estado, ou o soberano, no curto prazo, mas apenas reduzindo o seu poder e as perspectivas de longo prazo. Ele cria uma devastação, e clama pela sua paz. Ele segue em direção a uma sociedade homogeneizada, que não é capaz de florescer com o passar do tempo, diante da adversidade e dos eventos de mudança, pois é mal adaptada à inovação permanente e radical.

14.

A crítica e a reconstrução da ideia do direito como a vontade do soberano devem contar com uma visão do que o Estado tem sido e do que pode vir a ser. Mesmo uma versão radicalmente simplificada de tal visão pode ser suficiente para mostrar como podemos distinguir a verdade da ilusão na campanha de longa data iniciada pelos teóricos do direito enquanto vontade do soberano (na tradição do conflito, e não na tradição analítica) contra os poderes intermediários.

Vista sob a perspectiva dos interesses desses teóricos, a história do Estado é a história da vontade política no exercício da sua ambição de definir os termos de vida social. Diferencie três momentos idealizados nessa história.

Primeiramente, surge o momento da criação e consolidação do Estado: a organização política da sociedade tem como foco um governo central que projeta a sua vontade sobre uma sociedade resistente, dividida e hierarquicamente organizada. O que torna político um aspecto da sociedade é, precisamente, essa disposição de tratar a forma de vida social como o objeto de uma intervenção transformadora, sem limites evidentes. Essa propensão, e as práticas daí decorrentes, formam a principal fonte da ideia de vontade do soberano que tem sido um assunto tão persistente e universal na história do pensamento jurídico.

O fato de o alcance dessa vontade não ter limites claros não quer dizer que o seu poder seja ilimitado. Pelo contrário, o seu alcance nesse primeiro período de vida do Estado sempre foi hesitante e vacilante, mesmo nos Estados que aspiravam ao maior controle sobre a economia e a sociedade.

O surgimento do Estado foi invariavelmente associado às demandas da agricultura, do pastoreio, da defesa e da conquista de grandes extensões territoriais (mesmo quando se tratava apenas de uma cidade-estado e seu interior). Acima de tudo, ele surgiu em conjunto com o entrincheiramento de ordens sociais elaboradas e hierárquicas, em que as divisões de classe muitas vezes foram santificadas e reforçadas através de uma narrativa cosmológica ou teológica. A ligação entre a divisão social da força de trabalho e a formação de tais hierarquias abriu espaço e criou a necessidade de ação por parte do Estado. Havia uma ligação recíproca entre a concentração de poder político no aparelho estatal e a característica do pluralismo hierárquica dessas sociedades.

O terreno mais importante para a formação de tal Estado e, de fato, os protagonistas mais importantes da história mundial anteriores aos últimos séculos, foram os impérios agrário-burocráticos da antiguidade. Assim foram, também, com as ressalvas que proponho a seguir, o teatro no qual a ideia do direito enquanto vontade do soberano tomou sua forma inicial.

Nesses impérios agrário-burocráticos, os detentores do poder no governo central enfrentavam um dilema recorrente: como evitar que os proprietários de terras e potenciais senhores da guerra concentrassem terras e poder em suas mãos e privassem o Estado do acesso direto a impostos e soldados, sem inflamar um despotismo popular e revolucionário que eles não seriam capazes de sustentar ou controlar. A partir da iniciativa de resolver ou mitigar esse dilema, surgiram outras iniciativas de reforma agrária nesses impérios: a tentativa de estabilizar uma circunstância criada por uma classe de pequenos produtores independentes, em dívida com o poder central, e não com proprietários de terras, nem com uma aristocracia bélica. Desse esforço também resultaram as tentativas frequentes, e muitas vezes bem-sucedidas, de se organizar um sistema burocrático a serviço do príncipe (se assim podemos chamar os detentores do poder central) e que dependesse exclusivamente dele.

No entanto, essas tentativas entraram em conflito com os interesses dos magnatas. Declarar guerra contra eles em nome de uma aliança direta entre o centro e a base da sociedade significava arriscar despertar turbulências que nenhum príncipe seria capaz de enfrentar sem colocar em risco sua própria posição. Ele provavelmente terminaria como vítima à reação dos poderes intermediários muito antes de progredir na consolidação de uma aliança dessa natureza. No entanto, mesmo se conseguisse avançar com o plano revolucionário, ele poderia muito bem se ver em meio às vítimas desse mesmo esquema.

Havia duas circunstâncias principais que enfraqueceram a força desse dilema: uma, interna aos impérios agrário-burocráticos, e outra externa a eles. A forma de governar nômade trouxe a solução interna. Muitos desses impérios agrário-burocráticos passaram a ser governados por conquistadores nômades. O segredo de sua arte de governar estava na radicalização da luta contra os poderes intermediários – os proprietários de terras magnatas – e no aumento da independência do governo central, onde se reinventavam durante o processo.

A solução externa veio das cidades-estados, até mesmo daquelas como a República Romana ou a democracia ateniense, que começaram a conquistar proporções de um império. Nelas, a relativa ausência de proprietários de terras magnatas e sua substituição por uma plutocracia comercial que investia muito menos no controle da terra e do trabalho, deram margem a um contexto mais favorável a um pluralismo de cunho mais social, e a uma diversificação econômica: pluralismo e diversificação que deixaram o Estado sem nenhum adversário. A oligarquia comercial tomou o lugar da aristocracia proprietária de terra. Menos apta e ansiosa em concentrar terras e dominar a força de trabalho, ela não se apresentava como uma ameaça ao poder central. O poder do Estado foi prontamente dividido e compartilhado nessas circunstâncias, não obstante a ferocidade das competições existentes entre as classes. Enquanto o pluralismo essencial social e econômico sobreviver, o conflito deve operar como instrumento de união, como observou Maquiavel.

Nos impérios agrário-burocráticos, a elaboração e aplicação de uma lei que abrangesse toda a sociedade estavam ligadas ao destino do príncipe em sua dupla luta com os magnatas e a população, grupos que ele tanto precisava quanto temia. Devido ao fato do poder do príncipe ou do governo imperial geralmente permanecer limitado e precário, sua lei também tinha dificuldade de se impor de forma abrangente à sociedade. Era mais provável que ela se constituísse por uma série de intervenções episódicas e pontuais em um corpo pré-existente de costume, e por negociações persistentes com a lei elaborada pelos estados dentro dos Estados que esses sistemas imperiais muitas vezes sustentavam.

Se o príncipe falhasse na sua luta de conter a usurpação de terras e de poder pelos magnatas, deixando de desfrutar de uma base fiscal e militar independente de uma grande classe de pequenos produtores independentes, seu regime entraria em decadência, podendo até se desfragmentar. Ele poderia se tornar uma sombra. Em tais momentos, a economia monetária, dependente, tanto quanto o Estado, da preservação de uma base ampla de centros independentes de iniciativa econômica, sucumbiria. Nos lugares onde já havia prosperado, a produção se organizaria pela coerção e submissão, e o comércio se reduziria, no máximo, a trocas.

O direito elaborado pelo soberano seguiu a direção desses ciclos políticos e econômicos. Se, mesmo no auge do poder do príncipe, a lei promulgada pelo centro imperial equivalia a uma intervenção episódica e pontual na vida social, nessas ocasiões ela perderia até mesmo essa autoridade limitada e frágil.

A lei enquanto a vontade do soberano se consolidou mais claramente em duas circunstâncias especiais anteriormente mencionadas. A reforma de muitos desses impérios por seus conquistadores nômades acentuou a independência do governo central perante os poderes intermediários, quebrando os ciclos recorrentes de desintegração política e involução econômica que assolaram esses estados imperiais. Essas reformas, inspiradas na experiência e consciência dos conquistadores nômades, imprimiram no Estado alguns dos hábitos e estruturas de um povo que também era um exército, e realçaram a capacidade permanente do Estado de mobilizar recursos físicos, financeiros e econômicos sem depender de qualquer oligarquia de senhores de terras e de senhores da guerra. Em tal circunstância, o soberano poderia ir mais longe, por mais tempo, impondo a sua vontade sobre a sociedade na forma da lei.

Um avanço semelhante do lugar do direito ocorreu na história de muitas das repúblicas das cidades-estados, com suas práticas de poder compartilhado e dividido e sua combinação de pluralismo social, diversidade econômica e abertura comercial. Nelas, também, o poder central poderia contar com uma base social ampla e variada, improvável de ser subjugada por qualquer classe de magnatas. A divisão e a partilha do poder no Estado foram organizadas na forma do direito. Esse soberano definido pela lei elaborou um direito abrangente a toda a sociedade.

Portanto, é nessas duas circunstâncias – a dos impérios agrário-burocráticos reformados à luz da política nômade, e aquela das repúblicas das cidades-estados dedicadas a uma partilha constitucional do poder por diferentes classes – que a ideia do direito como a vontade do soberano adquiriu tons mais reais. Elas são as precursoras mais próximas dos Estados limitados pelo direito e legisladores da história recente.

15.

Um segundo período no desenvolvimento da teoria e da prática do direito como a vontade do soberano se inicia quando o ideal de Estado de Direito adquire a força que normalmente faltava aos Estados agrário-burocráticos da antiguidade. Essa mudança ocorreu, inicialmente, nos estados absolutistas e aristocráticos da Europa moderna. Desenvolveu-se, mais tarde, nas democracias imperfeitas e vagas, que são as únicas democracias que o mundo conheceu até agora. Assim, o Estado legislador e limitado pelo direito já existia tanto na forma pré-democrática quanto na forma democrática (ou protodemocrática, para ser mais realista).

O que distingue o ideal de Estado de Direito é a combinação de um compromisso jurídico com um fato socioeconômico. O compromisso jurídico é aquele em que o direito deve governar. Mesmo um príncipe que governa sem uma divisão constitucional do poder deve, de acordo com esse ideal, governar por meio de regras abrangendo categorias inteiras de pessoas e atos, em vez de fazê-lo por meio de decretos dirigidos a indivíduos ou a um número reduzido de classes de pessoas. Tendo elaborado essas regras, ele estará, então, obrigado a acatá-las.

Na democracia esse compromisso com a legalidade ganha maior autoridade e força. A autodeterminação coletiva faz parte do significado essencial da democracia. Se a autodeterminação coletiva tem algum significado, ele reside no fato de as condições básicas da vida social serem escolhidas de acordo com uma fórmula institucional para a tomada de decisões coletivas e abrangentes. Essas condições não devem ser impostas por uma vontade única, por um pequeno conjunto de interesses imponentes, ou por costume ou tradição que falhou ao se sujeitar ao teste da crítica aberta e ao risco de possível revisão.

Para a democracia, a ideia do caráter instrumental da sociedade – que é moldada e imaginada – deixa de ser apenas uma especulação teórica, tornando-se, assim também, um princípio orientador. Sua concretização pode estar sujeita a diversas restrições práticas. Se, no entanto, o efeito cumulativo de tais restrições é capaz de reduzir drasticamente a parte da vida social que é escolhida e eleita, a democracia torna-se, nesse sentido, uma mentira.

O aspecto da vida social sobre o qual o exercício da vontade política deve se preocupar mais é com o contexto ideológico e institucional formativo: os arranjos e pressupostos que moldam os conflitos superficiais e as trocas de uma sociedade. Deixar essa estrutura funcionando sem ter escolhido-a, ou até mesmo a desafiado, por meio da organização da competição pelo poder – o poder na sociedade e na economia, bem como o poder no governo – é esvaziar a democracia de todo o seu sentido.

O principal instrumento para a formação e a reconstrução do contexto formativo é o direito. Dizer que a estrutura da sociedade deve ser escolhida ou eleita significa que ela deve ser moldada pela lei criada pelo soberano democrático. Entretanto, é sempre mais fácil falar do que fazer.

O ideal de Estado de Direito enfrenta um dilema parecido em sua estrutura, embora mais intenso, com o dilema vivido pelo príncipe nos impérios agrário-burocráticos da antiguidade. As sociedades em que o ideal de Estado de Direito adquiriu autoridade são sociedades de classes, antigos regimes absolutistas ou protodemocráticos. Entre os muitos aspectos da desigualdade houve graus diferentes de organização e de influência sobre o Estado. Mesmo quando essa desigualdade de influência sobre o Estado não era consagrada na lei (como no *Staendestaat* europeu ou sob o título de propriedade do sufrágio), ela de fato existiu.

Nessas sociedades, o Estado legislador e limitado pelo direito sempre foi relativamente poroso e flexível aos interesses de classe e de outros grupos. Trata-se de um *soft state*, mesmo ou, sobretudo, quando não contido pela democracia. A penetração desses interesses no Estado limita sua capacidade de fazer valer as pretensões do ideal de Estado de Direito, minando a realidade da autodeterminação coletiva.

Em sua relação com esses interesses, o *soft state* encontra-se em uma posição análoga, em alguns aspectos, mas não em outros, à relação do príncipe perante os proprietários magnatas de terras dos impérios agrário-burocráticos. A multiplicação dos centros de iniciativa, poder e riqueza na sociedade cria uma barreira quase que intransponível à retração da economia monetária e à fragmentação da autoridade central, que periodicamente desestabilizou esses Estados imperiais. O Estado não precisa mais depender de qualquer poder intermediário para aumentar os impostos e formar exércitos. A lei torna-se preponderante, constituindo-se até mesmo como o único instrumento de ação governamental.

No entanto, as realidades de classe e de desigualdade, e o grau radicalmente desigual da influência que diferentes setores da sociedade exercem sobre o andamento da política e sobre a composição do risco de governo cerceiam o Estado. Elas ameaçam comprometer sua pretensão de agir em nome dos interesses gerais da sociedade. Contudo, a desigualdade nas vantagens econômicas e na organização coletiva não basta para explicar esse cerco do Estado. Seus efeitos são sempre intermediados por acordos constitucionais e crenças políticas predominantes.

De uma forma ou de outra, esses acordos e crenças associam o princípio liberal da divisão e partilha do poder entre os diferentes setores do Estado com o princípio conservador da desaceleração da política, da restrição deliberada imposta sobre seu ímpeto transformador. O plano madisoniano de mecanismos de freios e contrapesos institucionais (*checks and balances*) sob o regime presidencial norte-americano é a forma mais extrema e explícita de correlacionar princípios liberais e conservadores. No entanto, também é possível obter resultado semelhante, mesmo sob um sistema parlamentar puro de governo teoricamente não dividido, graças ao efeito cumulativo de inúmeras práticas e instituições diferentes, incluindo a organização dos meios de comunicação, o financiamento da atividade política e a participação dos interesses organizados na formulação da política e da promulgação da lei. A ditadura da falta de alternativas – no sentido de que não há alternativas institucionais que não sejam perigosas e despóticas – ajuda a embasar a crença na qual essa lógica institucional manifesta seu efeito restritivo.

Nessas circunstâncias, a legislação sempre parece ser um compromisso entre interesses e visões que não são apenas unilaterais e contestáveis, mas também organizadas e representadas de forma desigual. Os compromissos *ad hoc* entre visões conflitantes, bem como entre interesses contrários, encurralados em uma circunstância de desigualdade avassaladora na vida socioeconômica, é o atributo inconfundível da legislação no *soft state* democrático. Esse fato encoraja os juristas em seu intento de reconstrução racional do direito sob o disfarce da interpretação da lei: a desculpa é melhorar o direito, ou seja, torná-lo menos atrelado a interesses, sob o pretexto de interpretar a lei. A racionalização e a representação retrospectiva do direito como um conjunto de regras e doutrinas imperfeitas, porém passíveis de aperfeiçoamento transmitido por princípios de direito impessoal e políticas sensíveis ao interesse público, são simplesmente a base mais recente na qual tal reconstrução racional tem sido desenvolvida.

É nela que, nas democracias débeis e relativas, que são as únicas democracias criadas até então no mundo, os juristas procuram conciliar a ideia do direito enquanto busca pela ordem moral imanente e do direito enquanto vontade do soberano. Não se trata de reconciliação. É simplesmente uma justaposição.

Se um movimento chega ao poder nessas circunstâncias, propondo reformular radicalmente a sociedade, mas carente de qualquer tipo de programa institucional para o aprofundamento da democracia, ele poderá adotar o despotismo revolucionário o qual príncipe, nos estados imperiais agrário-burocráticos, sempre evitou: entrar em guerra com os poderes intermediários e interesses organizados, ou pelo menos com parte deles; recorrer aos interesses superiores de uma nação ou de uma classe; e liquidar as expressões formais ou informais de um governo dividido. O século XX experimentou muitas versões, tanto de esquerda quanto de direita, desse despotismo revolucionário.

Os Estados criados por esses despotismos revolucionários reivindicaram a reformulação e unificação à sociedade, destruindo os poderes intermediários ou submetendo-os às vontades de déspotas coletivos ou individuais, em nome de grandes projetos ideológicos e nacionais. No entanto, a luta contra os poderes intermediários poderia ser sustentada somente por meio de uma guerra perpétua, interna e externa. Assim que a guerra externa ou interna acabasse, o regime despótico teria que fazer as pazes com os poderes intermediários herdados do antigo regime ou com aqueles que surgiram sob a nova administração. A preservação do poder por aqueles que o detinham, coletivamente ou individualmente, ofuscaria todos os demais objetivos. O soberano deixaria de ser obrigado pela lei que ele próprio elaborara, e qualquer exigência de ordem genérica na elaboração e aplicação da lei seria comprometida ou abandonada. Por fim, o poder seria consumido pelo terror: a tentativa dos detentores do poder central em usar a violência como um substituto para a reformulação coletiva das instituições e da consciência.

O despotismo revolucionário, que de início pode soar como a implementação inexorável do conceito do direito como a vontade do soberano, acaba desfazendo essa ideia. A questão permanece: Há uma alternativa tanto para o Estado de Direito no *soft state*, quanto para a iniciativa de tornar o Estado mais rigoroso pelo despotismo revolucionário?

16.

Há uma alternativa: o aprofundamento da democracia por meio da sua reconstrução institucional e reinvenção ideológica. Essa alternativa, no entanto, só se dá pela uma mudança radical da nossa compreensão de Estado, soberano e direito. Se a sociedade deve, de fato, ser governada pela lei; se a lei não deve se resumir a uma série de intervenções episódicas e pontuais em uma forma de vida social imposta por interesses enraizados e pela tradição; se a estrutura da sociedade deve ser uma escolha e não um destino, então tudo precisa mudar. E tudo pode mudar aos poucos.

A alternativa ao despotismo revolucionário é a radicalização da democracia. Considere primeiro o conteúdo geral dessa alternativa para a organização da política, da economia e da sociedade civil, e, em seguida, as suas implicações para as ideias de Estado, soberano e direito.

A democracia deve se tornar mais que a regra da maioria política qualificada pelos direitos da minoria política: ela deve ser um dispositivo para a construção de estruturas da vida social que podem melhorar os nossos poderes e aumentar a nossa participação nos aspectos que atribuímos ao divino.

Por meio da democracia, assim entendida e organizada, descobrimos o novo e nos libertamos do peso morto do passado, transformando a memória em profecia. Para esse fim, nossas instituições políticas devem ser reformuladas para aumentar o nível e expandir o espaço do engajamento popular organizado na vida política. Os arranjos constitucionais devem reafirmar o princípio liberal da fragmentação do poder, enquanto repudiam o princípio conservador do abrandamento da política: o impasse entre os poderes políticos do governo deve ser eliminado com rapidez e de forma definitiva. A oportunidade para a ação decisiva vinda de cima no governo central deve ser combinada com as disposições que permitem determinado setor de um país ou da sociedade optar por fugir às regras gerais e criar contramodelos do futuro. O poder deve ser estabelecido em um governo equipado, financiado e legitimado para resgatar grupos oprimidos de circunstâncias de exclusão e desvantagem das quais eles são incapazes de sair pelos meios da ação coletiva que já estão prontamente a sua disposição. Nas instituições da democracia representativa devem estar sobrepostas, sem o enfraquecimento das garantias das liberdades individuais, práticas de participação democrática direta. E enquanto pré-requisito para todas essas iniciativas, o vínculo entre política e dinheiro deve acabar.

Assim repensada e reformulada, a democracia cria as circunstâncias nas quais o Estado pode deixar de ser manso (*soft*) e submisso aos interesses dos poderosos sem desandar pelo fatídico caminho do despotismo revolucionário.

17.

Assim como a visão do direito enquanto ordem imanente, a teoria do direito baseada no conflito (*fighting theory of law*) – a principal expressão, junto com a teoria analítica do direito, da visão do direito como a vontade do soberano – é radicalmente incompleta. Ele não presta contas de sua incapacidade de ser literalmente verdade. Nas democracias inacabadas que de fato existem, bem como nos estados ditatoriais do passado recente ou mais distante, a vontade do soberano de fato não molda as condições da vida social. Ela apenas intervém, pontualmente, em uma ordem que já se encontra estabelecida.

Em tal circunstância, podemos definir o direito em termos restritivos ou amplos. Em termos restritivos, o direito é a soma das intervenções pontuais do soberano na ordem estabelecida. Em termos amplos, ele é a soma dessa ordem estabelecida com tais intervenções, ou melhor, a ordem estabelecida conforme as modificações pelas intervenções. A teoria do direito baseada no conflito (*fighting theory of law*) afirma ser uma coisa, mas na prática, acaba sendo outra.

Seu fracasso seletivo, no entanto, falha ao não esgotar nem as percepções ou as limitações dessa abordagem sobre o direito. A teoria do direito baseada no conflito (*fighting theory of law*) não é simplesmente surpreendida e dominada por uma estrutura estabelecida, impotente na criação *ex nihilo* e incapaz até mesmo de ser compreendida. É preciso tomar um primeiro e hesitante passo na compreensão e domínio da estrutura.

A teoria do direito baseada no conflito (*fighting theory of law*) resume-se a uma teoria protossocial. Como toda prática do pensamento social que vale a atenção, ela tem uma concepção da natureza das estruturas da sociedade: uma visão que, embora primitiva e não desenvolvida, é verdadeira até onde chega (não muito longe). De acordo com essa concepção, as ordens da vida social da história resultam de uma competição sobre os interesses e sobre as visões. É um erro culpar a teoria do direito baseada no conflito (fighting theory of law) de cinismo sobre os ideais. Ela entende que a competição que dá origem ao direito está relacionada tanto aos interesses morais quanto materiais.

A maior virtude da teoria do direito baseada no conflito (fighting theory of law) é reconhecer, pelo menos implicitamente, que os regimes institucionais e ideológicos de cada sociedade não são simplesmente o resultado de um conflito; eles são, em certo sentido, o conflito estagnado, que surge conforme ele se dá a partir da contenção relativa ou da interrupção temporária de uma luta que não pode acabar de uma vez por todas. O problema é que os teóricos dessa luta nunca estiveram cientes desse conflito: de sua prática, forma, sentido e futuro. Pode-se dizer em sua defesa que, ao menos, eles não tinham uma concepção como aquela compartilhada, de uma forma ou de outra, pelos teóricos sociais clássicos, como Marx, o primeiro dente eles, que se sacrificou em detrimento do casamento entre a explicação funcional e os pressupostos deterministas, a compreensão do caráter fabricado da ordem social.

Por não ter uma teoria, no entanto, os proponentes da teoria do direito baseada no conflito (*fighting theory of law*) eram abertos a uma alternância entre duas visões inadequadas que serviram como substitutas de tal explicação. Um polo da alternância é um voluntarismo sem remorsos, segundo o qual a luta da qual surge o direito não tem regras nem limites, a não ser aqueles que se sucedem a uma história transitória de triunfos e derrotas. O outro polo é a aceitação mais ou menos implícita de uma das visões evolucionistas, semidarwinianas, que encontrou aprovação, quando, no século XIX, a teoria do direito baseada no conflito (*fighting theory of law*) foi formulada pela primeira vez.

A teoria histórica do direito de um Fustel de Coulanges, um Henry Sumner Maine ou um Paul Vinogradoff colocou a história do direito dentro de uma narrativa evolutiva extensa e aberta que declarava mostrar que essa história tinha uma direção. Ela representou essa história como sofredora da influência de forças poderosas ou mesmo irresistíveis, cuja verdadeira natureza permanece, em grande parte, oculta às concorrentes. Essas narrativas, com suas fórmulas meio-verdades, como a eventual separação entre a família e a polis, ou o movimento do status ao contrato, pararam subitamente de fazer os pressupostos heroicos e as reivindicações rigorosas da teoria social clássica. Elas foram abrangentes e elásticas o suficiente para conviver com o voluntarismo cego e amargo do outro registro da teoria do direito baseada no conflito (*fighting theory of law*). Ambos Holmes e Jhering transitaram entre os dois registros: enfatizando um (o amargo) como teóricos do direito, e o outro (mais doce), como historiadores do direito.

Uma característica deste legado intelectual é que ela permaneceu deficiente em esperança — esperança no desenvolvimento de uma forma mais elevada de vida, expressa no direito — na medida em que reconheceu a nossa liberdade de legislar. Ela ofereceu algum grau de esperança apenas na medida em que apresentou o processo legislativo da história como situado sob o domínio de forças evolutivas que os legisladores foram obrigados, involuntariamente, a servir. Sua esperança permaneceu no colo de seu fatalismo.

Essa visão que era incapaz de dar essência à imaginação programática, determinada a criar novas estruturas por meio da revisão das já existentes, foi a consequência de sua incapacidade de possuir qualquer teoria de como as ordens institucionais e ideológicas de uma sociedade são construídas e reconstruídas. Não possuir uma teoria sobre essas ordens é o mesmo que não possuir uma teoria sobre o direito.

18.

Assim, três elementos são de suma importância na história do pensamento jurídico, e assim têm sido por toda a história da civilização.

O primeiro elemento na história universal do pensamento jurídico é a busca, pela prática da doutrina jurídica (*legal doctrine*) para revelar e refinar a ordem moral latente na vida social. O direito, de acordo com essa concepção, é e deveria ser a expressão de tal ordem antes de qualquer coisa. Graças ao trabalho doutrinário, constitutivo do direito ao longo do tempo histórico, o que seria selvageria e acidente é imaginado como uma realidade em movimento em direção a algo maior: uma ordem que pode ser entendida como a abordagem falha e incompleta de um plano justificado para a nossa vida em comum.

O segundo elemento, na história universal do direito, é a ideia do direito como a vontade do soberano ou do Estado. Essa ideia ganha maior apelo e autoridade na democracia. Se pautada na democracia ou não, a ordenação da vida social, expressa como direito, deve resultar da escolha, do consenso, da deliberação, do acordo com os procedimentos aceitos. Ela não deve refletir a ditadura dos mortos sobre os vivos, nem derivar da força dos interesses que devem pouco ou nada aos compromissos conscientes daqueles que estão vivos agora.

O MOVIMENTO DE ESTUDOS CRÍTICOS DO DIREITO:

Esses dois elementos da história universal do direito estão em contradição declarada um com o outro. Não podemos desfazer sua contradição, apresentando-as como relatos de realidades diferentes; elas lidam com a mesma coisa — o direito. Não obstante, em toda tradição jurídica e em cada período da história de cada tradição, eles têm coexistido como se fracassassem em se contradizer. Essa coexistência contraditória perdura até os dias de hoje. Ninguém pode entender o presente ou os futuros alternativos do pensamento jurídico sem entender essa contradição pelo que ela é e compreender suas origens e consequências.

A forma mais recente dessa convivência contraditória surge na forma da tentativa de conciliar a representação do direito, após o fato, no cenário da adjudicação ou interpretação profissional, conforme informado e dirigido por princípios impessoais de direitos e políticas sensíveis ao interesse público, com a representação direito antes do fato, no cenário da legislação ou da política partidária, como o produto contingente do conflito regulamentado entre visões e interesses. Tal reconciliação não pode ser alcançada senão elaborando (e somente depois qualificando) uma série de asserções que contradizem os pressupostos da democracia ou a nossa compreensão contemporânea da história, ou ambos os pressupostos e essa compreensão.

Devemos permitir que os juristas (investidos ou não de suas funções jurisdicionais) elaborem o significado das leis em nome de concepções que nunca estiveram presentes nas mentes daqueles que realmente fizeram as leis ou que se debruçaram sobre seu conteúdo? E se considerarmos que os envolvidos em tais conflitos agiram a mando do desenvolvimento de ideias e ideais, de forças na evolução da sociedade, sobre as quais eram apenas vagamente conscientes? Ou devemos tentar dividir a diferença entre essas e outras visões da melhor forma possível para fazer parecer que o direito como ordem imanente, descoberto e desenvolvido na doutrina jurídica (*legal doctrine*), pode ser perfeitamente combinado ao direito enquanto vontade do soberano, como se dos dois fossem a mesma realidade, vistos a partir de dois pontos de vista complementares?

Os dois elementos mais importantes da história universal do pensamento jurídico não só se contradizem; cada um deles é, também, radicalmente incompleto. Cada um depende de um terceiro elemento: uma visão da estrutura real da sociedade em que o direito se sustenta. Tal estrutura não pode ser entendida, de modo persuasivo, como um produto ou uma expressão de uma dessas duas visões do direito. Não se trata simplesmente do que o soberano ou o Estado quer. Também não se trata da materialização tangível das abstrações especulativas dos juristas. Ela é o que é: ela tem uma facticidade bruta e irredutível. Sem levar isso em conta, é impossível compreender como qualquer dessas duas ideias de direito, na verdade, deve operar. Sua influência equivale a uma modificação, na maioria das vezes marginal e superficial, de tal estrutura. Seu significado, mesmo para os que as implementam obstinadamente, é o significado que adquirem em tal contexto.

No entanto, do ponto de vista das culturas jurídicas em que essas duas concepções principais do direito floresceram, a estrutura real da sociedade permanece, em grande parte, inexplicável, injustificável, e até mesmo não reconhecida. Poderia ser explicada e justificada, e, portanto, também reconhecida, somente se fosse o seu produto: a expressão da ordem imanente, descoberta e refinada pelos juristas, ou da vontade do soberano, teorizada pelos ideólogos do autoritarismo ou do Estado democrático. Para a maior parte, no entanto, a estrutura real da sociedade não é nenhuma dessas duas coisas.

O significado desta incompletude é imenso, dada a combinação entre uma realidade sobre a história das ideias, uma realidade sobre a história da sociedade e uma realidade sobre a natureza do direito.

A realidade sobre a história das ideias é que agora carecemos de uma teoria útil de como os contextos institucionais e ideológicos de formação da vida social — sua estrutura — são construídos e reconstruídos na história. Para obtermos tal teoria, precisamos resgatar a visão central da teoria social clássica — a ideia de que somos os fabricantes desses regimes decisivos e que, portanto, podemos refazê-los — do pesadelo dos pressupostos deterministas que quase sempre circunscreveram o alcance dessa percepção e estriparam o seu significado. Para resgatar essa percepção, devemos nos opor às tendências dominantes das ciências sociais contemporâneas e dos discursos políticos. Essas tendências desvalorizam, quando não desconsideram, a distinção entre as estruturas e a superfície da vida social e, por conseguinte, a importância da descontinuidade estrutural na história. Se a visão que precisamos não existe na teoria social, não nos surpreende descobrir que ela também não existe na teoria jurídica.

O fato sobre a história da sociedade é que vivemos, em todo o mundo, sob a ditadura da falta de alternativas. Essa ditadura manifesta-se no conjunto muito limitado de alternativas institucionais para a ordenação de diferentes setores da vida social que hoje estão disponíveis no mundo. A menos que expandamos esse repertório, não podemos ter esperanças em avançar muito no cumprimento dos nossos interesses reconhecidos mais básicos e dos ideais professados. Cada segmento do repertório real ou expandido existe, em detalhe institucional e ideológico, como direito.

O fato sobre a natureza do direito é que o direito é melhor entendido como a forma institucional da vida de um povo, visto em relação aos interesses e ideais que dão sentido — aos seus próprios participantes — àquela forma de vida. Os nossos interesses e ideias permanecem sempre pregados na cruz das práticas e das instituições que os representam de fato. O direito é o sítio dessa crucificação. Nem a ideia do direito enquanto ordem moral imanente, descoberto e aperfeiçoado pela doutrina, nem a ideia do direito como a vontade do soberano ou do Estado, forjado na luta política, faz justiça ao que o direito é e pode vir a ser.

As desventuras da teoria social estão entrelaçadas com as contradições e os truncamentos da teoria do direito. Sem maneira de entender como se fazem e se refazem os regimes institucionais e ideológicos que organizam a sociedade, não há como avançar em qualquer ramo do estudo jurídico ou social. Aprender a imaginar as estruturas atuais ou possíveis é o projeto que a história universal do pensamento jurídico nos propõe agora.